21世纪学前教师教育系列教材

幼儿园管理

主编　李晓巍

中国人民大学出版社
·北京·

编委会

主编： 李晓巍

编委： 陆文祥　吴晓诗　刘　辰　宋东升

周思妤　李　丹　李婉睿　陈　旭

付晓雅　杨舒程

序言

党的二十大报告指出，“高质量发展是全面建设社会主义现代化国家的首要任务”，要“坚持以人民为中心发展教育，加快建设高质量教育体系”。在新的形势和任务要求下，如何推动学前教育实现高质量发展，已成为今后一段时间学前教育事业发展的重要任务。当前，国家、社会和人民群众对幼儿园办园质量的要求在不断提升，幼儿园管理作为确保幼儿园办园质量的关键，也在不断吸纳最新相关政策文件精神的过程中推陈出新。幼儿园管理不仅是学前教育管理的重点内容，也是学前教育管理学的一个重要研究领域。它是在理解幼儿园管理的内涵、掌握学前教育管理的基本原则和原理的基础上，运用科学的方法对幼儿园保教工作、卫生保健工作、总务后勤工作、安全工作、公共关系等多个方面进行有效管理。良好的幼儿园管理水平是办好学前教育的必要条件。

本书在编写过程中，以习近平新时代中国特色社会主义思想为指导，根据《幼儿园工作规程》(2016 年)、《幼儿园管理条例》、《幼儿园园长专业标准》等文件精神，对幼儿园管理的特点、原则、过程、内容等做了较为系统的阐述。学习者通过对本书的学习，能认识幼儿园管理的基本规律，掌握现代幼儿园管理的基本理论与实践经验。同时，本书结合近十年我国学前教育的改革方向及经验，将理论知识与管理实践相结合，为幼儿园各项工作的管理提供了操作性程序和方法。学习者在阅读本书的过程中，能够掌握基本的管理理念和方法，形成分析和解决幼儿园管理问题的能力，树立有效管理和科学育人的观念，为从事幼儿园管理工作打下良好的基础。

本书既可以作为高校学前教育专业学生的课程用书，也可以作为幼儿园园长和中层管理者培训的指导用书。希望本书能够成为幼儿园园长进行园所管理的“指导者”和“支持者”，不断促进园长的专业发展。本书具有以下几个特点：

第一，强调幼儿园管理理论知识的基础性和系统性。本书对幼儿园管理的基础知识进行了详细阐述，包括幼儿园管理的含义、对象、内容、特点等。全书内容脉络清晰，层层深入，尽可能使学习者对幼儿园管理的基本问题与内容形成全面系统的认识。

第二，注重理论联系实际，强调知识的实用性。本书在系统讲述相关理论知识的同时，注重与实践相结合，各章都融入了鲜活的幼儿园管理案例，提供了许多具体可操作的程序和方法。这可以引导学习者联系实际进行分析与思考，培养其利用所学知识解决园所实际管理问题的能力，同时使其养成关注幼儿园管理实践的兴趣和习惯。

第三，注重教材内容的时代性。首先，本书内容体现了新颁布的政策文件对幼儿园教职工应具备的管理知识与能力提出的新要求，同时反映了我国幼儿园管理变革的新动向和发展趋势。其次，本书内容尽可能多地吸纳了目前教育管理学、学前教育管理学的最新研究、实践和改革成果，以便更好地呈现幼儿园先进的管理理念。

第四，注重引导学习者进行思考。为了能让学习者对书中内容有更直观的了解，本书引用了大量的幼儿园管理案例，借此引导学习者联系实际思考问题、提出对策。在每一章后面都设有“思考与练习”部分，为学习者提供运用所学知识的机会。另外，针对每一章的学习内容，本书还提供了推荐资源，学习者可以利用这些资源进行进一步的探索与拓展，从而给学习者预留了深入学习和思考的空间。

本书的每一章均由目标指引、内容结构、案例导引、章节内容、思考与练习、推荐资源等部分构成。目标指引规定了每章学习所要达到的基本目标。内容结构利用框架结构图简明扼要地呈现了每章的内容要点，旨在让学习者对每章内容有概括性的了解和把握。每章正文内容开头都为案例导引，以激发学习者对本章内容的兴趣。案例还贯穿于整章内容之中，旨在让学习者理论联系实际，学以致用。章节内容即为每章的主体，是对每章内容的系统讲解。思考与练习旨在进一步帮助学习者理解、巩固和运用所学知识，培养学习者分析幼儿园管理相关问题的能力。推荐资源为学习者提供了丰富的阅读参考资料，以便进一步拓宽学习者的视野。

本书由北京师范大学李晓巍副教授担任主编，负责搭建教材的整体架构、协调编写工作，并负责全书的统稿与校对。参编人员包括北京师范大学学前教育专业的研究生以及来自北京、深圳、浙江、新疆等地的一线幼儿园管理者与教师等。具体章节分工如下：第一章由李晓巍、李婉睿编写，第二、三章由陆文祥编写，第四章由李丹、陈旭编写，第五、六章由吴晓诗编写，第七、八章由刘辰编写，第九、十章由李晓巍、陆文祥、付晓雅、杨舒程编写，第十一章由周思妤编写，第十二、十三章由宋东升编写。由于编者水平有限，书中难免存在不当之处，敬请广大幼教专家、学前教育理论与实践工作者及学前教育专业的学生批评指正。

诚挚感谢中国人民大学出版社的编辑们，感谢参与本书编写的各位成员！同时，本书在编写过程中，参考和借鉴了大量文献和同行的研究成果，在此向原作者表示衷心感谢！也感谢其他在编写本书过程中给予我们帮助的朋友！

李晓巍

2023 年 1 月

目 录

第一章

幼儿园管理概论

目标指引

1. 了解管理及教育管理的含义和特点；

2. 理解学前教育管理的含义和特点；

3. 掌握幼儿园管理的含义、内容要素以及特点，了解学习幼儿园管理的重要性与方法。

内容结构

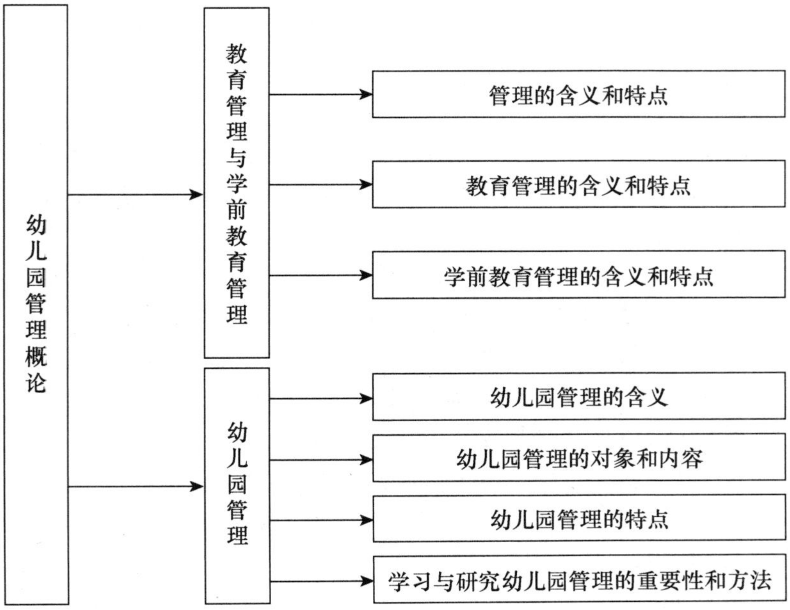

案例导引

张老师出生在教师家庭，她从小的志向就是当一名人民教师。2006 年，她从师范大学本科毕业，进入某地一所幼儿园工作。做一线教师的 9 年，是她职业生涯中最纯粹的 9 年。“我喜欢每天和孩子们在一起的时光，我最大的梦想就是成为一名优秀的人民教师。”她专业、认真、负责，工作得到了同事和领导的认可。2015 年 7 月，她被任命为分园副园长。上任后，由于管理岗位的复杂和琐碎，有时还会遇到不被理解的事，她有些不适应，心里打起了退堂鼓，于是跑到总园园长那儿申请做回一线教师。园长的一番话让她恍然大悟，她回到管理岗位，边学边做边调整。2019 年，她被任命为一所新园的园长，在她的管理和带领下，该园在建园第二年顺利通过了省一级幼儿园的评审。

看了这个案例，你是否想知道张老师是如何从一线教师成长为优秀园长的？这种身份的转变不仅仅需要专业知识的积累和专业能力的提升，更离不开幼儿园管理能力的提高。那么，什么是幼儿园管理？在本章中，我们将在了解教育管理与学前教育管理的基础上，系统学习幼儿园管理的含义、对象、内容、特点等。

第一节　教育管理与学前教育管理

想要了解幼儿园管理，首先要了解什么是教育管理与学前教育管理。教育管理是管理的一个分支，而学前教育管理则是教育管理的一个重要分支。因此，本节从管理的含义及特点着手，探究什么是教育管理与学前教育管理。

一、管理

管理是一种“古老”的社会现象，自人类社会出现，就有管理。人们的日常生活中也存在各种各样的管理现象，例如父母管理家庭的开支，店长管理超市的货物。那么，什么是管理呢？

（一）管理的含义

科学管理之父泰勒在其代表作《科学管理原理》中认为：“管理就是确切地知道你要别人去干什么，并使他用最好的方法去干。”泰勒从管理者的角度出发，用最简洁的语言说明了管理的含义。经营管理之父法约尔则指出：“管理是所有人类组织（不论是家庭、企业或政府）共有的一种活动，这种活动主要由五项要素组成：计划、组织、指挥、协调和控制。所以，管理就是实行计划、组织、指挥、协调和控制。”法约尔从管理的过程出发，指出了管理的具体职能。我国学者张燕认为，管理就是管理者遵照一定的原则，使用各种管理手段，通过组织、指挥、协调各个受分工制约的不同个人的活动，创造出一种远比个人活动力量总和更大的集体力量或社会力量，从而高效率地达到一个组织的预定目标所进行的各种一般职能活动①。

① 张燕．学前教育管理学．3 版．北京：北京师范大学出版社，2021.

综上所述，管理的含义包括其对象、内容、过程以及目的。具体来说，管理是指一定组织中的管理者，通过实施计划、组织、领导、协调、控制等职能来协调他人的活动，使别人同自己一起高效地实现既定目标的活动过程。

（二）管理的特点

管理最先来自人类集体活动，是人类协作劳动的产物。管理普遍存在于人类活动的方方面面，具有以下两个特点[①]：

1. 管理具有刚性和柔性

所谓“管”，意思就是管辖、控制。为了组织有序运转，必须严格按照组织纪律进行管理。正所谓“没有规矩，不成方圆”。这就是管理手段的刚性。然而，随着人的基本权利和人的主体性日益受到重视，与人们的活动紧密相连的管理显现出弹性。所谓“理”，意思就是理顺、疏导。要想引导被管理者按照管理者期望的方向发展，管理者应当给予被管理者关心和爱护，管理应因人而异、相互尊重。这就是管理手段的柔性。

2. 管理具有自然属性和社会属性

管理作为一种社会现象，具有自然属性和社会属性。自然属性是指，管理是人类社会活动的客观需要，是在社会劳动分工过程中所产生的一种特殊职能。管理也是一种生产力，生产资料的有效运用以及个人的积极性都取决于管理。并且，这一性质既不以人的意志为转移，也不因社会制度的变化而改变，完全是客观存在着的，所以人们称之为管理的自然属性。管理的社会属性实质上反映的是“为谁管理”的问题，管理的方向、原则、内容等都是由管理者所决定的，它们最终都将为管理者所要达到的预期目标服务。

二、教育管理

在人类社会生活中，各行各业均需要管理，教育领域也不例外。教育管理是办好教育、办好各级各类学校、提高教育质量的关键和保证。

（一）教育管理的含义

教育管理是指教育管理部门领导者在既定的教育制度下，依据国家教育法律法规和政策，采用科学的方法，对所管辖的各级各类教育组织进行预测与规划、组织与指导、监督与协调、激励与控制，并达成教育目的和培养目标的一系列活动。教育管理从其范围来看有宏观和微观的区别。宏观的教育管理指国家各级人民政府教育行政部门对教育事业工作的领导和管理；微观的教育管理是指学校对教育工作的领导和管理，是学校按照一定标准，应用一定手段和方法，对学校的人、财、物、时间、信息等要素进行计划、组织和协调，以便更好地实现学校预定目标的活动过程。

教育管理的良性发展离不开教育管理者的有效管理行为。教育管理者在实施管理活动时需要注意以下两个方面：第一，教育管理者必须在既定的教育政策和法规的规范下进行管理活动，任何背离教育政策和法规的管理行为都会使教育管理难以实现其本真的价值使命。第二，教育管理者在遵循相关教育制度规范与引导的同时，也要体现其人文内涵。教

---

① 王雯. 学前教育管理学. 北京：北京大学出版社，2020.

育管理说到底是人的管理，只有灵活地运用制度进行人性化管理才能取得好的效果。

（二）教育管理的特点

了解与分析教育管理的特点，对于开展各类教育管理实践具有一定的意义。教育管理具有以下几个特点：

1. 公共性

教育管理不仅有其自身的独特性，同时也具有公共管理的一般的、共同的特征，即以政府为核心主体，反映管理者意志，其基本目标就是为公众服务，实现公共利益的最大化。同时，教育管理与企业管理也有相通的地方，比如教育管理可以借鉴与引用企业管理的成功经验。总之，教育管理不是一种孤立的现象，其具有公共性，涉及文化学、哲学、社会学、心理学、行为科学等多方面的知识与内容。

2. 政治性

教育管理归根结底要和国家政治总路线保持一致，管理工作必须坚持教育为社会主义现代化建设服务的方向，坚定不移地贯彻党和国家的方针政策。因此，教育管理有它政治性的一面。教育管理的内容、方式及目的，都应以国家制定的制度为基准，以执行国家既定的政策为目的。将教育管理独立出来，不介入任何政治活动，是根本行不通的。教育管理只有不断地满足社会变革和发展对于教育的需要，更加紧密地与社会政治经济和科学文化发展的状况相适应，才能更好地为国家的政治、经济服务。

党建引领促发展 幼教花开焕生机

如何把全面加强党的建设融合贯穿到创新办学治园的全过程，推动自身及区域学前教育的发展，是新华幼儿园园长兼党支部书记杨锐一直在思考的问题。

新华幼儿园党支部遵循“自然而然地生长，自为自在地绽放”的办园理念，秉承“党蕴华彩，从新而来”的党建理念，通过实施机制建设工程、堡垒强基工程、队伍建设工程、领航领雁工程、先锋示范工程，打造“五新”党建品牌，创建党建标杆学校，以党建引领促进业务全面发展，不断推进园所各项工作稳步提升。在园所管理上，新华幼儿园党支部全面加强学习型、服务型、创新型的党组织建设，增强团队凝聚力；完善一系列管理机制，并通过“党建＋管理创新”“党建＋课程改革”两大抓手，双促双进推动思想落地，初探“一园三点”的扁平化管理模式；成立“家园督导工作室”，让家长走进幼儿园，实现家长治学、民主管理，实现家校社和谐共生。同时，为向共建单位提供、传递优秀工作经验和操作方法，新华幼儿园党支部主动承担全区的示范指导、结对帮扶活动；通过设立“党员先锋岗”“党员名师工作室”，构筑结对共建、结网共融的党建“共建网”工程；开设书记恳谈会，常态开展体验、宣讲活动，凝聚家校社教育合力。

种种举措全面彰显出新华幼儿园党支部的战斗堡垒作用和党员的先锋模范作用，不断推动着幼儿园各项工作的开展，结出累累硕果。同时，在上级领导的关怀与新华幼儿园人的共同努力下，近年来，新华幼儿园连续获得“年度综合目标考核一等奖”，谱写出新时代背景下的幼教华章。

资料来源：党建引领促发展 幼教花开焕生机. 重庆日报，2021-05-28（5）.

3. 科学性

教育管理的科学性包含两方面的含义：一是指在教育管理中运用现代科学技术手段，二是重视教育管理计划及研究的科学化发展。随着科学技术在教育领域的渗入，教育管理者也看到了它对教育管理的作用与巨大潜能。教育管理者不断利用技术手段和大数据分析，开发各种教育管理平台，使教育管理逐步走向科学化。另外，国家越来越重视教育管理计划和研究的科学化发展，努力使教育管理能够建立在科学管理的基础上。因此，国家在教育机构中设置了教育科学研究机构，鼓励从事教育的基础理论研究和应用研究，以科学的理论指导教育管理工作。

4. 伦理性

教育管理的伦理性是指教育管理者、教育管理行为、教育管理制度都要遵循基本伦理道德规范。教育管理者要把握教育管理活动中的伦理关系，其中最重要的就是主客体之间的关系。在教育管理过程中，只有遵循人道主义精神，尊重人权，重视个人的情感体验，才能处理好管理者与被管理者之间的关系。教育管理行为不是随心所欲的，而是要符合道德规范，在实施之前必须从是否符合伦理道德要求角度进行思考和分析。教育管理制度应为整个教育事业的伦理性树立正确的发展方向，制定科学化、人性化的管理内容，为教育管理的道德化提供保障机制。

该不该扣工资？

我园有一名职工因患癌症休假在家，因之前我园由旁边的小学兼管，会计在小学，故一直没有扣其工资。现在分开独立办园，幼儿园经费非常紧张，这名患癌症的职工休假在家没扣工资的事，在职工中反响挺大。如果不扣，那么得甲亢的教师在家休假一个月，势必也不扣，而且另外一名老教师也说她的颈椎、腰椎病犯了，也需要请假……如果扣，那么有教师会说园长不近人情、没有人性，在职工中会产生很多负面影响，不利于工作的开展。

于是，我向上级主管部门咨询，对这种特殊职工，国家有哪些照顾的政策。但他们告诉我没有明确的政策，各单位根据自己单位的情况，自行制定政策。后来，我向教师发放问卷，征求教师的意见，多数教师认为应该扣工资。所以，我组织园工会制定了相应的请假制度。

执行请假制度后，该职工的爱人很不理解，找我吵闹，并说了许多不中听的话。一些教师背地里也说我不近人情……但如果不执行，那么以后的工作如何开展呢？

请假制度还是照样执行了。不过，在该职工住院治疗时，园领导多次带上慰问金前去看望，逢年过节时，既送慰问金又发放困难补助，通过这些方式将其未上班期间扣的工资差不多补齐了。除此之外，当她治疗期间经济有困难时，园工会还发动大家捐款献爱心，我也积极地替其争取中华慈善总会的救助款，在其住院期间还派教师去轮流陪护，使病重的她感受到了集体的温暖。她爱人也看到了园领导的热诚与真心，当她去世时，其家人未向幼儿园提任何要求。

资料来源：邓红. 当“制度”遇到“人情”：幼儿园管理案例. 东西南北：教育，2016（18）：79.

5. 教育性

教育管理活动与其他的教育、教学活动一样，出发点和落脚点都是提高教育质量，为社会培养合格人才。教育管理的行为、方法、内容都是由一定的教育制度、客观的教育规律来决定的，其本身就体现了教育性这一特点，教育性也是其同非教育管理相比而言的本质属性。因此，教育管理全过程始终包含着教育性因素。不含教育性的教育管理不仅起不到教育的作用，也得不到认可。

三、学前教育管理

学前教育既是教育的开端，也是教育体系的重要组成部分。学前教育管理是教育管理过程中的重点内容，理解学前教育管理的含义，把握其特点，对学前教育管理工作的有效开展具有重要的意义。

（一）学前教育管理的含义

学前教育管理是教育管理的一个有机组成部分。学前教育管理是相关幼教行政人员和托幼机构的管理人员，根据一定的教育和管理经验，采用科学的工作方式，对学前教育运行过程中的各要素综合地进行计划组织、实施协调、检查调整及总结评价，从而获得良好的教育效果，达成预期目标的过程。

学前教育管理也有宏观、中观和微观之分。其中，宏观的学前教育管理主要从国家层面对学前教育事业进行把控和管理，主要内容涉及学前教育的法律、法规及管理体制建设，以及各级各类幼儿园等托幼机构的宏观规划与设置问题等。中观的学前教育管理是从地方教育行政出发，主要涉及各省、市政府职能部门，根据国家政策以及地方特殊情况，对所辖的学前教育事业进行规划、组织、引导等工作。微观的学前教育管理指各种学前教育机构的管理，包括幼儿园等托幼机构的日常管理。

（二）学前教育管理的特点

学前教育管理是教育管理的一个分支，因此它具有教育管理的一般特性。但学前教育具有特殊性，这种特殊性也在一定程度上决定了学前教育管理的特殊性，因此，在这一部分中，我们主要探讨学前教育管理具有哪些特殊性。

1. 学前教育管理对象的特殊性

学前教育管理最终的和最根本的对象是学前教育机构，如幼儿园、托幼机构等。学前教育机构相对于其他阶段的教育机构的特殊性在于它的教育对象和教育内容。从教育对象来看，幼儿虽是学校的主体，但不是严格意义上的学生，这就使得学前教育的教学工作不聚焦于集体上课、传授知识，而是以游戏为主要活动。因此，对学前教育的教学工作的管理不同于常规的教育管理，而是结合幼儿的特殊性来进行策划安排。从教育内容来看，学前教育机构主要结合多样化的游戏活动使幼儿获得经验性知识，与其他阶段的教育机构相比，它在环境设置、材料投放、设备设施上都有很大的不同。所以，对于学前教育管理，必须采取特殊的管理方式、方法，使其更好地为幼儿的成长与发展服务。

一日三巡：稳中求实的幼儿园常规管理保障

常规管理是一项复杂的系统工程。近年来，我园针对常规工作中出现的“一日活动组织随意无序、日常教育行为自由散漫、保教工作分离、安全隐患众多、日常事务忙乱无章、阶段工作重点不明”等状况，努力将行政管理与教师的自我管理结合，建立了常规工作的“一日三巡”管理制度，并将它作为我园常规管理的首要内容、教学监督的重要手段，以及反馈工作意见与要求的主要途径。

“一日三巡”管理制度由行政领导、条线成员、年级组长组成三个层面的常规督导检查队伍，形成多层次、立体化的管理网络，以健全幼儿园常规检查机制。

行政领导一日三巡。时间上做到“早巡、课间巡、离园巡”，对象上做到“巡条线成员、巡保教人员、巡幼儿”，内容上做到“巡教学常规、巡后勤保健、巡活动开展”，遵守“重点问题早发现、疑难问题多研究、解决问题找策略”的原则。行政领导的“一日三巡”让领导层及时、准确地获悉全园师生的精神面貌、教师的工作态度和工作进展等信息，最大限度地减少了管理中的盲目性、随意性。

条线成员每日巡视。我们将幼儿园工作内容进一步细化到课堂教学常规、一日活动组织、教育科研质量、后勤服务管理、卫生保健安全等方面，分别由业务园长、保教主任、总务主任、保健教师对各自的分管工作每天坚持1～2次的日常巡查。通过对教学常规工作的“一日几巡”，把握常态下教学的运转状况。

年级组长联合巡查。为了避免行政领导和条线成员单独巡视的片面性，增强对现实情况反映的真实性和说服力，我们充分发挥年级组长的能动作用，坚持由行政领导、条线成员、年级组长组成巡查小组进行联合巡视，各司其职，较好地处理全面与部分的关系，增强常规督导检查的力度。通过“一找问题、二思对策、三求突破、四促发展”等方式，从教师教育实践的共性问题中寻找理论依据与实践对策，切实有效地解决问题，促进教师成长和幼儿发展。

资料来源：耿福琴．一日三巡：稳中求实的常规管理保障．学前教育（幼教版），2006（12）：36-37.

2．学前教育管理目标的特殊性

学前教育管理的目标与小学、中学相比，最大的特点就是不以升学率为主要目标。学前教育管理需要关注的是学前儿童的身体健康成长、身心和谐发展以及生命安全保障，主要的工作是为学前儿童创设良好的成长环境。另外，学前教育是非义务教育，因此，它需要尽可能地创造学前儿童入园的条件和机会，逐步普及学前教育，这种非义务性还决定了学前教育的教育价值需要在更大程度上得到公众的认可。因此，学前教育管理目标具有其特殊性，这种特殊性使其主要内容涉及家长工作、社区资源利用、办园环境设置、教学活动质量提升等诸多方面。

3．学前教育管理体制的特殊性

学前教育的福利性、社会性、公益性、服务性等性质决定了其管理体制具有不同于一般教育管理的特殊性。学前教育管理事业是全社会的事业，涉及民政、人口、文化、经济等多个部门，要尽可能地争取广泛的社会参与和支持。目前，我国学前教育实行的是“地方负责，分级管理，有关部门分工负责”的管理体制。在管理实践中，教育行政部门应注重与相关职能部门如卫生行政部门、民政部门、妇联等定期进行联系并形成相应的制度，将行业化管理与社会化管理有机结合起来，注重综合管理，协调社会各方面力量共同发展学前教育。

第二节 幼儿园管理

幼儿园管理是学前教育管理中的重点内容，进行幼儿园管理首先需要了解其含义，掌握其基本内容和特点，然后结合实际情况采取相应的方法进行宏观调控，使幼儿园的各项工作都能达到目标，取得最优效果。

一、幼儿园管理的含义

幼儿园管理是指幼儿园管理人员和有关教育行政人员遵循一定的教育方针和保教工作的客观规律，采用科学的工作方式和管理手段，将人、财、物、时间等要素合理组织起来，积极开展教育教学活动，贯彻保教结合的原则，优质高效地实现国家所规定的培养目标和完成幼儿园工作任务所要求的各种一般职能活动。

幼儿园管理的含义包括多方面。从管理的主体和客体来看，幼儿园管理是幼儿园管理人员和有关教育行政人员对幼儿园各项工作及基本要素进行统筹安排的活动。从管理的依据和约束条件来看，幼儿园管理者须遵循教育的客观规律，按照国家的教育方针和相关政策、制度进行管理活动。从管理过程来看，幼儿园管理需要采用一定科学有效的手段和措施，运用现代管理技术对管理的内容进行规划、组织、指导、协调、监督与控制。从管理的目标来看，幼儿园管理主要是为了优质高效地完成幼儿园的工作任务，实现国家规定的培养目标，全面提高幼儿园质量而进行的职能活动。深度把握这几方面的内容，是理解幼儿园管理含义的前提。

二、幼儿园管理的对象和内容

幼儿园管理是一项复杂的工作。幼儿园相关管理人员在进行管理工作的过程中，首先需要明确管理的对象及内容。

（一）幼儿园管理的对象

以传统物质形态存在的资源是幼儿园管理的基本要素，它主要包括人、财、物三个方面。此外，在幼儿园管理的过程中还需要对事、时间、空间进行规划，对各方面的信息加以运用。因此，幼儿园管理的要素包括人、财、物、事、时间、空间以及信息。

人、财、物既是发展学前教育事业的物质资源，也是有形的幼儿园管理的对象。其中，“人”是具有能动性的物质资源，不仅是最活跃的要素，也是管理的核心。在幼儿园里，人包括幼儿园的管理者和被管理者。园长、副园长、保教人员、后勤人员、医务人员都是幼儿园管理的能动因素，要激发他们的工作热情，充分发挥他们的主动性和创造性，开发其工作潜能。财、物是非能动性的物质资源，要由人来掌握、支配和使用，才能够发挥作用。其中，“财”指资金，财的管理涉及资金规划和调配、财务管理和分析、账目核算等。幼儿园要将有限的资金合理地运用到推进幼儿园工作上，最大限度地提高效益。“物”指教学设施、教学材料、教学玩具、教学仪器等物质条件，物的管理包括选择购置、合理使用、科学管理、日常维护等。幼儿园对物质材料的选取需要根据园内实际情况而定，在使用中充分发挥物的基础效能，使其恰当地为幼儿园活动服务。

王园长的用人之道

随着社会的发展，越来越多具有研究生学历的人才加入幼儿园教师队伍，但社会对研究生学历幼儿园教师的评价褒贬不一。有的管理者认为，研究生学历幼儿园教师专业技能不如本科生和专科生，个人想法较多，难以融入幼儿园的文化。而有的管理者认为，研究生学历幼儿园教师具有较高的专业理论素养，发展潜力巨大。

王园长充分分析了研究生学历幼儿园教师的特点，提出了适合他们发展的措施。在幼儿园的教育科研工作中，王园长鼓励研究生学历幼儿园教师担任教研组长、教科研室负责人等，使他们能够充分发挥自身理论基础扎实、逻辑思维缜密的优势。同样，对于专科、本科学历的幼儿园教师，王园长结合每名教师的优势特长，如弹唱、绘画、环境创设等，帮助教师们找到自己在幼儿园中的价值。用人所长是优秀的管理者所必备的一种素质，管理者不仅需要善于用人所长，还要能够容人所短。作为幼儿园园长，需要考虑到每一名教师的专业成长，使他们都能发挥所长。

“事”是构成幼儿园管理工作的基本单元，幼儿园管理主要围绕各类事务性工作展开活动。幼儿园的管理工作繁多且复杂，包括贯彻与实施国家教育方针和政策，规划幼儿园发展蓝图，根据有关原则对保教、卫生保健、后勤服务等工作进行计划安排，协调各方关系，开展园内评价，等等。管理者需要将幼儿园的事务性工作紧密结合起来，并有条不紊地推进，最后达到提高幼儿园办园质量、实现幼儿园培养目标的目的。

幼儿园管理的要素还包括“时间”和“空间”。时空是运动着的管理形态的存在形式。时间是最稀有的资源，幼儿园管理需要在有限的时间内抓住主要、重要、紧急的工作，统筹安排，最大限度地做好工作。同样，幼儿园的物理空间也是有限的，管理者需要合理地划分物理空间，使其充分发挥教育的价值和作用。另外，幼儿园的空间还可以指无形的社会环境，这就需要管理者按照一定的办学理念和方法，营造良好的幼儿园形象，为管理要素中的“人”营造和谐、融洽的氛围。

“信息”是指一切可传递和可交换的知识内容，是一种客观存在的重要的管理资源。有效的管理行为必须通过某种反馈过程来获取信息，并协调组织与外界的关系。在幼儿园管理中，只有及时获取、正确处理、有效利用、科学储存信息才能更好地决策、计划和调控其他工作。因此，幼儿园管理者必须具备对信息的敏感性，提高对信息管理的认识，最大限度地发挥信息的作用。

修不完的场地

7月初，某幼儿园的教职工们议论的话题是“徐园长上任了，第一件事一准儿又是修整幼儿园的场地，这个暑假大家又不能休息了”。议论缘于几位园长在任期内都将修整场地列为任期责任目标的内容，场地的材质几经更换。

6年前，幼儿园的院子里有3块天然的土质活动场地，海棠、白杨、垂柳等绿树环绕，梧桐树成荫，场地的边上还有一个大沙坑。桂园长在任时，看到临近某园的场地铺上了九格砖，显得干净整齐，并且彻底解决了雨后泥泞的问题，于是就筹集资金，改土质地为九格砖地。不料仅仅几个月，砖就被三轮车、汽车压裂破损。一年后，桂园长看到附近中小学的操场是平整的三合土地，刮风时不起土，下小雨时不粘泥，于是又改砖地为三合土地，还因此获得上级教育部门颁发的“环境建设显著进步奖”。桂园长退休后，上级教育行政部门发出指令，要求扩大幼儿户外活动的场地并使之完整化，达到人均2平方米。继任的王园长于是决定修建一块柏油场地。幼儿园安排幼儿放假回家一周，园长亲自组织教职工集体劳动，把十几棵直径20～30厘米的树木砍掉，将三块活动场地连成一体。王园长四处奔走，请来市政部门的路桥施工队铺上沥青，操场变成了平滑宽阔的柏油场地。然而，新问题又出现了。只要孩子们在柏油场地上跌倒，皮肤擦伤就很严重。在炎热的夏天，孩子们走在场地上，都嚷嚷烫脚，家长们的意见很大。不久，王园长到南方的幼儿园参观，看到那里的塑胶场地既安全又美观，孩子们无论怎样奔跑、跳跃都不会跌伤，只是造价很高。王园长认为，塑胶场地既安全科学，又一劳永逸。她用了一年多的时间将柏油场地改成塑胶场地，按照城区教育系统制定的幼儿园评估标准，修建了30米长的跑道。幼儿园终于被评为一级园所，王园长感到很欣慰。由于干部轮换，王园长调离，继任的徐园长接受了有关专家和媒体的说法——塑胶场地质地柔软，缺乏一定的硬度，婴幼儿长期在塑胶场地上活动，会影响骨骼的正常生长，于是徐园长筹划拆除一部分塑胶场地，改为绿草地，以实现绿地面积达到场地总面积40%的任期目标。

6年之间，3位园长在职期间不断翻修更新幼儿园场地，使幼儿的活动场所几易面貌，幼儿园也获得了一定的荣誉。然而，孩子们从中又得到了什么？管理者应始终秉持幼儿的利益大于“政绩”的理念，对园所环境的建设与改造问题做好合理规划，进行可行性分析和论证，然后再实施，尽量减少重复建设造成的损失，更不能盲目“追风”，只图新颖与荣誉。

资料来源：刘苏，陈云燕．修不完的场地：谈园长的任期责任目标．学前教育（幼教版），2006（12）：37-38.

（二）幼儿园管理的内容

幼儿园管理的内容覆盖面广，且涉及不同的维度，这使得管理过程变得纷繁复杂。具体来说，幼儿园管理的基本内容包括保教工作管理、卫生保健工作管理、幼儿园总务后勤工作管理与幼儿园安全工作管理。这些工作都是围绕幼儿学习与成长展开的，与幼儿在幼儿园的生活息息相关。幼儿园保教队伍建设、组织文化建设以及公共关系建设也是管理工作中不可缺少的部分，既是提升幼儿园质量的关键，也是顺利实施其他工作的基础与保障。最后，幼儿园管理的内容也少不了管理者对自身领导力的培养与提升，以及对幼儿园工作的评价。从管理者本身的角度出发，只有不断进行反思才能不断优化管理过程，取得管理工作的成功。

值得强调的是，在进行管理的过程中要注意把握好管理内容之间的关系。幼儿园管理内容的组成部分既是相对独立存在的，又是相互联系、相互作用、相互制约与相互融合的，它们一起有机地构成幼儿园管理系统。幼儿园的教育质量和管理质量能否提升就在于这个系统中的集合体能否协调、互补、有序地进行各自的工作。

三、幼儿园管理的特点

幼儿园管理是一种特殊的教育管理活动。通过以上学习，我们了解了教育管理以及学前教育管理的特点。幼儿园管理作为两者的具体表现形式，具有相同的特点。为了加深对幼儿园管理的认识，这里将着重分析幼儿园管理的复杂性与教育性。

（一）复杂性

幼儿园是对学龄前儿童实施保育和教育的机构，同时也是培养人的场所，幼儿园管理将通过对各种资源的规划运用达到提高幼儿园质量、促进幼儿全面发展的目标。在进行幼儿园管理的过程中，不仅需要考虑到各个要素、协调各方面的内容，还要结合幼儿园教育对象——幼儿，进行特殊化处理，因此，幼儿园管理是复杂的、具有极强挑战性的活动。另外，幼儿园的任务也决定着幼儿园管理的复杂性。幼儿园具有教育和保育双重任务，和其他阶段的教育机构相比，幼儿园不仅要保证教育的质量，还要关注幼儿生活的方方面面，这使得幼儿园管理的内容更多，更加烦琐。

“接电话”引起的反思

某天，幼儿园园长经过教室的时候发现，小朋友们正在教室里自顾自地玩耍，而教师正站在一个角落里打电话。教师见园长经过，匆匆说了几句便挂断了电话，然后主动解释说，刚刚是班上一个小朋友的家长打电话来为小朋友请假。园长点了点头，并提示她抓紧时间给小朋友们上课。回到办公室后，园长认真地想了想：教师带班时间接听电话，显然会影响班级活动。但是家长工作是班级工作的一部分，接听家长的电话，也算是正常工作，如此说来也不无道理。

没有规矩，不成方圆。学期末，园长在修订幼儿园规章制度的时候，加入了“教师带班组织活动期间不接听电话”这一条，并阐述了理由。为了赢得家长的理解和支持，保证制度的顺利执行，在新学期开始的班级家长会中，园长让班主任给家长解释了这条新增制度。为了使幼儿园的管理更加人性化，班主任在解释制度的同时也向家长公布了幼儿园园长室以及教科研室的办公电话，并告诉家长如有急事，可以拨打幼儿园的办公电话，幼儿园的管理人员保证会在第一时间向班级教师转达电话内容。家长会结束之后，家长们纷纷认为：该幼儿园管理规范，教师素质高。孩子在这样的幼儿园里学习、生活，他们很放心。

（二）教育性

由于幼儿园是教育机构，所以幼儿园管理不以营利为目的，而以教育为目的。这就需要遵照一定的教育方针和保教工作的客观规律①。同时，幼儿园管理必须明确以教养为

① 从中笑. 幼儿园管理. 沈阳：辽宁大学出版社，2012.

主，统筹安排各项工作。“教养为主”意味着，首先幼儿园的主要管理人员、保教人员要把大部分时间和精力用于保教工作；其次，幼儿园的其他各项工作、各个部门是为保证保教工作而设置的，要配合并服务于保教工作，要有利于而不是有碍于这一中心工作；最后，幼儿园的领导者、管理者要经常深入一线，了解并指导保教工作，认真研究、分析问题，推动和改进教养工作实践，提高质量（见图 1－1）①。

图 1－1　教师为幼儿园课程管理工作提建议

四、学习与研究幼儿园管理的重要性和方法

学习与研究幼儿园管理对管理者和其他幼儿园工作者来说都具有十分重要的意义。掌握学习与研究幼儿园管理的方法，对于各级各类幼儿园的管理者和工作者来说也是十分必要的。

（一）学习与研究幼儿园管理的重要性

1. 有助于提高园所教育质量，促进幼儿全面发展

随着社会对高质量学前教育需求的日益增长，当前的幼教改革不仅体现在教育内容、形式、设施更新上，而且体现在幼儿园管理方面。为此，幼儿园管理者需要提高管理水平，把握学前教育的基本特点和规律，学习和运用学前教育管理的相关理论知识，摆脱管理实践的感觉主义、经验主义，通过科学的管理进一步提高办园质量，最终达到促进幼儿身心全面和谐发展的目标。

2. 有助于提高人才素质，促进教师专业成长

对相关教育管理人员或幼儿园管理者来说，重视学习幼儿园管理相关知识不仅有助于推进工作，而且对提升管理者的专业素质有着十分重要的作用。幼儿园管理的内容涉及方方面面，除了管理者，幼儿园教师也可以通过对幼儿园管理相关知识、技能的学习与研究，更深刻地认识学前教育的性质和特点，掌握相关管理理论和方法，全面提高个人素质，促进自身的专业成长。

---

① 张燕. 幼儿园管理. 北京：人民教育出版社，2008.

3. 有助于推动学科建设，促进学前教育事业发展

幼儿园管理工作复杂、琐碎且具有自身的独特性，很多时候不能完全借鉴其他阶段的教育管理方法及经验。系统深入地学习幼儿园管理理论知识，秉持科学的态度，探索提高幼儿园教育教学质量的高效管理方式，有助于推动自身学科建设，促进我国学前教育事业的发展。

新任园长如何应对挑战?

赵园长今年将从副园长转变为园长。对她来说，担任园长不仅是从“自然人”到“法人”的角色转变，同时也赋予了她相应的责任，她将站在园长的立场思考问题。虽然她负责教育教学管理工作多年，但担任园长面临的是全面管理幼儿园的重担，赵园长对诸多事项感到很困扰。尤其是该园还计划在另一小区新设园部，新幼儿园的物资配备、人员分配等方面的问题都等着园长解决。与此同时，上级主管部门对于新任园长以及新幼儿园，始终采用与其他老园长、老幼儿园一样的标准，共同参与考评。此外，在幼儿园尚未完全成熟之际，幼儿园还将承担创建省市优质园的重任。这样的状态对于新任园长无疑是一种高强度的压力与挑战。

对于赵园长来说，掌握相关的幼儿园管理知识对解决她目前面临的压力和挑战尤为重要。如果未能针对幼儿园管理的内容、方法进行系统的学习，那么接下来她管理工作的开展可能会遇到更多困难，面临更多问题。

（二）学习与研究幼儿园管理的方法

要想有效地学习幼儿园管理相关知识，研究幼儿园管理现状，就必须掌握学习与研究幼儿园管理的方法。接下来将介绍五种常见的方法，即调查法、文献法、实验法、案例法以及行动研究法。采用哪种方法需要具体问题具体分析，切勿盲目选择。

1. 调查法

调查法是在学前教育理论的指导下，有目的、有计划、有系统地通过问卷、访谈等方式搜集有关学前教育管理现实与历史发展状况的资料，然后进行科学分析和认识，并提出发展建议的一种研究方法。调查法是学前教育管理学的基本研究方法，其研究成果常常以调查报告的形式展现。调查法主要包括问卷调查法和访谈调查法。比如，运用问卷调查法进行幼儿园管理研究的选题有：某省幼儿教师队伍现状调查研究，某市婴幼儿家长入园意向调查研究，等等。

2. 文献法

文献法是对幼儿园管理的某个现象或问题在不同时期、不同地点、不同情况下的不同表现进行比较分析，以揭示幼儿园管理的普遍规律及特殊表现，从而得出符合客观实际的结论的一种研究方法。文献法是间接研究的方法，包括纵向历史文献研究和横向的不同地域的（国与国之间、地区之间、学校之间）文献研究。其本质在于从事物的相互联系和差异的比较中观察事物、认识事物，从而探索规律。例如，针对教育政策、教育管理体制、教学管理形式等问题，就可以进行纵向或横向的比较研究，包括学前教育机构之间、地区之间甚至跨国、跨文化的比较研究。

3. 实验法

实验法是研究者按照研究目的，合理地控制或创设一定的条件，从而确定变量间的因果关系，验证假设的一种研究方法。实验法比较适合小范围且目标比较单一的情况，如教师与幼儿间的互动关系、班级管理等。由于教育管理所涉及的因素复杂多变，难以控制，且有高度的政策导向，所以在教育管理领域运用实验法的难度较高。

4. 案例法

案例法是研究管理现象的一种独特的方法。它是将管理中出现的一些常见问题、矛盾或经验编写成案例，供学习者、研究者进行分析和讨论，主要目的在于理论联系实际，增强研究者分析和解决问题的能力。因而，案例法的重点不在于得出正确的结论，而在于促进思考的过程。通过提供案例，为学习者、研究者创设问题情境，呈现矛盾冲突的现实情境，他们可以最大限度地发挥自身的能动性，在激烈的思想碰撞中分析问题的症结，寻求解决问题的途径和对策①。

5. 行动研究法

行动研究法是指教育工作者基于解决实际问题的需要，与专家、学者等共同合作，将实际问题作为研究主题进行系统研究，以解决问题的一种研究方法。如某学前教育机构在一段时间内多次出现家长与保教人员之间的矛盾，学前教育机构就以“家园互动有效策略的探索”为研究课题，采用行动研究法，聘请学前教育研究专家与园所教育管理者、教师合作研究，总结家园有效互动的策略，探索学前教育机构家园合作的规律，从而实现家园共育。

思考与练习

1. 学前教育管理的含义和特点是什么？
2. 幼儿园管理的特点有哪些？
3. 简述学习与研究幼儿园管理的重要性和方法。

推荐资源

1. 虞永平. 学前教育管理. 北京：北京大学出版社，2019.

2. 纪秀君，赵彩侠. 普及普惠奋力攻坚新跨越 学前教育十年发展收好官. 中国教育报，2020-12-27（3）.

3. 刘颖，虞永平. 我国幼儿园管理质量的现状、类别及其影响因素：基于潜在剖面分析的结果. 学前教育研究，2021（1）.

4. 王海英. 新中国70年我国学前教育管理变革的回顾与反思. 南京师大学报（社会科学版），2019（4）.

① 秦旭芳. 学前教育管理. 长沙：湖南大学出版社，2015.

第二章

学前教育管理的基本原理和原则

目标指引

1. 了解学前教育管理原理和原则的含义；

2. 了解学前教育管理的几大基本原理和原则；

3. 能够联系实际领会学前教育管理的基本原理和原则，形成对学前教育管理的专业认识；

4. 尝试运用学前教育管理的基本原理和原则，分析和评价学前教育管理活动，培养关注和改善学前教育管理的主人翁意识。

内容结构

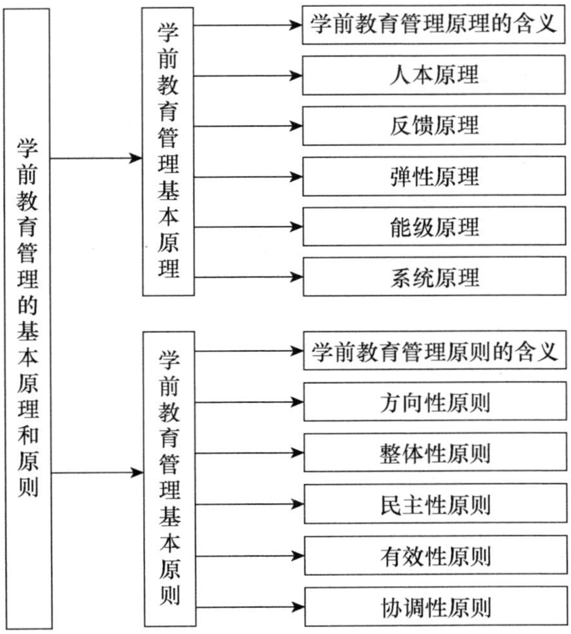

案例导引

马园长最近计划组建园本教研工作小组，正在发愁该任命谁为教研主任。候选人有两位，一位是张老师，一位是简老师。张老师年纪较轻，虽然工作经验不够丰富，但成长很快、进步明显、成绩突出，在平时的工作中敢于挑战、勇于创新、执行能力强。简老师是园里的老员工，保教工作经验十分丰富，能处理各种各样的突发情况，且对园里的大小事务十分熟悉，是一位稳重、踏实、细心的熟手教师。

两位老师都很优秀，工作能力均获得了同事及各部门领导的认可。马园长因此十分纠结：两位谁更优秀？到底该选谁呢？偶然间，马园长翻到一则小故事。

“在很久以前，弥勒和韦驮分别掌管不同的庙。弥勒掌管的寺庙，来客总是络绎不绝，大家都很喜欢热情欢乐的弥勒，但弥勒不够细心，无法管理账务，寺庙总是入不敷出。相比之下，大家都不喜欢韦驮的严肃阴沉，他掌管的寺庙来客很少，但他管账是一把好手。佛祖在发现这个问题后，决定将他们放在同一座庙里，弥勒负责迎客，韦驮负责管账。从此之后，庙里一片欣欣向荣的景象。”

在看完这个故事后，马园长恍然大悟。她意识到并不需要挑选最优秀的人，而需要选择最合适的人。教研岗需要的正是敢闯敢拼、积极探索、勇于创新的人。现在马园长心中已经有了答案。

其实，马园长看到的故事所蕴含的道理正是能级原理。能级原理是管理学的基本原理之一，它有效地引导着马园长做出了正确的管理决策。在本章中，你将会了解到更多的管理原理和管理原则，这能帮助你妥善处理各种管理事务。

第一节　学前教育管理基本原理

一、学前教育管理原理的含义

原理是指客观事物的实质及其运动的基本规律。教育管理原理由对各种教育管理活动进行科学分析总结而成，旨在明确教育管理活动的实质及其运动的基本规律，它对学前教育管理活动具有普遍且重要的指导意义。学前教育管理是教育管理学科的一个分支，二者本质上讨论的都是教育管理活动，所以教育管理的基本原理也能应用于学前教育管理领域。当前，学前教育管理的基本原理有以下几种：人本原理、反馈原理、弹性原理、能级原理、系统原理。

二、学前教育管理的基本原理

（一）人本原理

1. 人本原理的含义

人本原理强调在管理活动中应以人为本，把人当作管理活动的核心和动力，以促进人的发展为管理目的。这一原理要求管理者在管理活动中充分考虑人的合理需要和主观能动性，充分调动人的积极性，构建平等、民主、和谐的人际环境，为人的发展而服务。也就是说，在管理活动中，管理者应主动关心教职工的需求，并尝试满足教职工合理的需求，而不只是一味地追求任务效果，忽略教职工的想法和期待。在充分地尊重并支持教职工合理的个人想法的情况下，教职工的积极性也会得到很大的提升，从而激发他们的主观能动性，最终取得良好的工作成效。

2. 人本原理的应用

不难发现，人本原理其实是在提醒我们，在管理活动中，应充分调动员工的积极性。如何运用人本原理，其实就是在问应该如何调动员工的积极性。行为科学理论指出，人行动的积极性来自三大基本需求：物质需求、精神需求和信息需求。也就是说，如果想提高员工的工作热情，就应从激发员工的物质动力、精神动力和信息动力入手。

第一，物质动力。马斯洛的需求层次理论（见图 2-1）指出，只有在满足了人最基础的低级需求后，人才会去关注更有价值的人生目标。换句话说，人最基本的需求是生存需求，只有在满足了基本的生存需求后，人才会去追求富有激情和创造性的劳动。如果一份工作连员工最基本的生存需求都无法满足，那么员工何来动力去完成这份工作呢？在教育管理中，管理者应以保障教职工的收入水平和生存状态为基本前提，这样才能真正激发教职工的动力。

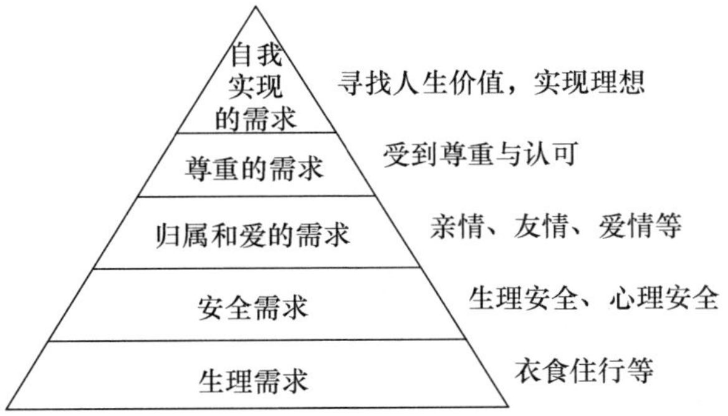

图 2-1 马斯洛需求层次理论

马斯洛的需求层次理论

20 世纪 20 年代，美国心理学家马斯洛提出了需求层次理论。该理论指出，人采取行动的动力来自自身的需求，而人的需求可以从低到高分为五个层次，分别为：生理需求，即对衣食住行等的需求；安全需求，包括对生理安全（无重大疾病，不危及身体健康或生命安全）和心理安全（情绪健康稳定、不过分焦虑或恐惧等）的需求；归属和爱的需求，即对亲情、友情和爱情等美好情感的需求；尊重的需求，即对受到尊重与认可的需求；自我实现的需求，即对找到自我的人生理想并成功将其实现的需求。

只有在满足了基本的低级需求后，人才会开始追求更高级的目标，即人生理想和使命等。当然，并不是只有在满足了所有物质条件后，人才会开始为理想而奋斗，也有人将人生意义放在首位，不在乎低级需求是否得到满足。

第二，精神动力。其实，人除了基本的生存需求外，还有更上层的精神需求，这种精神需求是支撑人们有意义的生活的核心动力。教师是一份“成人之美”的职业，相信每一位教师在教育教学过程中都会有一些十分触动的瞬间，那就是当看到学生因为自己的教学获得知识和心灵的成长时。“桃李满天下”是教师群体的精神需求，是每一位教师深藏在心中的热忱和道义。在教育管理中，管理者应加强园所文化建设，引导教师感受支持学生成长的精神满足，激发教职工的精神追求；同时也应大力支持教师的专业发展，让教师能以更专业的水准促进学生的学习与发展，并从中收获精神动力①。

第三，信息动力。教师是一份实践性极强的专业工作，在教育教学过程中，会遇到各种各样的问题，这些问题往往是和教学实践紧密相连的、十分具体的，但同时每个问题的情况千差万别，仅仅依靠在学校中积累的教育教学理论知识难以解决这些问题。这时候就需要补充相关的信息，用以解决问题。也就是说，教师的专业发展有着很强的信息需求，如果这些信息需求得不到支持和满足，教师的专业素质就很难得到提升。如果缺乏足够的专业水平，那么在面对各种纷繁复杂的教育问题时，教师往往难以应对，因而感到十分无力，久而久之，就会慢慢丧失工作激情。因此，在教育管理中，管理者应密切关注教师专业发展中遇到的困难，为他们提供相应的信息支持，助力教师的专业成长。

（二）反馈原理

1. 反馈原理的含义

反馈是信息指令中心对输出的指令信息的执行情况的再回收。反馈原理指的是，管理者在发布工作指令后，对员工执行工作指令的情况进行跟踪，了解员工的工作进度和状态，对员工的工作情况进行评估，并根据评估情况对工作指令进行调整和修订，把评估结果反馈给员工，改善员工工作状态，从而达到管理目的（见图 2－2）。在教育管理中，管理者不仅扮演发布工作任务的角色，也要及时、灵敏、准确地捕捉教职工的工作情况，并把教职工工作中存在的问题和不足及时反馈给他们，让他们根据调整意见进行调整，从而提高工作成效。

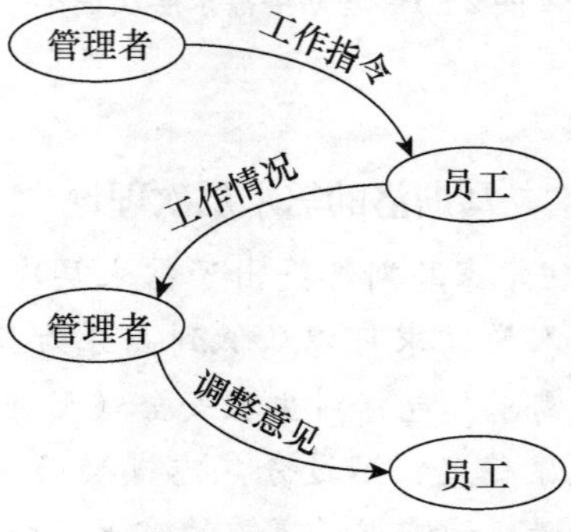

图 2－2　反馈原理图

① 韩延伦，刘若谷．教育情怀：教师德性自觉与职业坚守．教育研究，2018，39（5）：83-92．

2. 反馈原理的应用

显而易见，反馈原理的重中之重在于反馈。那么，如何收集教职工的工作信息，以及如何有效地发出反馈正是管理者要深入思考的问题。

首先，应建立并健全反馈机制。有效、顺畅的反馈必须建立在合理的反馈机制的基础上。随机的、松散的、盲目的交流与反馈达到的效果是微乎其微的。反馈机制应包括管理者如何收集关于教职工工作的真实信息，管理者如何发布反馈，教职工如何传达给管理者他们自身对指令的认识和疑惑，等等。只有建立并健全反馈机制，才能最大化地发挥反馈在教育管理中的作用。

其次，管理者需要深入教育实践，给出切实可行的调整意见。反馈并不是为了监督和评价教职工的工作情况，而是为了及时发现教职工工作中存在的问题，从而为他们提供调整意见，以促进教职工工作质量的提升。可见，给出调整意见才是整个反馈过程中价值最大的关键环节。但意见并不是只要给出了就能发挥作用，只有符合教职工实际的、具有可行性的意见才能真正帮助教职工改善自身行为。要想给出切实可行的调整意见，管理者自身需要具备广泛的实践经验、丰富的调查素材。因此，管理者应积极深入教育实践，获取真实的教职工信息，感受来自教职工的真实心声，并根据这些信息给出调整意见。

如何提供有效的反馈?

反馈可以指出教职工的失误或过错，这被称为“负面反馈”。有效的负面反馈是纠正员工行为、确保目标达成的好方法。那么，如何给出负面反馈才是合理有效的呢?

(1) 描述“行为+影响/后果”。在和教职工就其不良行为进行沟通时，应就事论事，描述出具体的行为表现以及该行为对他人或单位有何影响。不应批评教职工的个人品质不佳，这无益于问题解决。

(2) 倾听教职工的感受。倾听教职工的想法，如事情背后的原因和他对此的态度等。

(3) 商讨改善的方法。和教职工共同商量如何改进，尊重其想法，理解其处境，商讨时避免过于专制。

(4) 肯定教职工的能力。用语言肯定教职工具有改正的能力，表达对他的信任。比如：“我知道你这次失误只是忽略了一些小问题，相信经过这次，你下一次一定能注意到这些问题，工作也会表现得更出色。”

(5) 保持关注和及时肯定。反馈结束后，也应有意识地关注教职工的变化，及时肯定其进步。

(三) 弹性原理

1. 弹性原理的含义

弹性原理指出，管理活动中的管理对象、管理目标、管理情境等都不是一成不变的，它们处于不断地运动变化之中。正是因为如此，管理者在管理活动中应充分关注管理系统内外部环境以及管理对象的变化状况，并根据它们的变化情况对管理工作进行灵活的调节，以保证管理系统的平衡和稳定。

2. 弹性原理的应用

教育是一项关于人与人交互的社会活动，教育管理的主要对象是人。每一项教育管理活动都会涉及各种各样的人，每一个人都有他独特的生活经验和价值理念，人与人之间会有各种各样的差异，涉及人的活动往往是复杂多样的。因此，学前教育管理活动所面临的因素是多样的、复杂的、难以全面预测的。如果在教育管理当中采取刚性、死板的命令和措施，那么最终往往得不偿失，难以见效。相比之下，采取灵活、弹性的管理方式是更为可取的，当面对具体问题时，在坚持社会主义方向和党的领导的前提下，应结合具体情境进行具体分析，因地、因时制宜，因人、因事而异。

弹性管理，关怀他人

张老师是某幼儿园的骨干教师，平时工作勤恳、认真负责，教育教学能力强。她对待孩子们温柔细心，深受孩子们的喜爱和家长的认可，平日里十分关心和照顾周围的同事，大家都很喜欢和她打交道。一直以来，张老师都是教师中让园长最省心、最放心的那一位。

然而，最近一两周张老师的工作总是出现失误。她要么忘记了某些工作内容，要么工作完成情况不佳，一改往日认真负责的工作态度。园长知道后，并没有立即批评张老师，而是想到她平日里责任心那么强，是不会如此随意对待工作的，肯定事出有因。

于是，园长主动找张老师了解其中缘由。原来，张老师的爱人和家中的老人最近都住院了，需要有人贴身照顾，家里的大小事也都落在了张老师一个人的身上，因此她压力较大，工作起来也没有精气神了。

园长得知后，并没有责怪张老师调整不好工作状态、因私事影响工作，而是充分表达了理解和体谅，并决定减少张老师的工作任务，号召张老师的同班教师多多关心张老师，力所能及地帮忙分担一些工作事务。

(四) 能级原理

1. 能级原理的含义

能级原理指出，不同个体的能量大小是有层级区别、高低之分的，有的人工作热情高、工作能力强，有的人工作稳扎稳打、踏实细致，有的人工作得过且过、利益至上……如果想让一个系统能够持续稳定地发展，就应该让不同能级的个体处于不同的位置，并督促他们各司其职，协同共进。

2. 能级原理的应用

为保证幼儿园运行的稳定性和有序性，管理者应充分了解教职工的个人特点和特长，同时分析岗位所需的能力特质，将员工的能力特点和岗位的职责需求进行匹配，尽力做到知人善任，避免出现员工职责和能力不匹配的现象。比如，应避免让能力不足的教职工承担过难的工作任务，因为这很可能会导致教职工心力交瘁，丧失自信心，畏惧工作。此外，也应避免让能力出众的教职工执行过于简单琐碎的工作，缺乏挑战性的工作难以使教职工获得成就感，实现个人进步，久而久之，教职工很有可能因此丧失“闯劲”。

（五）系统原理

1．系统原理的含义

系统原理认为，教育管理活动的要素都不是单独存在的，而是相互联系、相互作用，组成了一个开放、动态的有机系统。具体到幼儿园来说，一所幼儿园包含许许多多的要素，如物质元素、财力情况、人员构成等，幼儿园和谐发展的前提必然是内部各种元素的相互协调，也就是幼儿园中的人力、物力、财力都用到了最合适的位置，真正发挥了它们的效用。并且，幼儿园的发展不仅需要内部和谐统一，还需要与外部环境相互协作。幼儿园是一个社会组织，也会受到社会环境的影响，如果执意“单打独斗”，那么最终是很难在社会环境中立足的。

2．系统原理的应用

在教育管理中，管理者应认识到组织管理的系统性与复杂性，充分考虑园所各要素之间的关系，从整体来分析局部问题，不断优化局部，从而促进整个系统的良性发展。可见，系统性认识和分析是进行组织管理的前提①。

进行系统分析：SWOT 分析

SWOT 分析指系统性调查分析组织的内外部条件，并加以梳理总结出组织的优势（strengths）、劣势（weaknesses）、机会（opportunities）和威胁（threats），并根据这些内外部条件进行反思和讨论，发挥优势，克服劣势，利用机会，化解威胁，制订出适合幼儿园发展的计划和策略。

胡园长利用 SWOT 分析对幼儿园的情况进行了系统分析，以下是分析结果。

S（优势） 园所品牌优势明显；生源综合素质较高；教师团队年龄结构合理	W（劣势） 内部管理不够规范、较为低效；园所文化建设不佳；办园经费保障不足
O（机会） 生育政策利好，市场需求大；国家重视学前教育发展	T（威胁） 家长偏好应试教育、超前教育；周边幼儿园较多

第二节　学前教育管理基本原则

一、学前教育管理原则的含义

原则指的是基本的行动准则、指导思想和基本要求等。学前教育管理原则指出了在学前教育管理活动中应遵循的最根本和最基础的准则和要求，是学前教育管理理论的重要组成部分。学前教育管理原则是对学前教育管理实践活动的科学总结，反映了学前教育管理

① 岳亚平，宋丽芹．基于 SWOT 模型的民办幼儿园环境分析．学前教育研究，2015（6）：9-16.

的客观规律和原理，是对教育管理原理的条理化、具体化。学前教育管理原则既具有理论意义，也具有实践价值。

学前教育管理原则主要指的是幼儿园管理原则，是针对幼儿园管理活动的指导原则，是进行幼儿园管理的基本依据，是幼儿园管理所应达到的基本要求。学前教育管理原则宏观指导幼儿园的管理过程，包括如何运用各种管理模式，如何建立各项组织制度，如何开展各项具体的管理活动，如何解决管理工作中的一系列矛盾、关系或问题，等等。有效的园所管理离不开科学的管理原则。因此，在进行幼儿园管理时，应遵循学前教育管理原则。只有将其当作管理指南，才能保证园所工作的顺利开展，提高园所工作效率，从而实现园所工作目标。

二、学前教育管理的基本原则

在对学前教育工作的性质和任务、管理过程的客观规律以及我国幼儿园的长期实践经验进行总结和分析的基础之上，我们概括出了学前教育管理的五条基本原则：方向性原则、整体性原则、民主性原则、有效性原则、协调性原则。

（一）方向性原则

1. 含义

方向性原则指幼儿园在进行管理工作时需要跟随正确的方向。管理是一种有目的、有方向的活动，学前教育管理也不例外，学前教育管理的方向要与我国政治、经济以及生产力发展状况和目标相匹配。中国共产党领导是中国特色社会主义最本质的特征，学前教育管理应坚持中国共产党的领导、坚持社会主义办学方向。也就是说，我国幼儿园的管理应以党的方针政策为指导，牢牢把握学前教育正确发展方向，落实立德树人根本任务，努力满足人民群众对“幼有所育”的美好期盼。

具体而言，“保教幼儿”和“服务家长”是幼儿园教育的双重任务，是学前教育管理工作的重要着眼点。幼儿园不仅是为幼儿提供教育机会、促进其发展的教育场所，同时还是为家长提供教育支持、工作支持的福利场所。因此，在进行幼儿园管理时，应以双重任务为管理方向，致力于为培育德智体美劳全面发展的社会主义建设者和接班人奠定坚实基础，同时提升家长的教育素养，缓解家长的养育压力，让家长不仅能进行高质量和高效率的家庭教育，也能安心投入社会生产与建设中，为我国的社会主义建设添砖加瓦。

2. 贯彻方向性原则的要求

（1）坚持我国教育政策方针的引领和党的领导。

中国共产党是坚持社会主义办学方向的无产阶级政党，党的教育方针明确指出了园所的发展方向，即为培养社会主义建设者和接班人奠定坚实基础。坚持我国教育政策方针的引领和党的领导是办好幼儿园的根本保证，是幼儿园教育管理的政治依据。

《3～6岁儿童学习与发展指南》深度学习活动

为了帮助幼儿园教师了解3～6岁儿童学习与发展的基本规律和特点，建立对儿童发展的合理期待，理性看待儿童发展，实施科学高质的保教，促进儿童身心全面和谐发展，陆园长在园内组织了《3～6岁儿童学习与发展指南》（简称《指南》）的深度学习活动。

此次深度学习活动的内容包括：举办专题讲座，专家带读《指南》，领会《指南》要义和精神；组织教师小组讨论会，交流学习心得和实践经验，互助解答疑惑；开展教育活动观摩研讨会，教师共同观摩以《指南》为基础展开的教育活动，共同研讨其应用之道。

(2) 明确教育目标。

党和教育政策为园所发展提供了宏观的方向引领，园所教育目标和办园指导思想则是具体的指路牌。确定教育目标对于幼儿园发展来说十分重要。幼儿园是一个教育场所，其核心活动是教育活动。教育目标是关于园所要把幼儿培养成为什么样的人的设想，园所的各项工作事务应当围绕着最终的教育目标来展开。幼儿园要以正确的教育目标为发展方向，以此统一教职工的教育教学态度和行为，协调各部门人员的工作内容，促进幼儿园的优良运转。

（二）整体性原则

1. 含义

整体性原则指出，管理应从整个系统的角度出发，全面思考，统筹规划各个要素。幼儿园是由多种要素（如人力、物力、财力、制度等）相互作用、相互依赖而组成的具有特定功能的有机整体。在管理幼儿园时，应以保教质量的提升为核心，综合考虑各种要素，权衡利弊，分析要素之间的影响关系，而不是仅仅关注某一项具体的工作，纠结于细枝末节。

2. 贯彻整体性原则的要求

(1) 树立全局观念，强化整体意识。

在处理幼儿园的管理事务时，应从整体目标出发，全面规划，统一指挥，协调组合幼儿园各个部门和各类人员的力量，综合部署人力、物力、财力、时间、空间、信息等资源，以保证团队的有效合作，促进整体力量的有效发挥，达到园所的管理目标。

(2) 保教为主，统筹安排。

在运用整体性原则管理幼儿园时，需要明确幼儿园的核心任务是保教工作，并以此为执行依据。《幼儿园工作规程》指出，幼儿园的任务是“贯彻国家的教育方针，按照保育与教育相结合的原则，遵循幼儿身心发展特点和规律，实施德、智、体、美等方面全面发展的教育，促进幼儿身心和谐发展”。可见，幼儿园的首要任务是保育和教育，保教结合是幼儿园教育的重要特征。幼儿园管理涉及各种各样的工作任务，由于个人精力和工作资源都是有限的，因此要想出色地实现园所目标，就不得不对工作任务按照轻重缓急进行排序，从而确定把最主要的精力和资源分配给哪类工作任务。显而易见，在了解了幼儿园教育的核心任务后，我们都能意识到，在进行幼儿园管理活动时应始终遵循“以保教为主”的原则，依据这一原则统筹安排园所的各项工作。以保教为主的整体性原则旨在指导幼儿园管理者在进行管理时应妥善处理主要工作与次要工作、主要矛盾与次要矛盾、整体利益与局部利益、教育工作与管理工作之间错综复杂的关系。

（三）民主性原则

1. 含义

民主性原则指的是在管理活动中，管理者应充分认识到人的重要性，积极调动人的积极性和创造性，满足人的基本权利和需求，处理好人与人之间的关系。民主性原则体现了“以人为本”的现代管理思想，强调人是管理的核心。人既是管理的出发点，也是管理的目的；既是管理的手段，也是管理的内容。在管理活动中遵循民主性原则，也体现了社会主义国家的制度特性，是党的群众路线和民主集中制原则在管理活动中的体现。

幼儿园中的民主管理主要指管理者应处理好管理者与被管理者、组织与个人、集中与民主的关系；尊重教职工的民主权利，适当地放权，鼓励教职工积极参与到园所管理中，集中广大教职工的集体智慧，充分发挥教职工的工作积极性（见图 2－3）。

图 2－3　教职工共同商议教研制度

2. 贯彻民主性原则的要求

（1）坚持以人为本，树立群众观念。

人是管理的核心，坚持以人为本是管理的核心要义。在教育管理中，管理者应深入群众，和广大教职工形成密切的联系，尊重教职工的观点和理念，重视教职工的合理需要，广泛集中教职工的智慧和力量，保障教职工的权益，维持组织的平衡和稳定①。

（2）健全民主管理机制。

民主管理不是空喊口号，要让民主管理真正落地，必须建立相应的管理机制。幼儿园可以设立教职工大会制度、园务委员会、家长委员会等，为党的基层组织、工会、共青团等其他组织开展民主活动创造有利条件，为群众提供发声的渠道和参与组织管理的方式方法，鼓励群众监督幼儿园的工作。另外，应实行园所事务的公开制度，让群众了解园所工作的整体情况，也可以通过设立意见箱、开展讨论会等方式鼓励群众参与管理，向群众收集改进和发展幼儿园的意见，推动园所发展。

民主管理，适当放权

园长办公室的“访客”络绎不绝，一会儿是副园长来商讨教师职称评定，一会儿是保

① 吴立保. 道德领导理论视野中的幼儿园管理. 学前教育研究，2007（5）：7-10.

健主任来问本学期的骨干教师培训，一会儿又是后勤主任来咨询园内的绿地该如何保养……园长不禁开始自我反思，这样事无巨细地沟通与商讨真的有必要吗？如果每一件事都要靠园长来思考和决定，那么中层领导的管理能力和主人翁意识该如何培养和提高呢？

园长为了改变这一现状，给每一位中层领导发了邮件，邮件内容是希望今后中层领导能承担起更大的责任，深度思考自己负责的事务，在与园长交流园内事务时，事先想好解决办法和具体的实施计划，园长只是提供建议，不过分干涉事务的细节。

在邮件发送后的一段时间里，园长办公室的敲门声逐渐减少。中层领导对待自己的事务也越来越积极，管理能力和执行能力也有了很大提高，幼儿园的保教水平也因此稳步提升。

（四）有效性原则

1. 含义

有效性原则指的是管理活动应遵循一定的科学管理规律，合理组织和协调各个方面的资源（包括人力、物力、财力等资源），注重管理的方式方法，致力于提高管理效率和增强管理效益。在幼儿园管理中，应在正确的方向引领下，遵循教育和管理的基本原理，采取科学的管理方法，合理组织和协调管理资源，充分挖掘和利用园所要素，提高管理质量和效率，进一步完善学前教育公共服务体系。

2. 贯彻有效性原则的要求

（1）健全园所制度，规范园所事务。

建立和健全制度是提高组织运作效率的有效手段。要想管理好一个组织，制定明确合理的规章制度是十分必要的。制度可以保障园所内各项工作事务的规范化、程序化，推动层次明晰、职责分明、人员协作的科学管理系统的形成。

（2）合理配置、有效利用资源。

资源并不是取之不尽、用之不竭的，利用有限的资源达到预期的目标，是管理的目的及意义所在。一所幼儿园拥有的资源是方方面面的，包括人力资源、物力资源和财力资源等。对这些资源进行有效的、有针对性的协调整合，将其分配到最适合的工作任务中，是使资源发挥最大效益、促进幼儿园发展的关键所在①。具体来说，对于人力资源，管理者应努力做到知人善任、用人所长，深入教育实践，通过多种方式充分了解教职工的个人特点及特长，将其分配到合适的岗位。对于物力和财力资源，管理者应科学合理利用，反对铺张浪费，坚持勤俭办园。

围栏到底要多高？

一天，动物园管理员发现袋鼠从围栏里跑出来了。经过讨论后，管理员们一致认为是围栏的高度过低，导致袋鼠很轻易就跳出来了。于是，管理员们将围栏从原来的 2 米加高至 3 米。

① 刘颖，虞永平．我国幼儿园管理质量的现状、类别及其影响因素：基于潜在剖面分析的结果．学前教育研究，2021（1）：17-28.

然而，第二天袋鼠还是跑到外面来了，管理员们决定再加高围栏到 4 米。第三天，袋鼠还是跑了出来。这让管理员们大惊失色，一不做二不休，他们决定直接将围栏加高至 10 米。

看着管理员们不断加高围栏，袋鼠们不禁讨论了起来。一只袋鼠问："你们觉得管理员还会不会再加高围栏呢?"另一只袋鼠回答道："很难说，如果他们还是继续忘记关门的话。"

可见，围栏的高度并不是问题所在，关键的问题在于门是否关上。找不出问题所在，无法"对症下药"，有再丰富的资源，最终也发挥不出真正的效用。

(五) 协调性原则

1. 含义

协调性原则也称社会协调性原则，旨在提示管理者从社会系统的角度去思考幼儿园管理，考虑组织内外部要素的相互影响，尽力协调管理内外部的资源，不断提高管理系统的稳定性和平衡性，达到管理目标。

在幼儿园管理中应遵循协调性原则，积极与幼儿园外部的其他组织对话，而不是站在原地守着自己的"一亩三分地"。首先，幼儿园作为一个教育机构，与其他教育阶段的教育机构之间存在着紧密联系。《幼儿园工作规程》指出："幼儿园是对 3 周岁以上学龄前幼儿实施保育和教育的机构。幼儿园教育是基础教育的重要组成部分，是学校教育制度的基础阶段。"其次，教育系统作为社会系统中的一个子系统，与社会系统内的其他子系统（如政治、经济子系统等）存在广泛且复杂的交错关系。教育系统处于庞大的社会系统中，必然受到各种社会因素的影响。

因此，在进行教育管理时，管理者不应将幼儿园看作一个孤立的体系，而应放眼整个教育阶段，乃至整个社会系统，充分考虑幼儿园与其他教育阶段的教育机构（如小学、中学等），以及与经济、政治环境等的关系，积极利用各类资源，努力协调内外部要素，不断提高园所管理的质量和效益。

2. 贯彻协调性原则的要求

(1) 树立开放、整体的办园理念。

任何一个社会组织的发展都与政策环境、经济发展及社会氛围等密切相关，没有哪一个组织能够置身事外，仅靠单打独斗就能成功。树立开放、整体的办园理念可以推动管理者密切关注社会动态，提高对社会发展的思想认识，把园所发展放到社会大环境中进行思考，辩证地看待园所内部出现的问题或取得的成绩，并以社会发展情况为背景，坚持社会主义办学方向，加强党的领导，吸纳广泛的学科理论，结合园所的实际情况确立办园思路。

(2) 妥善处理园所内外部之间的关系。

园所的良好发展是内外部共同协作、互相支持的结果，仅靠组织内部的努力，是很难取得良好成绩的。对内，园所应妥善处理各个部门之间、各类人员之间、各项工作之间的关系，促进彼此之间的有机团结和合作，保障幼儿园内部工作能够有序优质地展开。对外，一方面应坚持贯彻政策方针，认真学习上级行政部门的有关规章条例，结合园所实际情况加以落实；另一方面，也应积极与家庭、其他园所及社区发起联系，互相支持，共同前进①。比如，园所应充分意识到家庭资源的教育价值，形成积极紧密的家园合作，为家庭教育提供科学专业的个性化指导，同时也可将家庭资源引入幼儿园，丰富幼儿园的教育内容和教育形式。

社区进园，共建美好家园

受光明幼儿园教研主任的邀请，光明社区的叔叔们走进光明幼儿园，为小朋友们开展了一次丰富多彩的环保主题活动“送垃圾宝宝回家”。

活动一开始，社区叔叔便唱起儿歌：“垃圾分类要清楚，蓝色大桶可回收，变废为宝好颜色；绿色大桶装剩菜，变成肥料来灌溉；红桶垃圾最有害，电池灯管就是它；灰色大桶装其他，尿布旧物来安家。”

唱完儿歌后，社区叔叔开始发问：“小朋友们，你知道不同颜色的垃圾桶代表什么意思吗？可以从儿歌里找找答案噢。”小朋友们便开始交流讨论了起来，场面十分热闹。

此外，社区叔叔还准备了不同颜色的垃圾桶，以及废电池、橘子皮、破衣服、纸板和落叶等垃圾，让小朋友们认识不同的垃圾类别及其对应的垃圾桶。

思考与练习

1. 学前教育管理的基本原理有哪些？

2. 学前教育管理的基本原则有哪些？

3. 简述学前教育管理能级原理的含义，并结合生活经验举出一个能体现该原理的例子。

4. 简述学前教育管理方向性原则的含义，并结合生活经验举出一个能体现该原则的例子。

5. 请仔细阅读以下案例，并思考该案例体现了哪一个学前教育管理原理或原则。

林老师最近工作积极性不高，保教主任黄老师发现后，主动找林老师谈话。通过此次交流，黄老师意识到林老师的问题在于在工作中没有成就感和满足感。于是，黄老师给林老师安排了一些额外的工作任务，让林老师参与构想和组织近期的运动会。最终，在大家的共同努力下，运动会成功举办，林老师也感受到了收获和成长的喜悦，工作热情大大提升。

推荐资源

1. 张新平，褚宏启. 教育管理学通论. 北京：高等教育出版社，2012.

2. 金保华. 人的自由发展：教育管理的终极善. 教育研究，2014，35（12）.

3. 岳亚平，宋丽芹. 基于SWOT模型的民办幼儿园环境分析. 学前教育研究，2015（6）.

① 吴立保. 道德领导理论视野中的幼儿园管理. 学前教育研究，2007（5）：7-10.

第三章

学前教育管理模式与管理过程

目标指引

1. 掌握质量管理的含义；

2. 了解幼儿园依据 PDCA 循环展开的管理过程，理解每一管理环节的内容和要求；

3. 掌握目标管理的含义；

4. 了解幼儿园的目标管理过程，把握目标的制定、实施和评价环节；

5. 学会运用质量管理和目标管理模式理解和分析学前教育管理的现状和问题，形成积极关注和主动反思学前教育管理的专业态度。

内容结构

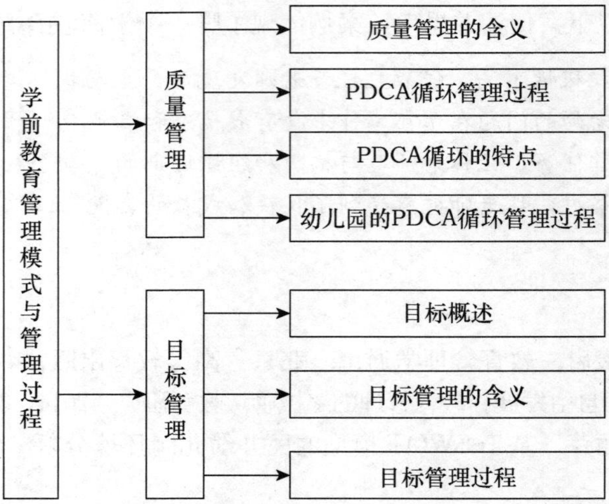

案例导引

在短短两年内，太阳幼儿园取得了可喜的进步，从市一级一类幼儿园升至省一级一类幼儿园。大家听闻后，纷纷前往太阳幼儿园学习经验。当问起园长的管理心得时，园长说了两个四字词语：有始有终，善始善终。在场的人无不疑惑，这两个词语到底是什么意思呢？对幼儿园管理有什么作用呢？

园长解释道："这两个词语看似简单，但对提升管理的效率和质量有很大的作用，掌握了其中的奥义会让你在管理中'如鱼得水'。有始有终指的是每一件管理事务都既要有开始，也就是计划，也要有结尾，也就是一定要执行起来、行动起来，完成这个计划。善始善终指的是，只是开始不行，还要有一个好的开始，好的开始也就是好的计划、合理的计划、切实的计划。结尾也一样，有了好的开始但没有好的结尾那就是虎头蛇尾，做的还是无用功。在执行计划的过程中要时刻观察、反思，时刻改进，这样才能促成一个好的结尾。"

其实，园长的管理心得和戴明质量管理思想中的 PDCA 循环管理法不谋而合。园长在分享管理心得时，也无形中传达了管理学中经典的管理模式和思想，相信在场的人都有不小的收获。管理模式能为幼儿园管理提供具体路径，能有效地帮助园长增强管理能力。在本章中，你将了解到一些经典的管理模式，这会帮助你更好地分析和改善幼儿园管理现状，提升自我管理素养。

第一节 质量管理

一、质量管理的含义

质量管理将管理对象视为一个系统，综合考虑管理中的各个环节和要素，具有全局性、全程性和全员性的特点，能有效保障业务的有序和优质进行。在教育领域，戴明的质量管理思想受到广泛关注。戴明是 20 世纪著名的质量管理学家，质量管理十四点原则和 PDCA 循环管理法是戴明最为突出的贡献和广受认可的管理观点，充分体现了戴明深刻的管理智慧①。

如今，PDCA 循环管理法被广泛运用到学前教育管理当中，有效地保障了园所运转的持续性和稳定性。PDCA 循环管理法，也被称为"戴明循环"，是戴明对管理过程的设想。戴明认为，要想提升产品质量，应该重视生产过程。好的产品只有在科学、严格、有序的生产过程中才能制造出来。因此，过程被戴明认为是管理中十分重要的元素，管理应重视过程，即管理过程。管理过程是管理者为实现管理目标，遵循一定的管理原则，对本单位的人、财、物、事、时间、信息等进行管理的客观程序。

---

① 戴明. 戴明管理思想精要：质量管理之父的领导力. 北京：西苑出版社，2014.

质量管理的由来

质量管理是管理学中的一种管理思想，最初诞生于20世纪的美国工厂。当时美国工厂为了保证产品的质量，在产品生产出来后会执行一系列严格的检验程序。渐渐地，人们发现检验程序只能发现合格的产品，并不能提高产品的合格率。于是，工厂管理者尝试在生产之前就严格把关，严格控制整个生产程序，不只是监控检验阶段，而是从源头提高产品的质量，提升工厂的业绩，这种管理手段被称为“质量管理”。随后，质量管理因其出色的管理效果受到了越来越多人的关注，从工厂走向了各个领域，质量管理模式也因此得到了丰富和完善。

二、PDCA 循环管理过程

戴明指出，一切有过程的活动都由计划（plan，P）、执行（do，D）、检查（check，C）、处理（act，A）四个环节组成。这四个环节围绕着管理目标展开，构成一个管理周期。质量管理过程正是一个个 PDCA 管理周期接连发生、连续循环的过程（见图 3－1）。接下来将会详细介绍每一个管理环节。

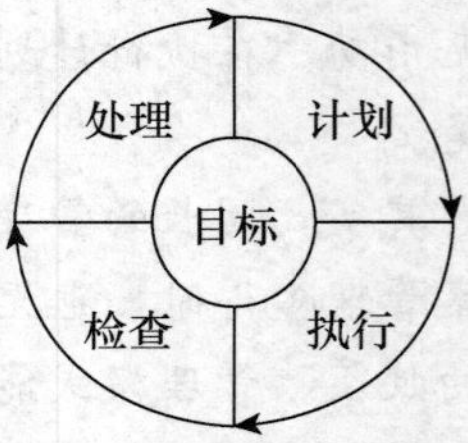

图 3－1　PDCA 循环

第一，计划。“计划”在整个管理过程中是起始环节，也是指导管理过程如何展开的指南。管理者在开展管理活动前都应提前制订好工作计划，包括工作目标的确定和实现目标的方案、手段、方法和措施等，以此作为工作的“路标”。

第二，执行。“执行”就是执行管理计划，这一环节贯穿于整个管理过程，即围绕计划对管理系统中的各个要素进行组织、指挥、协调、控制、激励等，以达到预期效果。但一般来说，具体的执行情况不一定会和计划完全一致，计划只是预设的管理细则，而在实际工作中，管理状况总是千变万化的，管理者需要根据当下情况对计划进行适当的修改和补充。

第三，检查。“检查”是对计划执行情况的诊断和评价，可以推动和保证计划的良性运行。检查既可以对已取得的成绩进行肯定，也可以被用作发现问题、纠正偏差的有效手段。检查环节一般会伴随着整个管理活动的执行过程。

第四，处理。“处理”是对管理过程中总结检查的结果进行处理，进而采取相应措施。对管理过程中的成功经验归纳、总结、推广，对发现的问题进行讨论分析，形成理性和凝练的建议或要求，这对下一管理周期具有积极的借鉴意义。处理环节是两个管理周期之间承上启下的过渡环节。

三、PDCA 循环的特点

（一）目的性

管理本身就是一种目的性极强的活动，管理过程的展开和延续都是以目的为前提和基础的。组织目标既是 PDCA 循环运行的起点，也是其终点。组织目标是引领 PDCA 循环运转的方向标，是管理过程的“灵魂”。因此，在展开管理过程时，要首先明确管理目的。当前幼儿园管理的目的是通过管理协调和利用内外部资源，提升幼儿园工作的效率和质量，从而促进幼儿的身心健康发展。

（二）程序性和整体性

PDCA 循环的各环节是遵循一定的程序展开的，各环节相互衔接、有序运行，构成了完整的管理周期，这体现了 PDCA 循环的程序性，程序性保障了管理过程的有效性。在整个管理过程中，各个管理环节之间有顺序、有规律地运作。计划既是整个管理过程的起点，也是管理过程的归宿，它统率着管理过程的整体运作，相当于管理过程中的领航员。执行是管理过程的中心环节，整个管理过程的主要内容就是管理计划的执行。检查是对执行环节的检验，用于评估和监督计划执行情况。处理是对整个管理过程检查结果的处理，总结上一个管理周期的成功经验和失败教训，为下一个管理周期提供参考经验，在两个管理周期中起着承上启下的作用。

可见，各个管理环节之间相互联系，依次展开，这体现了管理过程的整体性。在每一个管理过程中，四个环节都是相互依存的，以整体的形式存在。无论管理事务是大还是小或其持续时间是长还是短，每一个管理活动都存在着这四个管理环节。只有四个环节相互联系，相互作用，有序运作，这一管理活动才是完整有效的。

（三）渗透反馈性

管理过程中的各个环节是相互渗透、相互作用、相互促进的关系。其实，在实际的管理过程中，各个管理环节并不是单方向向前运行的，各个环节之间存在着双向的相互作用（见图 3－2）。比如，计划是在执行过程之前预设的，是对管理情况的预估，并不一定能完全匹配真实管理活动中变化莫测的管理情况。所以，在执行计划的过程中，管理者可依据计划执行的具体情况来对原先设计的计划进行改善。检查是对执行环节的修正和改善，管理者可以总结、反思在检查过程中发现的管理问题，并依此对计划执行环节进行调整。同时，检查也可以促进计划的进一步完善。由于检查中发现的不足在一定程度上也暴露了计划存在的问题，因此可依此修订计划。检查环节是处理阶段总结经验、采取措施的前提，对问题的处理也为下一次检查提供了关注焦点。最后，对这次管理过程的处理为下一个管理周期计划提供经验借鉴，而计划是此次处理的依据。可见，后一个环节既是前一个环节的延伸，也是前一个环节或前几个环节调改的依据。

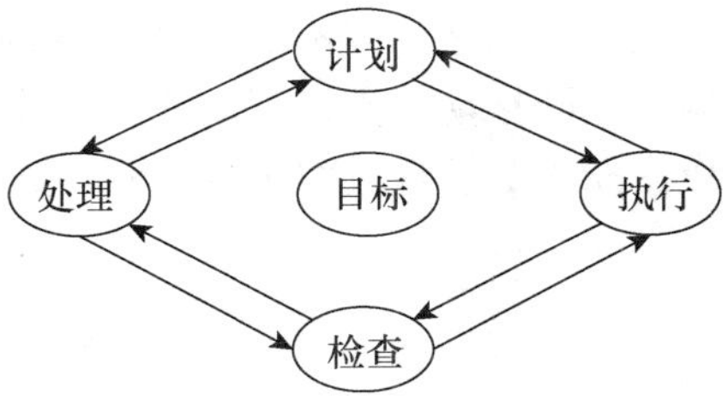

图 3－2　PDCA 循环各环节双向反馈图

此外，环节之间的渗透性并不仅指各个环节之间的相互作用，也意味着在每一个管理环节内也可能会包含四个小环节，也就是“大环套小环”（见图 3－3）。幼儿园的管理事务是十分复杂的，在园所整体的管理运作中有相应的 PDCA 大环，同时在各个具体的管理项目中也存在着相应的 PDCA 小环。大环是小环的母体和依据，小环是大环的分解和保障。在幼儿园中，各级部门的小环有机嵌套在大环中，且各个小环之间的有机联系，保证了幼儿园整体事务的有序运作。比如，大环可以是整个幼儿园保教工作的展开情况，而小环是幼儿园中某一个班级保教工作的展开情况；大环还可以是整个学年幼儿园所有工作的展开情况，而小环是一个学期或一个月幼儿园所有工作的展开情况。

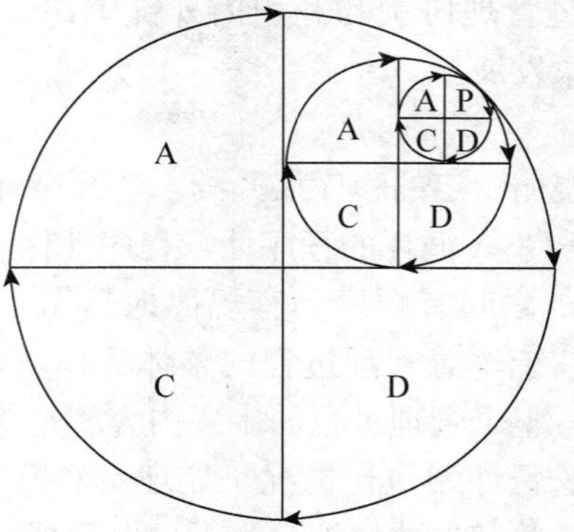

图 3-3　PDCA 循环大小环渗透图

（四）周期性和递进性

周期性指管理活动是以周期为单位的，一个完整的管理周期包括 PDCA 四个环节。递进性说明了管理过程是不断螺旋上升的，这种螺旋递进的关系不仅体现在管理周期内，还体现在管理周期外。在管理周期内，每个小环之间是顺序递进的；而在不同管理周期之间，一个周期的结束，预示着下一个周期的开始（见图 3-4）。这种管理周期内和管理周期之间的运转，并不是机械重复的，而是在上一个管理环节或管理周期的基础上总结经验，不断推动管理过程的改进，促进管理质量的提高。这提醒管理者在进行管理活动时，应主动汲取管理过程中的经验，力求使管理过程不断循环上升，使管理水平不断提高。

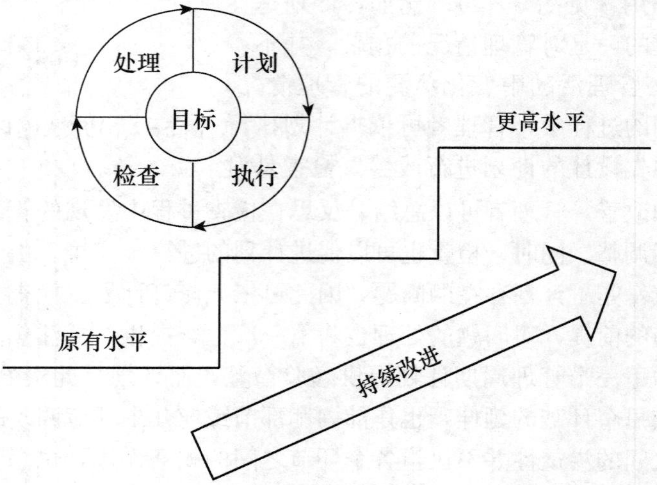

图 3-4　PDCA 循环螺旋递进图

四、幼儿园的 PDCA 循环管理过程

PDCA 循环被广泛运用于幼儿园的管理活动中，以提高管理的质量和效益。以下将从

制订计划、执行计划、检查计划、总结计划四个方面阐述幼儿园的管理过程。

（一）制订计划

1. 计划的含义和意义

计划是为了完成某项事务预先规划好的详细方案。计划是管理活动的起始，是执行的基础、检查的依据和处理的方向。计划的内容应包括“5W1H”，也就是做什么（what）、为什么做（why）、什么时候做（when）、在哪里做（where）、谁来做（who）和怎样做（how）。“做什么”即明确计划的任务；“为什么做”即明确计划的目的；“什么时候做”即明确计划的时间安排——什么时候开始做，什么时候需要完成；“在哪里做”即明确计划实施的场所；“谁来做”即明确计划实施的主体；“怎样做”即明确完成计划的设想，包括制定相应的规章制度、分配工作任务、明确责任主体等等。

其实，计划只是一个关于未来的预设，并不能完全反映未来的一切，但这并不意味着计划不重要。常言道，“凡事预则立，不预则废”，合理严谨的计划可以有效保障管理工作的顺利开展。

首先，计划有助于幼儿园管理过程科学、有序地进行。计划是对管理过程的预设，相当于在脑海中提前演练管理过程。在这一过程中，园长可以汇集广大教职工的看法和建议，评估计划的有效性和合理性，对不合理的预设加以改善。有了计划，管理过程就有了抓手和流程图，教职工便可以按图索骥，保证管理过程的有序进行。

其次，计划有助于提高工作效率。管理的目的之一就是提高工作效率。计划指明了每项管理事务的先后顺序和责任主体，包括哪项工作应该先做、哪项工作可以后做、这些工作谁来负责等，能够让管理者和教职工都明确各自的任务和工作步骤，从而实现有机合作，保证管理事务的高效执行。

2. 计划的类型

幼儿园中的管理事务是复杂多样的，从而促成了计划分类的多样性。不同的分类方式都有其适用的情境，常见的分类有以下几种：

（1）根据时间划分。

根据时间可将计划分为长期计划、中期计划和短期计划。顾名思义，长期计划是对园所未来几年甚至数十年的设想；中期计划是对长期计划的细分，一般指一个学年或一个学期的计划；短期计划是对长期和中期计划如何一步步实现的具体规划，一般指一个月、一周或一天的计划。

（2）根据覆盖范围划分。

根据覆盖范围可将计划分为全园工作计划和部门工作计划。全园工作计划是对整个园所大小事务的规划，包括卫生保健、教育教学、总务后勤、教师队伍建设、对外合作等的工作目标和工作任务等。部门工作计划是部门内人员的具体任务安排、工作要求和预期成果，旨在保证全园工作计划的顺利推进。

（3）根据工作性质划分。

根据工作性质可将计划分为常规性计划和临时性计划。常规性计划是对园所日常事务的规划，也就是那些日复一日、周而复始的工作内容，比如每日的卫生保健、教育教学、后勤工作等等。这些事务每日要完成的内容基本一致，往往不需要大的调整或修订。

临时性计划是对近期的新任务和新工作的设想。这些新任务和新工作并不是每天都会有，而往往是不确定的、偶然的，比如：园所建筑意外破损，急需修复；上级突击检查；等等。这类计划往往需要临时调动人员、调整资源分配，在保证常规性计划有序进行的基础上，高效高质地完成临时性计划，这十分考验管理者的管理智慧。

幼儿园教科研工作学期计划（部分）

（1）加强理论学习，提高业务素质。

（2）进一步开展“说课-讲课-评课”三位一体的教学研究活动。

（3）采取“走出去、请进来”的方式提高我园教师的专业水平，邀请专家进园开办专题讲座和培训会，组织教师到示范幼儿园参观学习，赴外进修。

（4）定期开展专题研讨会，围绕教育教学的普遍问题和关键问题进行学术探讨，推动教改工作。

3. 园所计划的制订程序

计划是管理过程的开端，一份好的计划意味着一个好的开始。一份好的计划是如何诞生的呢？计划的制订应该遵循一定的科学程序。一般来说，计划的制订包括分析环境、确定目标、制订可行性方案、评估和完善方案四个环节。

（1）分析环境。

在制订工作计划之前，应先对工作环境进行翔实的分析和预测。如果缺乏对环境情况的了解，盲目制订工作计划，那么最终的计划只能是“空中阁楼”，无法真正落实到实际的管理活动中。可见，一份好计划的基础是对环境的精准把握。

那么，了解环境应从哪些方面入手呢？一般来说，了解幼儿园所处的环境需要把握以下两方面：政策法规和上级指示、幼儿园实际情况。首先，相关教育政策法规指出了幼儿园教育的工作方向，上级部门或领导在贯彻国家教育政策精神的基础上做出的具体指示为幼儿园的工作指明了有针对性的具体建议和要求。把握好这些信息能够帮助管理者更好地明确幼儿园应朝着哪个方向努力、着重关注哪些业务等。其次，幼儿园实际情况是制订园所计划的直接依据。只有全面了解园所情况，如明确园所的人力、物力和财力资源，厘清园所获得的成绩和存在的问题，分析园所未来的挑战和机遇，紧紧围绕幼儿园实际情况制订计划，才能确保计划的可行性，保证计划的完成度。

（2）确定目标。

在分析和了解环境之后，应根据对环境的分析结果来确定幼儿园今后努力的方向，即幼儿园总目标。总目标是幼儿园工作计划的出发点和终点。工作计划是对如何实现幼儿园总目标的具体方案，总目标是工作计划最终要达成的成果。可见，总目标对于工作计划是十分重要的。如果没有确定总目标就草草开始制订工作计划，那么工作计划很可能会混沌不清，没有方向性，让人无从下手。因此，管理者应重视目标的确定，认真把握环境信息，制定出可行性强、有指导意义的幼儿园总目标。

（3）制订可行性方案。

在确定园所目标后，应围绕目标进行思考和讨论，制订出实现目标的可行性方案。可行性方案需阐明幼儿园当前的总任务，呈现总任务的具体分配，指明各具体任务的具体标准、要求以及实施的程序、策略和措施等。并且，还需要针对这些工作任务设计日程安排，指明每一时间段需要完成的任务。

（4）评估和完善方案。

在初步拟定好可行性方案后，需对方案进行评估和完善。可行性方案只是少数管理者对工作计划的初步设想或草稿，仍存在一些不足，这时就需要展开集体讨论，针对可行性方案进行全面系统的分析，指出其中的利弊，尤其要针对其中存在的不足进行深入和广泛的讨论，提出相应的改进和修订意见。需要注意的是，在展开讨论的过程中，管理者应意识到群众智慧的重要性，为广大教职工提供发声的机会，激发教职工参与讨论的积极性，充分尊重教职工的意见。最后以修订意见为基础，进行深刻的思考与分析，形成最终的工作计划，并将此印发至各个部门，公之于众，成为全体教职工的工作指南。

（二）执行计划

执行是将计划变成行动，将设想转化为现实的管理活动。执行计划是管理目标达成的关键环节，空有计划而不去落实，那计划做得再好最终也毫无实际价值。衡量一个组织的管理业绩，主要就是考察计划的执行情况。

精妙的计划

有一只十分能干的黑猫，它每天都能抓十几只老鼠，这让老鼠们十分害怕。老鼠们觉得不能再这样下去了，于是开会讨论怎么对付黑猫。有的老鼠建议研制毒药，有的认为干脆一起把黑猫咬死。这时，鼠王提出了一个精妙的想法，它建议偷偷在黑猫身上挂个铃铛，这样老鼠就能通过响声判断黑猫的位置了。大家都认为这是一个好办法，纷纷提议赶紧行动。但是，去哪里找铃铛？谁来挂铃铛？怎么挂铃铛？……一系列问题摆在老鼠们的面前，老鼠们顿时丧失了积极性，又沉默了起来，迟迟没有行动。可见，计划再精妙，如果没有执行，那么最终也是“竹篮打水一场空”。

1. 执行阶段的管理内容

执行阶段的管理内容主要来源于制订的工作计划，在执行阶段，管理者应重点关注组织与协调管理资源、引导与激励教职工等工作。

（1）组织与协调管理资源。

对于管理者来说，组织与协调各项管理资源是计划展开的第一步。正是因为一个组织中存在着各式各样的要素，才需要进行缜密的管理，让这些要素相互协作，发挥作用。如果只有一件事或一个人，那就谈不上管理了。管理的功能之一就是有机地整合和协调各项管理要素，使它们能够朝着共同的目标前进。事实上，每一个机构都有很繁杂的人力、物力、财力和信息等资源，统筹管理这些资源，对于管理者来说并不是一件简单的事。可以参考以下三点建议学习如何组织与协调管理资源。

首先，建立层级分明、责任明确的组织机构。合理有效的部门结构使得管理事务能够按时、清晰、灵活地落实到具体的部门或个人，保证资源的有效利用和事务的顺利开展。

其次，建立和健全幼儿园的规章制度。规章制度让教职工在进行日常工作时有章可循，明确工作的要求和准则，知道自己该做什么、不该做什么，以此调整自己的言行，保证管理过程的正常运转。

最后，合理分配、协调管理资源。资源的分配、协调是管理过程中面临的一大问题。幼儿园的大小事务都需要使用资源，但资源是有限的，那该如何分配、协调呢？哪些事务值得投入更多的财力，哪些事务需要更多的人力，事务需要的是哪方面的人才……这些都是需要管理者再三思考权衡的事情。在管理物质资源时，应因地制宜、物尽其用、不铺张浪费；在安排人力资源时，应选人得当、用人所长、人尽其才、才尽其用。

（2）引导与激励教职工。

人是管理的核心，如何引导与激励教职工是需要管理者反复思考和实践的。在管理过程中，最终推进一项又一项管理事务顺利完成的，其实是众多辛勤耕耘的员工。提高员工的工作热情和工作能力，就是在保障管理事务的有序展开。“引导”是让教职工明确园所目标和自身职责，提高思想认识和工作能力。“激励”是让教职工认可园所理念和园所目标，将集体目标和个人发展目标有机整合，形成合力，调动教职工的工作积极性。

2. 执行计划的基本要求

（1）严格落实计划，重视时间安排。

计划一旦制订了，就应该认真踏实地执行，按时按质地完成，而不是“三天打鱼，两天晒网”，那到头来也只能“竹篮打水一场空”，对园所的发展没有任何实际作用。当然，在管理过程中，会有各种各样的因素影响计划的正常执行，这时应根据实际情况灵活调整计划，而不是直接放弃。此外，计划要做的事务往往是纷繁复杂的，既有重要的紧急任务，又有琐碎的日常工作，要想顺利完成计划，合理安排、有效利用时间是十分重要的。

（2）科学管理计划执行。

计划的执行应该依据一定的科学理论，例如管理理论、教育教学理论等，而不是仅凭个人想法。个人的经验是局限的，如果按照管理者个人的主观想法来开展管理活动，那么很有可能会忽视一些影响计划的重要因素，导致园所难以良性发展。

时间规划

早上起床，农夫想着今天要做好多事情，自己得早早出门。于是，农夫在太阳刚升起时，就出发前往田地准备耕田。然而刚走到田地时，农夫想起家里的猪还没有喂，于是他决定转回家去喂猪。但在回家路上，农夫看到路旁有不少枯树，家里正好缺少柴火，农夫想着可以顺便捡些柴火。但这时农夫又想起家里的粥一直在煮着，需要赶紧回去熄火。此时，农夫决定先回去关火、喂猪，再回来捡柴火。走到家后，农夫发现今天早上出门前没有把鸡笼的门关好，小鸡们都跑出来了，农夫又得跑来跑去抓鸡。

就这样，一来一回，一个上午就过去了，农夫一件事都没做成。其实，如果农夫在起床后先梳理一下当天要做的事情，合理安排好时间，有意识地进行时间管理，那么最后也不会造成这样的局面。

（3）发挥各级组织的职能作用，增强教职工的积极主动性。

人是决定管理成效的重要因素。只有员工积极认真地对待本职工作，管理活动才能达到最终目的。因此，在执行计划的过程中，管理者应关注人的合理需求和期待，并尝试将个人的发展与园所事务相结合，让个人能够在完成工作的同时获得自身的成长与进步，从而增强教职工的积极主动性，形成合力，共同促进计划的顺利推进①。

（三）检查计划

1. 检查的意义

检查是计划执行过程中不可或缺的环节，起着承前启后的重要作用。一方面，检查是对计划制订和执行情况的及时考评，在于发现前期制订计划中考虑不周的地方，以及计划执行过程中存在的问题，并在此基础上加以调整和改进，促进管理事务高效高质地完成。另一方面，检查也是处理环节的前提和基础。检查过程中发现的种种情况都可以作为处理环节的原始材料，补充和丰富处理内容，从而使得处理环节更客观和全面。

2. 检查的方式

（1）根据时间划分。

根据时间，可将检查划分为定期检查和经常性检查。定期检查指的是阶段性的固定的集中检查，比如期中、期末检查，是对计划执行工作的整体性评估，为接下来的工作总结经验、指明方向。经常性检查指的是在日常中的随时性检查，具有及时、灵活的特点，以便对计划执行过程进行查漏补缺。

（2）根据内容划分。

根据内容，可将检查划分为全面检查和专题检查。全面检查指的是对园所各项管理事务的有条理、有秩序的全面性检查。专题检查指的是对园所某个方面的针对性检查，如对某个工作项目、某个部门或某个班级的专门检查（见表 3－1）。

表 3－1 一日活动检查记录工作表（部分）

项目	内容	检查记录
来园、离园活动	积极与幼儿进行情感互动，让幼儿感受到安全和愉悦。	
	来园、离园安全有序。	
	关注幼儿的健康状况，认真开展班级晨检和常规观察，及时做好记录。	
	充分利用来园、离园时间与家长主动沟通交流，及时反馈幼儿的情况。	
户外活动	利用自然条件，开展丰富多彩的户外游戏和体育活动，确保材料丰富、内容适宜。	
	保证户外活动时间充足。	
	注重户外活动的安全防护，增强幼儿的自我保护意识。	
生活活动	建立科学有序的生活常规。	
	能结合生活活动对幼儿进行安全、营养和保健教育。	
	注重培养幼儿良好的饮食、盥洗、午睡等习惯以及自理能力。	

① 周洁．基于生态管理理论的幼儿园教师团队建设策略．学前教育研究，2016（11）：70－72.

(3) 根据方式划分。

根据方式，可将检查划分为自上而下的检查和平级检查（相互检查或个人自查）。自上而下的检查一般是上级领导发起的有组织、有计划的检查项目。平级检查既可以是各个幼儿园、各个部门或各个教职工之间的相互检查，以促进彼此之间的相互学习和交流，也可以是个人自查，即个体自主发起对自己工作的自我检查和督促，以实现个人的自我调控和自我管理。

3. 检查的基本要求

(1) 明确检查的目的。

目的是一项活动开展的指路灯，有了检查目的，检查者才能知道检查过程中应观察什么要素、以什么为评估标准。盲目随意的检查多半是浪费时间、走马观花，无法达到检查的真正目的。

(2) 力求客观公正。

检查时应以客观公正为原则。主观性、随机性的检查既无法发现真正的问题，也难以说服被检查者认同检查可以为其提供有效的反馈意见和改进措施。要达到客观公正，首先，应设定检查标准。以标准为检查尺度，一方面可以促进检查工作的有序开展，另一方面也可以让被检查者更好地了解检查程序和内容，从而获得其信任。其次，应多渠道获取信息，多方式展开检查。通过多主体（如教职工、幼儿、家长等）获取检查信息，多方式（如电话采访、实地考察、获取文字材料、听取工作汇报等）展开检查，能够补充、完善检查材料，保证检查的客观有效。

(3) 结果与过程并重。

检查过程中既要重视工作结果，也要重视工作过程。只关注结果，忽视过程，很有可能导致管理者对教职工的误解，无法真正发现问题所在，从而难以提出适宜的解决方案。只关注过程，对结果放任不管，也会影响管理的成效，最终也有可能一事无成，无法实现目标。

(4) 检查与指导相结合。

检查的基本目的应是查漏补缺。检查不是为了指责谁、贬低谁，而是希望通过检查及时发现存在的问题，并找出相应的对策。因此，在检查过程中，不应以找出问题为检查的终点。在发现问题后，还需要认真思考问题发生的原因以及相应的对策，并将此及时反馈给教职工，促进教职工的自我调整和修正，推动园所的进一步发展。

(四) 总结计划

1. 总结的意义

总结是管理活动的终点，同时也是下一个管理周期的起点。对于当前的管理周期来说，总结是对这一周期工作的全面系统的回顾（见图 3-5）。对于下一个管理周期，总结是接下来管理活动的起点，是制订下一个管理计划的依据。可见，总结在管理周期之间起着承前启后的作用。

2. 总结的类型

(1) 根据内容划分。

可根据内容划分为全面总结和专题总结。全面总结就是对园所整体情况、各项管理事

图 3-5　某幼儿园园长回顾总结保教工作

务的系统性总结。专题总结是对某一个部门、某一个主题、某一个班级等具体一个方面的专门性总结。

（2）根据时间划分。

可根据时间划分为长期总结和短期总结。长期总结是对园所较长时间的工作业务的总结；短期总结是对园所近期工作的总结。长期和短期是相对而言的，在具体的实践中可灵活使用。

3. 总结的基本要求

（1）实事求是。

总结应立足于实际情况，无须过度夸赞某一项成绩，也不应对某些问题避而不谈。既要看到不足，也应发现进步，准确抓住主要问题和主要矛盾，辩证分析，用发展的眼光进行总结和评价。

（2）以计划和检查为依据。

工作总结应是有理有据，以最初制订的工作计划为出发点，以管理过程中的检查情况为依据，总结概括园所的工作情况、存在问题及其原因。

（3）为今后指明方向。

总结大会不是批斗大会，回首过去是为了达到更好的未来。总结还要在对当前工作情况的分析评价的基础上，提出对下一个管理周期新的工作目标和工作要求，为今后的发展指明方向，这样才能保证管理过程的连续性，才能真正促进管理过程的良性循环，提高管理质量和工作成效。

园长年度工作总结案例（部分）

一、行政管理

健全幼儿园管理机制，强化制度建设。

将幼儿园管理督导项目量化考核作为重要指标，进一步明确了班主任管理负责制。

对外加强与周边社区、行政管理部门、集团部门的联系与互动，积极取得各方的支持与理解。

二、保教工作

成立安全卫生检查工作小组，每月展开一次安全隐患排查，加强健康知识宣传及教育。

深刻贯彻《纲要》、《指南》精神，为幼儿提供愉悦、具有教育性的活动。

专注教科研工作，建立教科研制度，增强教师的教科研素养和意识。

第二节　目标管理

一、目标概述

目标是一种预期的理想状态或指标，是对某一种事物、组织或个人未来发展的愿景。目标的形式可以是多种多样的，既可以是外在的物质成果，比如获得奖项、达到某一个等级、完成某些工作指标等，也可以是内在的精神成果，比如学会某一项技术、收获心灵的成长等。

（一）教育目标和管理目标

在幼儿园的工作中，既有教育工作也有管理工作，那么相应地，园所的工作目标既有教育目标，也有管理目标。尽管两个目标针对的是同一个组织，但它们并不是完全一致的。教育目标和管理目标既有联系，又有区别，理解二者之间的差异有助于管理者更有针对性且高效地开展管理活动。

1. 教育目标

教育目标指的是教育者对幼儿发展状态的期待，即教育者希望把幼儿培养成什么样的人。幼儿园教育目标的设定与我国教育行政决策中的教育目的密切相关。《中华人民共和国教育法》和党的教育方针均明确指出，我国的教育目的是“培养德智体美劳全面发展的社会主义建设者和接班人”。教育目标是为达到教育目的应完成的具体的教育任务。例如，《指南》便指出了幼儿园阶段幼儿在各个发展领域（健康、语言、社会、科学、艺术）应达到的具体的教育目标。

毫无疑问，党和国家制定的关于学前教育的政策法规和教育方针是幼儿园制定目标的“灯塔”。但具体到每一所幼儿园，因为各个园所的条件并不一致，包括师资配备、环境特点、生源状况等方面都存在着较大的差异，所以各个园所能实现和应达到的教育目标也不一致。究其根本，不论教育目标是什么，它们都是对幼儿发展的具体期待，是园所工作的核心和根本目标。

2. 管理目标

管理目标指对幼儿园发展的预期状态，即“管理者希望把幼儿园办成什么样”（见图 3-6）。管理目标是管理者对园所日常大小事务发展的预期结果。这一系列大小事务包括教师招聘、园所环境的改善、大型器械的购买、园所规章制度的制定等。管理活动是为教育活动而服务的。园长管理幼儿园内的大小事务，是为了让这些事务能够相互协调，共同促进教育工作优质、有序地进行。管理活动的开展根本上是为了提高教育活动的有效性。例如，虽然园所决定采购新的玩教具是一项管理活动，但是决定这一管理事项的出发点是提高教师教育教学和幼儿游戏的质量，从而促进幼儿身心的健康发展。

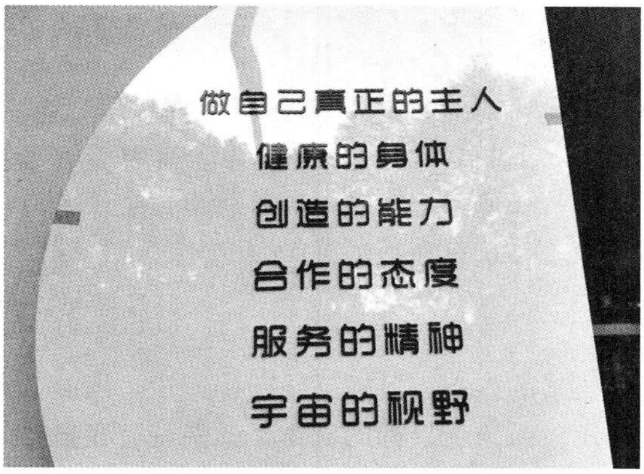

图 3-6 某幼儿园的保教队伍管理目标

3. 教育目标与管理目标的关系

如前所述，教育目标是园所工作的核心，是管理目标的制定依据，而管理目标是实现教育目标的保证和前提（见图 3-7）。只有把教育目标当作出发点，管理目标才是有意义的。因此，在制定管理目标时，需要时刻想着“管理协调这些资源是为了幼儿发展的哪些方面?”“做了这项管理工作后能真正促进幼儿发展吗?”“幼儿发展需要哪些工作的支持?”……因为脱离了教育目标而制定的管理目标，最终不仅无法为幼儿的发展服务，到头来也是对园所资源的浪费。而教育目标得以顺利实现的前提是达成管理目标。试想，如果没有管理者来思考如何采购和分配幼儿园的玩教具，如何使用和维护幼儿园的户外场地，如何进行和考评幼儿园的一日生活，如何管理和培训幼儿园教师，等等，那么幼儿能受到良好的教育吗？并且，管理活动为教育活动提供了良好的物质环境和制度环境，如果缺乏环境支持，那么教育活动也难以有序且高质量地展开。

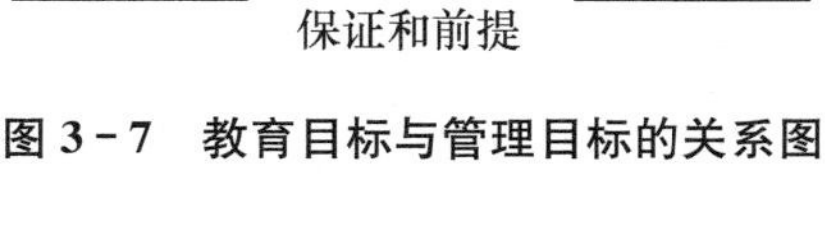

图 3-7 教育目标与管理目标的关系图

（二）目标的作用

1. 导向作用

目标能引领管理活动朝着指定的方向前进，从而保证管理的成效。无目标的管理活动就像是无头苍蝇，到处乱飞，最后只能是在原地打转，到达不了终点。没有明确、清晰的管理目标，管理活动最终也只能是一次次散乱的无效行动。有效的管理活动只有以目标为出发点，在管理过程中始终依据目标来调控工作事务，才能使园所的管理工作和教育工作有序进行，从而最终实现目标。可见，目标既是管理工作的出发点，也是管理工作的终点。

游泳健将为何半途而废?

30 岁的游泳健将洛丽塔准备从一个离岸 15 千米的海岛游到海岸。那天早晨，雾很大，海水冻得她身体发麻，她完全看不见前方的路线，也不清楚终点到底在哪里，就只能这样毫无目的地向前游。

不久之后，她的身体开始使不上劲，她觉得自己快到达极限，实在游不下去了。于是她呼叫护送她的船拉她上船。上船后，她发现自己距离海岸只有 800 多米，自己只要再坚持一会儿就能完成这个艰巨的任务了。这时老船长指出，令她半途而废的并不是疲劳和意志力不强，而是看不到目标的迷茫感和恐惧感。

2. 凝聚作用

目标是联结各个管理要素的核心。目标就像一根绳子，所有人都拽着这根绳子，劲往一处使，齐心协力地往前走。而缺乏目标的群体，就像是一盘散沙，在集体中的个人不懂得往哪里走，都在各自行动，无法形成合力。由于大家都各干各的，没有归属感和凝聚力，因此也就看不到共同完成的成果，最终导致大家缺乏热情，毫无干劲。合理切实的目标，也就是那些能将个人志向和集体要求有效整合的组织目标，能够促进教职工之间的交流和协作、信任和认同，促成教职工的和谐一致，使彼此之间形成强大的凝聚力，从而推动组织目标的实现。

3. 激励作用

目标能激励教职工奋发向上、齐头并进，从而实现个人的成长和园所的发展。一个没有方向的人对生活是提不起激情和兴趣的，因为他感受不到自己正在做的事情的意义，也不明白这些事情的价值所在。相反，一个明确且有价值的方向能让个人的生活更充实、更有动力。教职工作为一个个鲜活的个体，同样需要一个清晰且具有挑战性的目标。

让员工接受组织目标，为此努力奋斗，并不是一件简单的事。因为人并不是被动地接受外界的一切信息的，每个人对待集体目标的反应是不一样的。要想让组织目标起到激励教职工的作用，在设定目标时应尽可能考虑教职工的个体需要，将个人目标纳入集体目标，同时集体目标也不应全然不顾个人的意志和需求。只有在这种情况下，集体目标才能充分激发个人的主观能动性，充分调动教职工的个人智慧，从而实现园所的良好发展。

摸高实验

科学家们曾经做过这样一个实验，内容是将水平相当的 20 名学生随机分成两组进行摸高比赛，看看哪一组能摸得更高。第一组学生，不规定任何目标高度，而是由学生自由发挥，看看他们到底能摸到多高。第二组学生在摸高之前，将目标高度设定为 1.8 米，即要求学生摸到 1.8 米。

实验结束后，分别计算两组学生的平均摸高成绩。经过对比，结果发现被规定了目标高度的第二组学生的平均成绩要高于第一组学生的平均成绩。可见，目标能有效地激发人的潜力。

4. 衡量作用

目标可以作为评价总结管理工作的标准。目标除了是管理活动开展的出发点之外，也可以作为衡量标准对管理工作的成效进行评估。将衡量目标完成情况作为对教职工工作情况的评估方式，在一定程度上可以避免管理者在评价时以主观想法或情绪对教职工的工作情况进行不公正和非客观的评价。同时，明确的目标也为教职工提供了一套清晰的自评标准，教职工可以根据目标不断地对工作进行自我反思和调整，这样可以有效地增强教职工自我评价和自我调控的意识与能力。

二、目标管理的含义

目标是管理活动开展的出发点和核心，目标对于整个管理活动的重要性不言而喻。目标管理指的是管理者依据目标对员工进行管理的一种方法，是管理者根据组织与员工的情况制定目标、实施目标、评价目标的一系列管理活动。

目标管理的由来

目标管理起源于西方，最初由管理学家德鲁克提出。当时正值第二次世界大战结束，市场环境有了新的变化，一种新的市场氛围正在悄然形成，人们的生活态度及生活方式也在转变，人们开始对自己的生活有了思考，自主意识逐渐强烈。与此同时，传统管理方式较难适应企业经营管理的变化，严格、规范的管理已不能调动员工的工作积极性，管理体系日渐僵化，管理效率不高。

这时，目标管理应运而生。目标管理将目标视为管理的核心，这里的目标是在协调企业内部上下级的想法和期待后商定的，与企业内部的个体息息相关，能有效地激发员工的工作热情，让员工收获成就感，并让企业在员工的合力奋进下快速发展。

随后，目标管理在管理实践中不断得到发展和完善，如今的企业、政府机构、医院等组织都广泛采用目标管理。

资料来源：许一. 目标管理理论述评. 外国经济与管理，2006（9）：1-7，15.

三、目标管理过程

目标管理发展至今，其管理过程普遍被分为三个阶段：制定目标、实施目标、评价目标，这三个阶段构成一个完整的管理周期。并且，和 PDCA 循环一样，目标管理也认为管理应是一个又一个管理周期的循环往复，管理活动就是不断地从一个阶段进入下一个阶段的过程。

（一）制定目标

1. 确定总目标

如前所述，目标是目标管理的灵魂，制定目标是目标管理中的关键环节。那么，在学前教育领域应该如何制定目标呢？

目标并不是由管理者随意决定的，而需要经过深刻的反复思考与分析。思考与分析的内容，也就是制定目标的依据，一般包括国家政策方针及法规、学科理论、园所实际情况（见图 3-8）。

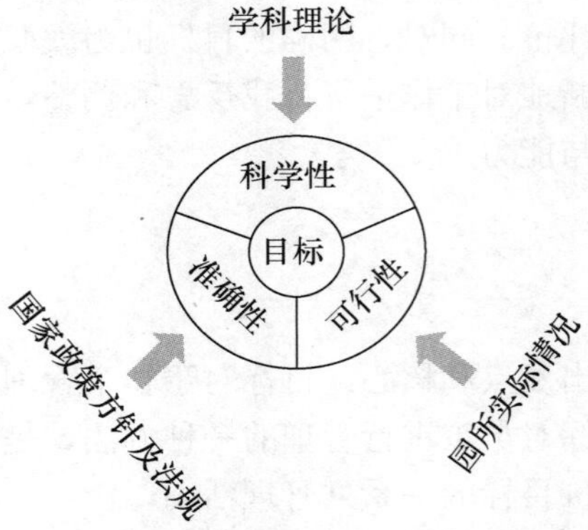

图 3-8　目标的制定依据

（1）依据国家政策方针及法规确保目标的准确性。

我国的教育政策方针及法规指明了幼儿园的性质及方向，为园所目标的设定提供了明确且先进的政策引领。幼儿园应认真了解学习教育政策方针及法规，将园所目标和政策精神统一起来，确保党的教育方针在园所工作中能够得到深入贯彻，确保学前教育始终沿着正确的方向发展。只有在正确的目标引领下，园所的发展才能回应社会发展的需要、满足人民群众的期盼，才能真正实现质量的提升。

（2）根据学科理论确保目标的科学性。

学前教育学理论、管理学理论及教育管理学理论揭示了幼儿园事务的运作规律，园所目标的设定应遵循客观规律，并以此为基础构建园所的发展方向，从而保障目标的科学性。幼儿园的事务十分繁杂，涉及各种各样的人和事。如果仅凭管理者个人的主观认识，那么是很难准确了解和分析复杂多样的园所事务的，难免会因为个人认识不足从而出现管理的失误。所以，在教育管理中，有必要借助学科理论，以此形成对管理活动的准确、深刻的认识，并在此基础上采取科学的管理措施。

（3）结合园所实际情况确保目标的可行性。

园所目标应紧紧围绕幼儿园的实际情况，确保目标的可行性。园所目标说到底还是幼儿园自己的目标，脱离了幼儿园实际情况的目标很难对幼儿园产生实际的效益。因此，在制定目标的过程中，应认真系统地研究幼儿园，包括过去的发展历史、当前的发展状态，以及人力、物力、财力等多方面的情况，明确幼儿园当前的水平和现有的资源，制定可操作的、具体的、有挑战性的园所目标。并且，在这一过程中，尤其要关心教职工的思想认识和心理需求，尽可能考虑到个人的发展目标，实现园所目标和个人目标的有机结合。

先会“走”，再学“跑”

一位农村幼儿园的保教主任张老师计划通过学习市区幼儿园的经验来提高本园教师的教育教学能力。张老师了解到市区内的几所一级幼儿园在创设园本课程，并取得了不小的进展，园所的教育水平也得到了明显的提升。于是，张老师也计划在本园内组织园本课程建设的教研活动，将目标设定为在本学期内形成一套完整的园本课程。张老师一想到不久后，本园的教育水平便能有飞跃式的进步，便不禁欣喜起来。

张老师将这一设想告诉了园长，园长在了解后，思索起来，随即问道：“张老师，您说的确实是个好方式，但问题在于我们是个农村幼儿园，园内并没有教师懂得怎么从零开始建设课程，大家的教育水平都不高，专业素质也没有城市里的教师强。如果硬要学习别人建设园本课程，那么很可能最后倒成为‘四不像’，不仅耽误了教师们的时间，还对幼儿的成长毫无益处。并且，本学期内园所还有不少的重要任务，这都会占据教师们不少的时间和精力，这时又让其花时间来学习怎么建设园本课程，这哪里顾得过来呢？我理解您的用意，也明白您对园所发展和幼儿成长的期待，但这件事咱们急不来，得一步一步脚踏实地地走，不能别人做什么咱们就做什么，还是要考虑我们园所的实际情况。”

张老师听了园长的建议后，恍然大悟，决定现阶段将精力投入教师基本素养的提升当中，等教师学会“走”之后，再带领他们一起向前“跑”。

2. 构建目标体系

在确定了园所发展的总目标后，下一步就是以总目标为引领，结合园所的实际情况，将总目标层层展开，分解为一个个可操作的子目标，并将此分配到具体的部门或个人。这一系列的子目标相互依托、环环相扣，形成一个系统性的目标体系。

在分解目标时，子目标要与总目标方向一致，内容上下贯通；同一层次的子目标之间在内容和时间的安排上应该相互协调、平衡①。园所总目标只说明了园所要办成什么样子，但并不是说我们期待园所成为什么样子，园所就能发展成这个样子。具体怎么办、能不能办成，也就是管理到底有没有成效，这关键还是要看有没有一步一步踏实地向前迈进。其实，这里所说的“一步一步”便是指每一个子目标。子目标是否分解有效，是否层层递进，是否切实可行，都会直接影响到总目标是否能顺利实现。同时，在目标分解的过程中，还要将每一个子目标落实到具体的部门或个人，明确每个部门或个人需要承担的具体责任和任务，确保责任到人（见表 3-2）。

表 3-2　××幼儿园园务管理三年发展目标分解表（2019—2021 年）

子目标	阶段性目标	具体措施	责任部门/人
激励机制	建立有效的激励机制，鼓励教师开拓创新，奋发向上。	调整、补充和完善现有的各项制度和职责，做到制度管人、制度管事、制度管案、制度激励，充分发挥制度的保障作用和教育引导作用。	××

① 李保强．学校管理目标体系建构的理论探讨．上海教育科研，2005（2）：14-16.

续表

子目标	阶段性目标	具体措施	责任部门/人
制度修订	形成一套园务管理职责，并一以贯之。	各部门、各岗位人员制订规划和实施方案，明确职责。	××
保障机制	完善办园目标保障机制和督导评价体系。	统一领导、分级管理、指标控制的原则：统筹安排，保证重点。	××
考核评价	岗位目标达成度的考核与评价。	月考一季考一学期考一年度考，层层推进，突出可检性、可操作性和实效性。	××

（二）实施目标

实施目标就是将目标落实、责任到人的过程。实施目标需要依赖每一个部门及个人的认真劳动。在实施目标的过程中，管理者需要抓好管理工作，确保实施目标的有效性和有序性。例如，应建立相应的监督体系，对部门或个人的工作进行跟进和考核，及时调控其行动，纠正其偏差；又如，还应重视园所文化的建设，通过积极融洽的园所氛围提升教职工的工作热情，通过团结互助、认真踏实的工作文化推动园所目标的达成，实现个人的成长与进步①。

（三）评价目标

评价目标，就是以目标为评价标准，考察目标的实际完成度。评价目标的目的在于通过评估预期目标与实际效果的差异来总结管理过程中的经验教训，为下一个管理周期提供“超前反馈”，促进管理过程的更新迭代，推动管理质量的提升②。

评价目标首先应以最初制定的目标体系为评价依据，对完成成果进行考评，明确各部门或个人的绩效。其次，在确定各部门或个人的绩效后，应采取相应的奖惩措施，公开嘉奖成果突出的部门或个人，分享其成功经验，充分发挥其榜样作用。最后，须进一步分析此次实施过程存在的不足，总结经验教训，将其作为下一个管理周期展开的起点和参考依据。

思考与练习

1. 请简述 PDCA 循环的管理过程和特点。
2. 请简述基于 PDCA 循环的幼儿园管理过程。
3. 目标的作用有哪些？请结合生活经验举出相应的案例。
4. 请简述目标管理过程。
5. 回顾你曾经见习过的幼儿园。请你以该幼儿园为背景，以园长的身份制订家园共育的学期计划，并在小组内进行讨论交流。

---

① 王庆万．目标管理在学校管理工作中的运用．中国教育学刊，2012（S2）：64-65.

② 别荣海，任义．高校目标管理的路径与方法．河南师范大学学报（哲学社会科学版），2011，38（2）：236-238.

推荐资源

1. 张燕. 学前教育管理学. 3版. 北京：北京师范大学出版社，2021.

2. 王庆万. 目标管理在学校管理工作中的运用. 中国教育学刊，2012（S2）.

3. 何秀凤. 微信公众平台在幼儿园管理中的运用与开发. 学前教育研究，2014（11）.

4. 刘颖，虞永平. 我国幼儿园管理质量的现状、类别及其影响因素：基于潜在剖面分析的结果. 学前教育研究，2021（1）.

第四章

学前教育行政体制与法规

目标指引

1. 理解教育行政体制、学前教育行政体制的含义；

2. 了解并认同我国的学前教育行政体制；

3. 熟悉我国学前教育领域的重要政策与法规，认识我国在学前教育领域取得的重要进展。

内容结构

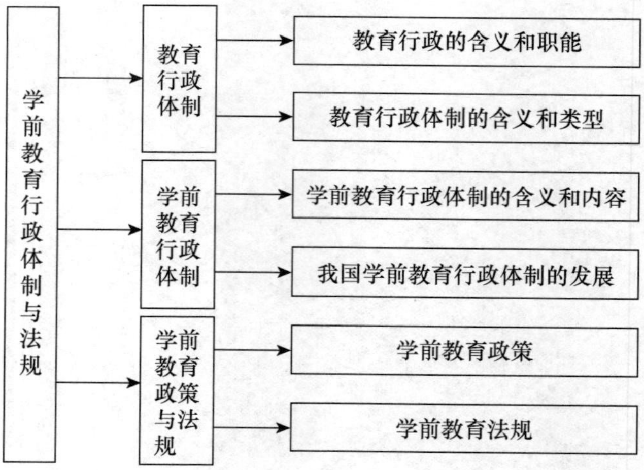

案例导引

某天，幼儿园的张强小朋友在蹦跳时意外摔倒，老师马上将他送到医院检查，经医生诊断，张强右手骨折，医药费共花去 1 800 多元。事后，张强的家长要求幼儿园承担全部赔偿责任，理由是虽然孩子摔倒属于意外，但是毕竟事情发生在幼儿园内，幼儿园就是暂时的监护人，在这段时间内幼儿园没照顾好孩子，理应承担医药费及家长的误工费。幼儿园则不同意家长的赔偿要求，认为幼儿园与幼儿之间并不存在监护关系。

上述案例涉及幼儿与幼儿园之间的法律关系，并且家长和幼儿园在这一关系上持有不同意见。幼儿园到底是不是幼儿的法定监护人是由相关法规规定的。《学生伤害事故处理办法》（2002 年）第七条规定，"学校对未成年学生不承担监护职责，但法律有规定的或者学校依法接受委托承担相应监护职责的情形除外"。所以，家长的观点从相关法律文件来看是没有依据的。不过，幼儿园虽不是幼儿的法定监护人，但在接收幼儿之后，就应依其职责承担相应的管理责任，当其未依法尽到管理责任导致幼儿受到伤害时，应依法承担责任。所以，幼儿园该不该承担医药费等赔偿，还得根据具体情况，参照相关法律规定进行判断。

总的来说，幼儿园阶段是一个复杂且意外事故发生率较高的阶段，了解相关政策与法律法规有助于我们顺利推进幼儿园的管理工作。

第一节　教育行政体制

教育事业的发展离不开教育行政对管理工作的计划、组织、实施、监督和检查。推进幼儿园的管理工作进程也需要有效、完善的学前教育行政体制。本节将从教育行政的含义出发，探究教育行政的职能以及教育行政体制。

一、教育行政的含义和职能

教育行政是政府的职能，是国家行政的重要组成部分。它保障了全体公民的受教育权利，促进了社会教育事业的发展。

（一）教育行政的含义

教育行政是国家通过各级政府的教育行政部门依法对各类教育事业及所属教育机构进行的领导和管理活动。一般来说，可以从宏观、中观和微观角度出发，将教育行政划分为中央教育行政、地方教育行政和学校教育行政三类。

（二）教育行政的职能

1. 立法职能

立法职能是指国家或地区通过各级立法机关和政府部门制定各项教育法律、法规和政策，并依法对教育实行管理的职能，它是使教育行政活动正规化的一个重要举措。

2. 计划职能

计划职能是根据国家或地区的政治、经济、文化等方面的实际情况和社会发展战略的需要，在一定时期内，为保证教育事业稳步、协调发展，对全国或地区教育发展的方向、速度、规模等做出统一规划的职能。

3. 组织职能

组织职能是指国家对各级各类学校组织的人力、物力进行资源配置，推动教育事业正常运转的职能。组织职能涉及事务较多，如各个省、市、区的学校布局、教育经费、人员聘任、招生范围、课程设置和改革等方面，以及对具体工作推进的指导和督导等。

4. 监督职能

监督职能是指国家依据有关法律，采取有关的教育行政措施，对各个省、市的教育发展和各级学校教育的实施进行监督的职能，包括法律监督和行政监督两种。

5. 协调职能

协调职能就是改善和调整各个职能部门、各类人员、各项活动之间的关系，使各项管理活动得以分工协作、密切配合、步调一致，以实现共同的教育目标。

6. 服务职能

服务职能是指上级教育行政主管部门通过非权力方面的促进作用，为下级教育行政主管部门和所辖的学校提供服务，如信息、咨询、资助、专业培训、指导建议等。

学前教育三年行动计划

学前教育三年行动计划是国务院为加快发展学前教育、缓解“入园难”等问题做出的重大决策。近年来，各地按照党中央、国务院的决策部署，以县为单位顺利实施了第一期、第二期、第三期学前教育三年行动计划。各级政府高度重视，财政投入持续增加，长期制约学前教育改革发展的一些瓶颈问题得到突破。2021 年 7 月 21 日，国务院新闻办公室在举行的新闻发布会上提道：提高学前教育的普及普惠水平，实现幼有善育，是服务国家人口发展战略、促进三孩政策顺利实施的重要举措。教育部将同有关部门，以有效支撑三孩生育政策实施为重要目标，研究制定、部署实施第四期学前教育三年行动计划，进一步提高学前教育普及、普惠水平。

二、教育行政体制的含义和类型

教育行政体制又称教育行政管理体制或教育管理体制。教育行政体制既是国家的教育行政组织系统，也是一种社会事业管理体制。

（一）教育行政体制的含义

教育体制是教育机构与教育规范的结合体或统一体。教育行政体制是国家对教育领导管理的组织结构和工作制度的总称，是国家对教育的宏观管理体制。

（二）教育行政体制的类型

按照中央和地方的教育行政权力分配关系，可将教育行政体制分为以下三种类型：

1. 集权制行政体制

集权制是指行政权力集中于中央政府或上级机关，其下属地方政府和下级机关没有或很少有自主权，一切措施都必须以中央出台的法令和指示为准。目前，总的来说，我国的教育行政体制仍然属于集权制。我国现行的教育行政体制是在中央统一领导下的分级管理体制，即在中央政府设教育部，在地方的省、市、县、乡四级分设教育厅、教育局、教育组等专门性的教育行政机构，地方各级教育行政机构均接受中央的统一领导。

2. 分权制行政体制

分权制是指下级机关和地方政府在其管理范围内有完全的独立权力，中央政府对下级机关和地方政府权限内的事项不加干预。这类体制有利于各地从实际出发规划教育发展，形成各地的办学特色；但也可能会导致对各地教育事业的领导与管理出现政令不统一，地方各行其是，加大教育发展的不平衡和差距等问题。

3. 混合制行政体制

这种类型的教育行政体制兼具集权制和分权制两种体制类型的特点，以英国和日本为主要代表。其具体表现为：第一，中央政府及其教育行政机构具有管理全国教育事务的权力，对全国教育实行统一管理；第二，有全国性的统一的教育行政体系；第三，地方各级教育行政机构具有较大的自主权；第四，地方教育行政机构虽有义务执行中央教育行政机构的规定、指示，但不接受其行政管理。

第二节　学前教育行政体制

学前教育行政管理作为一种宏观层面的管理，要求学前教育学习者了解国内学前教育行政体制的内涵、历史沿革与发展现状。

一、学前教育行政体制的含义和内容

学前教育行政体制具有丰富的内涵，我们要在了解我国相关法规确定的学前教育管理体制与原则的基础上，深度把握其含义与内容。

（一）学前教育行政体制的含义

学前教育行政体制是国家对学前教育领导管理的组织结构形式和工作制度的总称。广义的学前教育行政体制还包括幼儿园内部的管理体制。

我国在学前教育阶段现推行的管理体制是园长负责制。园长负责制是指幼儿园在上级教育行政部门的宏观领导下，以园长对园内工作全面负责为核心，同党支部保证监督、教职员工民主管理有机结合，为实现幼儿园的工作目标，充分发挥领导职能的三位一体的管理格局。

园长负责：执行到底

某单位附属幼儿园的陈老师在日常工作中不能很好地遵守工作纪律，时有迟到、早退等情况发生。在年底发放奖金时，园长根据奖惩制度从陈老师的年终奖中扣发 1 500 元作为处罚，并将这 1 500 元奖励给工作认真负责的李老师，以期起到奖优罚劣、奖勤罚懒、调动教职工积极性的作用。陈老师感到很不平衡，认为幼儿园的工作量大，放松一下没什么影响，况且也没出现什么意外情况，于是要求园长退还扣发的奖金。园长认为，既然制定了规章制度，就应该认真贯彻执行，否则会降低本园教职工的积极性，因此拒绝了陈老师的要求。陈老师很愤怒，认为园长对自己有看法，刻意打击报复自己，还对园长进行了

人身攻击，并让家里人和她一起到幼儿园里大吵大闹。看到园长没有让步的意思，陈老师又找到上级领导哭闹，歪曲事实。上级领导在没有调查清楚的情况下，轻率地表态，认为此事批评一下就可以了，让园长把扣发的奖金退还给陈老师，这就使得园长处于两难的境地。但该园长没有盲目顺从上级领导，而是写材料交给上级领导，讲明情况并表示：如果不能贯彻执行幼儿园的规章制度，自己就无法胜任园长的工作，况且自己的做法是正确的。上级领导对此很重视，经反复调查研究，做出决定：第一，给陈老师记处分一次，扣发奖金不予退还；第二，表扬该园长对工作认真负责、将制定的方针政策贯彻执行到底的做法。

（二）学前教育行政体制的内容

虽然国家的学前教育行政机关所实行的行政管理行为是与时俱进、不断变化的，但学前教育行政体制的主要内容大致有以下几项：

1. 学前教育政策与法规

学前教育政策与法规是学前教育行政的有效手段。2020 年 9 月 7 日，教育部发布了《教育部关于〈中华人民共和国学前教育法草案（征求意见稿）〉公开征求意见的公告》，这为未来学前教育的发展提供了重要的制度保障。在草案公布之前，我国学前教育领域针对不同方面颁布了不少政策法规，具体如下：

在幼儿园工作与管理方面，教育部（原国家教育委员会）为加强科学管理，规范办园行为，提高保育和教育质量，先后发布了《城市幼儿园工作条例（试行草案）》（1979 年）、《幼儿园管理条例》（1989 年）、《幼儿园工作规程》（1996 年，2016 年）。在提高托儿所、幼儿园卫生保健工作水平方面，卫健委（原卫生部）、教育部先后发布了《托儿所、幼儿园卫生保健管理办法》（1994 年）和《托儿所、幼儿园卫生保健管理办法》（2010 年），并且为了贯彻落实相关政策，切实提高托幼机构的卫生保健工作质量，卫生部还印发了《托儿所幼儿园卫生保健工作规范》（2012 年）。与此同时，建设高素质的幼儿园教师队伍对学前教育的发展至关重要，教育部针对学前教育阶段的教职人员颁布了《幼儿园教师专业标准（试行）》（2012 年）、《幼儿园教职工配备标准（暂行）》（2013 年）、《幼儿园园长专业标准》（2015 年）以及《幼儿园教师违反职业道德行为处理办法》（2018 年）。为了督导与评估各级各类学前教育机构对相关政策与制度的实施情况，教育部先后发布了《学前教育督导评估暂行办法》（2012 年）、《幼儿园办园行为督导评估办法》（2017 年）以及《县域学前教育普及普惠督导评估办法》（2020 年）。

2. 学前教育管理体制

学前教育管理体制规定了中央与地方，甚至与幼儿园之间的工作关系，它在学前教育事业发展中起着领导、组织、协调、监控、保障、推动等重要作用，是影响国家学前教育事业发展的重要因素。学前教育管理体制一般由国体与政体决定，依照宪法和有关政策法规来建立，并遵循地方负责、分级管理的原则。

3. 学前教育的财政投入

财政投入是发展学前教育必要的行政手段，体现着国家发展学前教育的政策导向。国家要研究制定适宜的学前教育财政投入政策，设计出学前教育经费投入的整套方案，然后让相关部门熟悉和理解国家的政策办法，有计划地投入学前教育经费。此外，相关机构还要做好审计和检查工作，督促经费的落实，使经费充分发挥作用。

4. 学前教育的规划与计划

学前教育的规划与计划作为学前教育行政的内容，具有前沿性、预见性、综合性、长期性等特点，是一定时期内国家对学前教育进行宏观管理的依据之一。如《国家中长期教育改革和发展规划纲要（2010—2020 年）》、《中共中央 国务院关于学前教育深化改革规范发展的若干意见》（2018 年）等政策文件，对我国学前教育的发展提出了具体的目标与任务。

5. 学前教育的师资队伍建设

师资队伍建设是保证学前教育质量的关键。为加强学前教育的师资队伍建设，要充分发挥国家学前教育行政的功能，明确幼儿园教师的职业地位，改善幼儿园教师的待遇，加大幼儿园教师的职前、职后培训力度，提高幼儿园教师的专业素养。

6. 学前教育的督导和评价

学前教育督导是指教育行政机关组织学前教育专家，根据国家的学前教育方针政策，按照一定的原则和标准，使用科学的方法，对辖区内的学前教育组织系统和保教工作进行监督和指导，并提出建议的一系列活动。

督导与评价密不可分。上级教育行政机关在对幼儿园进行监督的同时，应有针对性地提出指导意见。督导人员在审慎分析和评价幼儿园或其他学前教育机构的工作之后，应做出定性与定量评价，及时总结成绩和指出缺点，并提供必要的指导服务。

《幼儿园办园行为督导评估办法》

《幼儿园办园行为督导评估办法》是为完善幼儿园督导评估制度，推动各地加强和改进对幼儿园的监管，促进幼儿园规范办园行为，保障幼儿身心健康、快乐成长，根据《教育督导条例》《幼儿园工作规程》等，经国务院教育督导委员会同意，由教育部制定的。《幼儿园办园行为督导评估办法》对开展幼儿园督导评估应遵循的原则、督导评估的内容、督导评估的方式、督导评估的组织、督导评估的程序以及督导评估的结果运用等做了明确规定，为推动各地着力解决幼儿园办园存在的困难和问题、推动幼儿园规范办园行为，以及建设幼儿园安全健康的环境提供了保障。

二、我国学前教育行政体制的发展

目前，我国已初步建立了具有中国特色的学前教育行政体制。探究我国学前教育行政体制的发展历程，结合目前现状探讨其改革与发展的趋势具有重要意义。

（一）我国学前教育行政体制的发展历程

1. 形成期

1922 年 11 月，北洋政府教育部公布了《学校系统改革案》，规定幼稚园收受六岁以下之儿童，从此幼儿教育在学制上确定了独立的地位。1931 年 9 月，国民党中央执行委员会通过了《三民主义教育实施原则》，其中第一章就有关于幼稚园的相关规定。规定如下：（1）使儿童整个身心融于三民主义教育中；（2）使儿童个性、群性在三民主义教育指导下平均发展；（3）使儿童于三民主义教导下，具有适合实际生活之初步智能。1932 年 10 月国民政府教育部颁布了《幼稚园课程标准》，包括了幼儿教育总目标、课程范围及教学方法，并且，于 1936 年 7 月对这一标准进行了修订，使其内容更加详细具体。20 世纪 40 年代以来，教育方针政策的颁布与实施，使得幼儿教育进入一个活跃期，学前教育体制也进一步得到完善。

1943 年 12 月，国民政府教育部颁布了《幼稚园设置办法》，对幼稚园的开办方法、招生条件、人员编制、园主任和教师资格等做了规定。1949 年中华人民共和国成立后，中央人民政府成立了教育部，在教育部初等教育司中设置“第二处”，主管幼儿教育，该处后改为独立的幼儿教育处，归教育部直接管理与领导，1958 年改属普通教育司。1951 年 10 月，政务院（已于 1954 年 9 月取消）发布《关于改革学制的决定》，其中对幼儿教育做出了明确规定，即：实施幼儿教育的组织为幼儿园，幼儿园收三足岁到七足岁的幼儿，使他们的身心在入小学前获得健全的发育；幼儿园应在有条件的城市中首先设立，然后逐步推广。1952 年 3 月 18 日，教育部颁发试行的《幼儿园暂行规程（草案）》，明确了中华人民共和国幼儿园教育儿童、服务家长的双重任务。但遗憾的是，形成期的法规政策效力一般。

2. *发展期*

随着改革开放的推进，国家经济日益繁荣，我国的学前教育行政体制也不断发展。1978 年，普通教育司设幼教特教处，主管幼儿教育和特殊教育工作，幼教事业再次有了自己的行政领导机构。1979 年，为了加强对全国幼儿教育工作的统一领导，国务院成立了托幼工作领导小组，承担全国幼儿教育的综合管理工作。

1986 年 6 月，国家教育委员会（简称“国家教委”，现为教育部）颁发《关于进一步办好幼儿学前班的意见》，其第五部分内容规定，各类学前班由教育行政部门统一领导和管理，各省、自治区、直辖市要建立和健全审批管理制度。1988 年，国家教委等多部门联合下发《关于加强幼儿教育工作的意见》，明确提出：“通过多种渠道、多种形式发展幼儿教育事业。”“发展这项事业不可能也不应该由国家包起来，要依靠国家、集体和公民个人一起来办。”1989 年 6 月 5 日，国家教委颁布了《幼儿园工作规程（试行）》，明确规定幼儿园是对三周岁以上学龄前幼儿实施保育和教育的机构，属学校教育的预备阶段。该文件明确了幼儿教育在整个国民教育中的地位。同年 8 月 20 日，《幼儿园管理条例》经国务院批准，并自 1990 年 2 月 1 日起施行，这是新中国成立以来第一个经国务院批准颁发的学前教育行政法规。这两个文件的出台标志着我国的学前教育立法工作迈上了一个新台阶①。1992 年国家教委发布的《全国教育事业十年规划和“八五”计划要点》和 1993 年中共中央、国务院发布的《中国教育改革和发展纲要》都提出要改革办学体制，逐步建立以政府办学为主体、社会各界共同办学的体制。1997 年，国家教委出台的《全国幼儿教育事业“九五”发展目标实施意见》对当时的学前教育办园格局做出规定：“深化幼儿园

① 张利洪，周也. 改革开放 40 年我国学前教育政策的历程、问题与展望. 团结，2019（2）：21-24.

办园体制的改革”，“探索适应社会主义市场经济的办园模式”，“逐步推进幼儿教育社会化”。可见，这一时期学前教育行政体制发展迅速，并不断探究如何使社会力量融入进来。

3. 完善期

进入 21 世纪以来，我国的学前教育行政体制不断得到完善。2010 年 7 月 29 日，《国家中长期教育改革和发展规划纲要（2010—2020 年）》正式颁布。该纲要为我国发展学前教育指明了方向。继《国务院关于当前发展学前教育的若干意见》（2010 年）之后，2010—2021 年，我国出台了大批学前教育政策法规（见表 4－1），其密度之大、数量之多，超过了前 30 多年的总和。政策内容涵盖教育教学、师资、财政资金、园所设施标准及卫生安全管理等，全面而具有针对性。通过多轮“三年行动计划”等行政政策和社会各界的共同努力，学前教育的普及率大大提高，“入园难”问题得到有效缓解。这些年的发展成为改革开放后学前教育发展的最好时期，一个突出公益、普惠的学前教育公共服务体系已初步建立。

表 4－1　2010—2021 年学前教育相关政策法规及发布年份

学前教育政策法规名称	发布年份
《托儿所、幼儿园卫生保健管理办法》	2010
《幼儿园收费管理暂行办法》	2011
《幼儿园教师专业标准（试行）》	2012
《学前教育督导评估暂行办法》	2012
《托儿所幼儿园卫生保健工作规范》	2012
《关于加强幼儿园教师队伍建设的意见》	2012
《3～6 岁儿童学习与发展指南》	2012
《幼儿园教职工配备标准（暂行）》	2013
《幼儿园园长专业标准》	2015
《幼儿园工作规程》	2016
《托儿所、幼儿园建筑设计规范》	2016
《幼儿园办园行为督导评估办法》	2017
《国务院办公厅关于加强中小学幼儿园安全风险防控体系建设的意见》	2017
《中共中央 国务院关于学前教育深化改革规范发展的若干意见》	2018
《幼儿园教师违反职业道德行为处理办法》	2018
《县域学前教育普及普惠督导评估办法》	2020
《中华人民共和国学前教育法草案（征求意见稿）》	2020
《教育部关于大力推进幼儿园与小学科学衔接的指导意见》	2021

（二）新时期我国学前教育行政体制改革与发展的特征及趋势

新中国成立后，我国的学前教育事业得到了史无前例的发展。学前教育行政职能的作用越来越突出，学前教育行政体制也从初步建立逐步走向制度化、规范化、科学化，同时表现出了以下几个改革与发展的特征及趋势。

第一，党和政府高度重视发展学前教育事业。一方面，党和政府制定了相关政策与法规，强化对学前教育事业的管理、协调和引导；另一方面，党和政府高度重视儿童权利保障，并制定了一系列政策文件。

第二，依法治教、依法管理，学前教育管理逐步走向法制化。大量政策文件的颁布与施行，为学前教育立法提供了有力的实践基础，经过实践证明正确的、可行的方针政策，也将以法规的形式固定下来，进一步推动我国学前教育事业法制化的进程。

第三，学前教育管理逐步走向科学化。我国通过加强学前教育研究，保证了决策与实施的科学性。同时，我国注重将科学的管理理论运用至我国学前教育管理实践中去，并且越来越重视科研院所和专家学者的作用，这些都推动了学前教育政策制定的科学化。

第三节　学前教育政策与法规

学前教育政策与法规作为我国教育政策法规的重要组成部分，其贯彻实施对于促进社会主义教育事业的发展，尤其是基础教育事业的发展有着重要意义。学前教育政策与法规能够对学前教育事业起到保障、指引、教育、评价等多种重要作用，能够为提高全民族的素质，培养社会主义现代化建设的合格人才，以及促进学前教育管理的科学化、规范化和法制化提供重要保障。随着《幼儿园管理条例》(1989 年)、《幼儿园教育指导纲要（试行)》(2001 年)、《3～6 岁儿童学习与发展指南》(2012 年）和《幼儿园工作规程》(2016 年）的施行，以及学前教育立法的推进和其他政策法规的颁布施行，我国的学前教育事业正不断朝着法制化和规范化的方向发展。

一、学前教育政策

为什么孩子要满 3 岁才能入园？幼儿园收费项目一般有哪几项？什么是普惠性民办园？很多人可能提过与之相类似的问题，一个最简单的回答是：政策规定的。那么，学前教育政策有哪些？它又有哪些规定呢？

（一）学前教育政策的含义与特点

学前教育政策是指党和国家为完成一定历史时期的学前教育任务，实现学前教育培养目标，贯彻落实学前教育的基本方针，而对相关部门或个人该做什么和不该做什么、该怎么做和不该怎么做等相关行为，以及教育的内外关系所做的战略性兼具现实针对性、操作性的相关规定。

学前教育政策是实施学前教育行动的出发点和行动指南，对我国学前教育的改革和发展起着极其重要的指导作用。它具有以下三个特点：

1. 目的性

学前教育政策受价值取向的影响，具有明显的价值倾向性。人们制定学前教育政策，就行动做出设计和规划，总是为了解决某类问题，或者达到某种目的。

2. 系统性

横向来看，学前教育政策的系统性包括两方面：一是它与其他公共政策有着密切的联系，它们之间相互支持、相互制约，共同构成了社会发展的整体政策；二是从教育内部来看，学前教育政策自身是一个结构严谨的体系。纵向来看，其系统性也包括两方面：一是中央学前教育政策与地方学前教育政策之间相互关联，二是学前教育政策联结着过去、现在和未来。

3. 灵活性

虽然学前教育政策一经制定公布，在一定时期内不能随意变动，但随着外部环境的变化以及学前教育自身因素的变化，任何学前教育政策都要做出与时俱进的调整和改革。另外，学前教育政策内容在实施中也具有一定的灵活性。

（二）学前教育政策体系

学前教育政策体系是由影响国家学前教育改革和发展的一系列基本教育政策组成的。在我国，学前教育政策体系主要由学前教育质量政策、学前教育体制政策、学前教育经费政策、幼儿教师政策这四大政策组成（见图 4－1）。

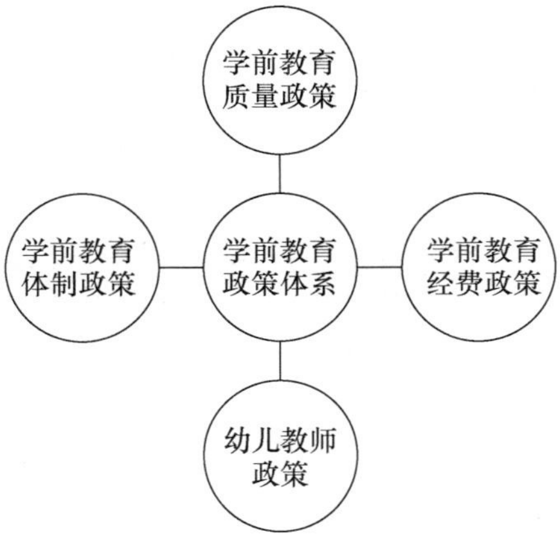

图 4－1　学前教育政策体系

资料来源：郑子莹，卢雄. 学前教育组织与管理. 成都：西南交通大学出版社，2016.

具体而言，学前教育质量政策是要解决幼儿保教质量标准的问题；学前教育体制政策是要解决学前教育发展的问题，包括谁来办、怎么办、谁来管理等问题；学前教育经费政策是要解决如何筹措学前教育经费、如何分配经费以及如何使用经费等问题；幼儿教师政策是要解决如何建设一支数量充足、质量高的幼儿教师队伍的问题。

是喜是忧？

暑假来临，市教育局向本市各幼儿园下发了国培通知。红太阳幼儿园是一所一级一类公办幼儿园，得到了 7 个培训名额。园长开会向大家公布了这个消息。教师 A 听到后立刻说：“听说这次培训的主题与幼儿的数学学习有关，我对此很感兴趣，所以我想参加这次培训。”教师 B 说：“这么好的学习机会，还能当面向专家请教呢！”教师 C 说：“我还没出去学习过，我也想参加这次培训活动。”教师 D 说：“国家政策这么好，管吃管住，还管免费学习。”……很快，7 个名额就不够了。红太阳幼儿园园长在考虑到底该派谁去。

然而，村里的果果幼儿园园长可愁坏了。她们园加上她总共有13位幼儿园教师，这次分配了2个培训名额，但是教师们听了这个消息后，纷纷说自己假期有事情，要照顾孩子、老人等，没法参加。最后，园长费了半天口舌，终于勉强说服了2位教师参加培训。

二、学前教育法规

学前教育法规既是教育法的重要组成部分，也是进行相关教育活动的社会行为规范。学前教育法规既不同于一般政策、纪律，也不同于道德准则和群众团体规章，它在制定过程中具有规范性，在实施过程中具有强制性。

（一）学前教育法规的含义

学前教育法规是国家机关依照法定程序制定的、调整有关的法律主体在学前教育活动中所发生的各种社会关系的法律规范体系的总称。

（二）学前教育法规体系

教育立法制定机关的主体存在差异，这导致形成了不同层次的教育法律法规。根据我国现行的教育立法主体地位的不同，以及法律形式的不同，教育法规体系可以划分为五个纵向层次（见表4-2）。

表4-2　教育法规的法律形式及制定机关

层次	法律形式		制定机关
第一层次	教育基本法律		全国人民代表大会
第二层次	教育单行法律		全国人民代表大会常务委员会
第三层次	教育行政法规		国务院
第四层次	地方性教育法规		省、自治区的权力机关及其常务委员会
第五层次	教育行政规章	部门教育规章	教育部
		政府教育规章	省、自治区、直辖市人民政府

教育基本法律是依据宪法制定的调整教育内部、外部相互关系的基本法律，它规定了国家的教育基本方法、基本任务、基本制度以及教育活动中各主体的义务。我国的教育基本法律——《中华人民共和国教育法》是于1995年3月18日由第八届全国人民代表大会第三次会议通过的。教育单行法律是指根据宪法和教育基本法律原则制定的调整某类教育或教育的某一具体部分的关系的教育法律。它一般由全国人民代表大会常务委员会制定，如《中华人民共和国义务教育法》《中华人民共和国教师法》等。教育行政法规是指国家最高行政机关为实施、管理教育事业，根据宪法和教育法律制定的规范性文件。它由国务院发布，或由获得国务院批准的国务院主管部门发布。地方性教育法规是由省、自治区、直辖市的人民代表大会及其常务委员会根据本行政区域的具体情况和实际需要，在不与宪法、法律、行政法规相抵触的前提下，制定和颁布的教育规范性文件。教育行政规章可分为部门教育规章和政府教育规章，前者由教育部制定，后者由省、自治区、直辖市人民政府及省、自治区人民政府所在地的市和经国务院批准的较大的市的人民政府制定。

依法解决拆迁纠纷

某幼儿园由于市政建设需要，被列为拆迁单位。幼儿园在施工期间有三年的周转期，需要另觅园舍。按照拆迁合同，负责拆迁工程的某房地产开发公司应提供房屋作为幼儿园周转园舍。经过幼儿园方面的实地考察，房地产开发公司提供的几处周转房都不适合幼儿园使用。幼儿园园长认为，幼儿园园舍、场地必须符合国家法定的办园要求，所以必须有适合的办园场地，幼儿园才能搬迁。房地产开发公司则认为，幼儿园的做法妨碍了市政建设工程的进度。一时间，双方争执不下，都向各自的主管部门和其他有关部门反映情况，寻求支持。相关部门对此也有不同的看法，有的支持幼儿园的主张，有的认为幼儿园过于挑剔，应一切为市政建设的需要着想。最后，幼儿园方面以《幼儿园管理条例》和《幼儿园工作规程》的有关规定为依据，争取到了行政部门的支持，获得了由房地产开发公司提供的较为理想的周转园舍。

资料来源：唐惠珍，曹小瑾. 幼儿园法规与教师道德案例评析. 南宁：广西人民出版社，2006.

思考与练习

1. 学前教育行政体制的内容有哪些?
2. 我国的学前教育政策有哪些特点?
3. 学前教育立法有何重要意义?

推荐资源

1. 李晓巍. 是家事更是国事：立法保障家庭教育科学开展. 教育家，2020 (47).
2. 张亦明. 让更多的孩子接受优质学前教育. 人民教育，2012 (17).
3. 李国强. 德国教育体制弊端何在?. 德国研究，2002 (3).

第五章

幼儿园保教工作管理

目标指引

1. 理解幼儿园保教工作的含义、特点和地位；
2. 掌握幼儿园保教工作的主要内容、组织机构和实施过程；
3. 理解幼儿园教研活动的含义、阶段和基本原则；
4. 掌握幼儿园教研活动的主要内容和实施策略，提高专业素养。

内容结构

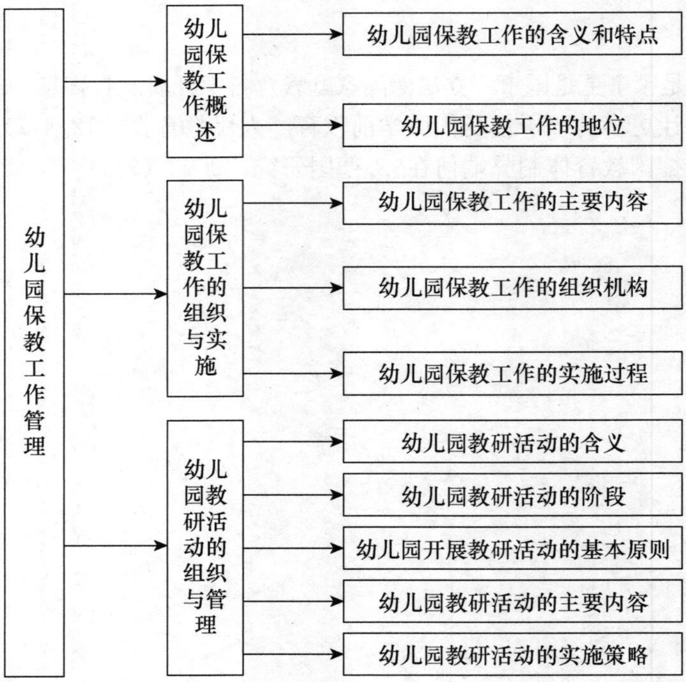

案例导引

教育部发布的《2020 年全国教育事业发展统计公报》数据显示，2020 年全国共有幼儿园 29.17 万所，比 2019 年增加 1.05 万所，增长 3.75%。学前教育入园幼儿① 1 791.40 万人；在园幼儿② 4 818.26 万人，比 2019 年增加 104.38 万人，增长 2.21 %。学前教育毛入园率③达到 85.2 %，比 2019 年提高 1.8 个百分点（见图 5－1）。

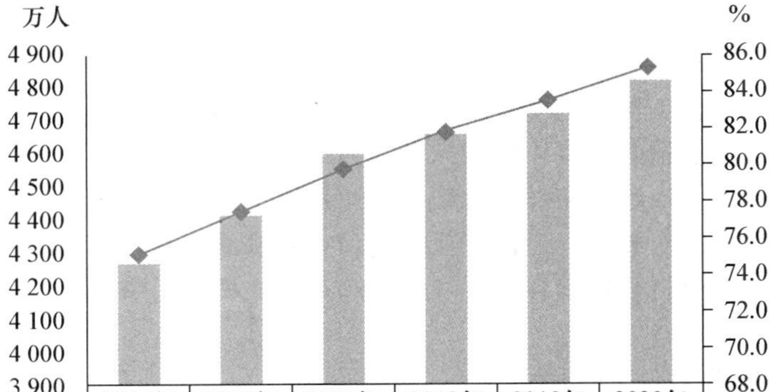

	2015年	2016年	2017年	2018年	2019年	2020年
在园幼儿	4 264.83	4 413.86	4 600.14	4 656.42	4 713.88	4 818.26
毛入园率	75.0%	77.4%	79.6%	81.7%	83.4%	85.2%

图 5－1　学前教育在园幼儿和毛入园率

由图 5－1 可知，我国学前教育在园幼儿数量和毛入园率均在逐年上升，可见我国“入园难”的问题正在逐步得到解决。但还需要思考的是，在幼儿园规模越来越大和数量越来越多的情况下，幼儿园的保教质量能否得到保证？幼儿园的保教工作具体包含什么内容？如何设置保教工作组织机构？如何实施保教工作？如何提高保教工作质量？本章将带领大家了解幼儿园保教工作管理。

第一节　幼儿园保教工作概述

一、幼儿园保教工作的含义和特点

幼儿园保教工作是保育工作和教育工作的简称，是指幼儿园根据幼儿身心发展的规律和特点，将保育工作和教育工作相结合，并对其进行计划、组织和实施的活动。

“保”即“保育”，指幼儿园精心照料幼儿的生活，使幼儿的生理、心理和社会适应等方面健康发展。具体而言，在生理方面，照料幼儿的生活，为幼儿提供健康营养的饮食，开展

---

① 学前教育入园幼儿含独立设置的幼儿园和附设幼儿班幼儿。

② 在园幼儿含独立设置的幼儿园和附设幼儿班幼儿。

③ 毛入学率，是指某一级教育不分年龄的在校学生总数占该级教育国家规定年龄组人口数的百分比。由于包含非正规年龄组（低龄或超龄）学生，毛入学率可能会超过 100%。

丰富多样的体育活动，培养幼儿良好的生活习惯、卫生习惯和参加体育活动的兴趣，促进幼儿身体正常发育和机能协调发展，增强幼儿体质。在心理方面，营造温暖、轻松的心理环境，让幼儿对幼儿园产生安全感和信赖感；帮助幼儿恰当地表达和调控情绪。在社会适应方面，帮助幼儿了解和遵守基本行为规范，使幼儿学会关心尊重他人，与他人友好相处。

“教”即“教育”，指幼儿园的教育教学。幼儿园教育应当遵循幼儿身心发展规律，符合幼儿年龄特点，尊重个体差异；将科学、艺术、语言、社会、健康五大领域的教育内容渗透到幼儿的一日生活中；将游戏作为活动开展的主要形式；重视幼儿的直接感知、实际操作和亲身体验，培养幼儿的求知欲望和初步的动手探究能力；和小学相互衔接、相互配合；等等。幼儿园教育旨在使幼儿德、智、体、美全面发展。

保教结合是保教工作的基本特点。具体而言，包含两层意思：一是幼儿园的保育工作和教育工作具有同等重要地位，只是二者的侧重点有所不同。保育工作更多地体现在生活中，而教育工作更多地体现在教育活动中。幼儿园不仅需要关注保育问题，还需要关注教育问题。二是保育工作和教育工作相互结合、相互联系、相互渗透①。保育工作人员既要科学照料幼儿，又要将教育内容灵活渗透到幼儿的一日生活中②。

二、幼儿园保教工作的地位

保教工作是幼儿园工作的中心，与幼儿园的保教质量和幼儿的身心发展直接相关。保教工作是幼儿园工作的中心，幼儿园其他方面的工作都围绕着保教工作展开。

从幼儿园的性质来看，《幼儿园工作规程》第二条指出：“幼儿园是对 3 周岁以上学龄前幼儿实施保育和教育的机构。”尽管幼儿园的工作包含诸多方面，如卫生保健工作、总务后勤工作、师资队伍建设等，但实际上它们都围绕着保教工作展开。只有做好卫生保健工作，才能为保教工作提供良好的环境；只有做好总务后勤工作，才能为保教工作提供良好的物质基础；只有做好师资队伍建设，才能高质量地落实保教工作。幼儿园的各项工作既独立发挥作用，又有机结合，紧紧围绕着保教工作展开，并为保教工作服务。

从幼儿园的任务来看，《幼儿园工作规程》第三条指出：“按照保育与教育相结合的原则，遵循幼儿身心发展特点和规律，实施德、智、体、美等方面全面发展的教育，促进幼儿身心和谐发展。”为了使幼儿全面健康发展，幼儿园必须把保教工作放在中心位置。

第二节　幼儿园保教工作的组织与实施

一、幼儿园保教工作的主要内容

幼儿园保教工作的主要内容一般包括招生与编班、幼儿学籍档案管理和幼儿园一日活动安排等。

① 易凌云. 幼儿园教师专业理念与师德的定义、内容与生成. 学前教育研究，2012（9）：3-11.

② 庞丽娟.《幼儿园教师专业标准》的研制背景、指导思想与基本特点. 学前教育研究，2012（7）：3-6.

（一）招生与编班

《幼儿园工作规程》第二章对幼儿园的招生与编班工作做了明确规定：幼儿园每年秋季招生。平时如有缺额，可随时补招。幼儿园对烈士子女、家中无人照顾的残疾人子女、孤儿、家庭经济困难幼儿、具有接受普通教育能力的残疾儿童等入园，按照国家和地方的有关规定予以照顾。企业、事业单位和机关、团体、部队设置的幼儿园，除招收本单位工作人员的子女外，应当积极创造条件向社会开放，招收附近居民子女入园。

幼儿园每班幼儿人数一般为：小班（3 周岁至 4 周岁）25 人，中班（4 周岁至 5 周岁）30 人，大班（5 周岁至 6 周岁）35 人，混合班 30 人。寄宿制幼儿园每班幼儿人数酌减。幼儿园可以按年龄分别编班，也可以混合编班。

报名人数超过招生人数 公办幼儿园随机派位

当提到公办幼儿园报名时，很多家长会想到“秒杀”。针对这一现状，近几年多地公办幼儿园调整报名方式。例如，天津市教委相关负责人表示：“当报名人数超过幼儿园的招生人数时，将采取电脑随机派位的方式录取。若报名人数少于或等于招生人数时，直接录取。”

资料来源：张雯婧. 幼儿园招生本月启动. 天津日报，2020-07-20.

（二）幼儿学籍档案管理

1. 入园前

幼儿园安排幼儿家长填写幼儿情况登记表，并按规定为幼儿做好入园体检，将体检表、预防接种卡交保健人员处登记存放。在幼儿入园前给每名幼儿建立健康档案，内容包括：幼儿的身高、体重、牙齿、视力等方面的健康指数；幼儿有无传染病史或慢性病史；幼儿预防接种是否按期按程序完成；幼儿有无食物、药物过敏史；等等。如果幼儿患有肝炎、水痘等传染病，那么应告知家长待幼儿病愈后再入园。对没有按期按程序完成预防接种的幼儿，幼儿园应督促家长及时让幼儿接受预防接种，避免抵抗力弱的幼儿染上传染病。

2. 入园后

每学期初，各班教师对照班级花名册进行核对，根据情况及时修改信息，如家长联系电话等。幼儿园每天做好幼儿考勤统计，对于没有按时来园且未说明情况的幼儿，教师应及时与家长取得联系，了解缺勤原因。对于中途转园或退园的幼儿，幼儿园应及时登记备案。幼儿园可复印留存幼儿的获奖证书，并专门造册登记。有条件的幼儿园还可以为毕业班幼儿发放离园证或毕业证。

（三）幼儿园一日活动安排

幼儿园一日活动是指幼儿从入园到离园的一天时间里，在幼儿园室内外各个空间的全部经历。下面以幼儿园一日活动时间安排表进行举例说明（见表 5-1）。

“幼儿园一日活动时间安排表”只是幼儿园安排一日活动的参考，各幼儿园应在此基础上，根据幼儿的兴趣、需要和年龄特点，充分考虑季节变化、天气及环境状况等，动静结合、室内外结合、集体与小组及个别活动结合，科学、合理地组织和实施一日活动。总的来说，幼儿园各类活动的时间安排应达到如下要求：

表 5-1　幼儿园一日活动时间安排表

活动时间	活动内容
来园～8：00	入园接待、晨检、晨间活动
8：00 ～ 9：00	早餐、餐后活动
9：00 ～ 11：30	集体、小组或自主游戏活动等
11：30 ～ 12：15	午餐、餐后活动（散步、自主游戏等）
12：15 ～ 14：30	午睡
14：30 ～ 离园前	集体、小组或自主游戏活动等

（1）幼儿每天户外活动时间不少于 2 小时，其中体育活动时间不少于 1 小时，高温天气可酌情减少。

（2）正餐间隔时间为 3.5～4 小时。

（3）每天为幼儿提供不少于 1 小时的连续的自主游戏时间。

（4）采用集体、小组、个别等多种形式开展学习活动，减少整齐划一的集体形式的学习活动。

（5）在连续性的游戏、体育、学习等活动中，注意提醒幼儿根据需要饮水、如厕等，使幼儿养成良好的生活习惯。

二、幼儿园保教工作的组织机构

幼儿园保教工作的有效实施，离不开幼儿园保教工作组织机构的合理分工与合作。

（一）保教工作组织机构的设置

一般而言，幼儿园保教工作组织机构主要有三个层次：高层（决策层）、中层（管理层）、基层（执行层）。高层（决策层）包括幼儿园园长、副园长；中层（管理层）包括保教主任、教研主任、后勤主任；基层（执行层）包括各班主班教师、副班教师和保育员（见图 5-2）。

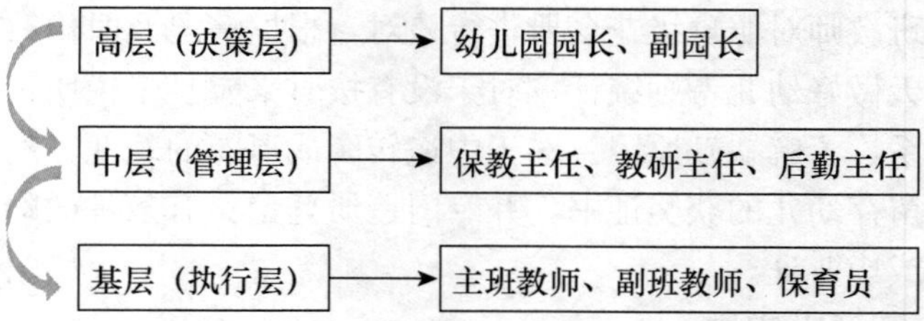

图 5-2　幼儿园保教工作组织机构的层次

由于每所幼儿园规模不一，人员分配等实际情况不尽相同，因此幼儿园保教工作组织机构的模式可能也存在一定的差异。

（二）保教工作人员的主要职责

1. 高层（决策层）的主要职责

高层（决策层）在幼儿园保教工作中主要起统领全局作用。其主要职责包括：落实国家关于保教工作的规定，立足本园实际，组织制定、实施保教工作方案；通过日常观察、观摩活动等方式，及时了解、评价保教工作状况并给予建设性反馈；组织开展保教工作研究活动，提升保教工作水平。

2. 中层（管理层）的主要职责

中层（管理层）在幼儿园保教工作中主要起组织协调作用。其主要职责包括：根据高层（决策层）的指导，引领班级教师制订和落实保教工作计划；了解各班保教工作的组织情况，并向高层（决策层）反馈；等等。

3. 基层（执行层）的主要职责

基层（执行层）在幼儿园保教工作中主要起落实执行作用。其主要职责包括：制订班级保教工作计划；创设富有教育意义的班级环境；培育幼儿良好的意志品质，帮助幼儿养成良好的行为习惯；保护幼儿的好奇心，培养幼儿的想象力，发掘幼儿的兴趣爱好；将游戏作为幼儿的主要活动，丰富幼儿的直接经验；等等①。

改“阿姨”为“老师”

在幼儿园里，幼儿、家长和教师对保育员的称呼普遍是“阿姨”。这个称呼既是人们对和自己母亲年龄相仿的女性的敬称，也是对从事保姆职业的女性的特定称呼。在幼儿园这个特定场所，称呼保育员为“阿姨”而非“老师”，即暗示她们的工作属性为负责幼儿“吃喝拉撒”的保姆。而《幼儿园工作规程》明确保育员工作的职责是：负责本班房舍、设备、环境的清洁卫生和消毒工作；在教师指导下，科学照料和管理幼儿生活，并配合本班教师组织教育活动；在卫生保健人员和本班教师指导下，严格执行幼儿园安全、卫生保健制度；妥善保管幼儿衣物和本班的设备、用具。可见，一个合格的保育员，必须懂得幼儿安全、卫生保健知识，能够科学照料和管理幼儿生活，熟悉教师的教育教学活动流程，做好“助教”。

蒙台梭利曾说：“教导儿童如何自己吃、穿、洗的人是一个教育家，而喂儿童吃、帮儿童穿的人则是在做仆人的工作。”准确地说，我们应期待、帮助保育员成为“教育家”而不是后者。《托幼机构园长及保健、保育、炊事人员工作实用手册》称呼保育员为保育教师，很多学校称呼她们为生活老师，说明社会对保育员在幼儿发展中的作用早有认识。但社会既没有落实她们的身份，也没有为她们成为合格的“老师”创造条件。在教育教学实践中我们发现，一名温和、有智慧的生活老师会让幼儿更多地感受到被关爱，并对班级产生安全依恋；一名优秀的生活老师既会在与幼儿朝夕相处的过程中，潜移默化地帮助幼儿养成使其终身受益的生活习惯，也会在学习中慢慢掌握“精心照料”与“过度保护”之间的微妙分别……基于对保育员的尊重和对其教育作用的肯定，自 2017 年秋学期起，我们幼儿园要求全园教职工、幼儿及其家长，对保育员的称呼一概由“阿姨”改为“老师”。

称呼的改变，不仅仅体现了对保育员认识观念的改变，更体现了对她们的职业期待。一位工作十多年、深受幼儿和家长欢迎的生活老师主动找我谈心，说这一声“老师”让她

① 教育部关于印发《幼儿园教师专业标准（试行）》《小学教师专业标准（试行）》和《中学教师专业标准（试行）》的通知. 中华人民共和国教育部网站，2012-09-13.

很感慨，感觉受到了从未有过的尊重。她已拿到中级育婴师职业资格证书，以前班级的一名学生的家长正要临产，一再邀请她辞职去帮忙带孩子，待遇是现在的几倍，但她有点舍不得熟悉的工作环境和朝夕相处的同事，一直在犹豫。称呼的改变一定程度上提高了保育员的地位，让她感受到了尊重，毅然决然地让那位家长另找他人帮忙。

资料来源：陈彩霞．重视保育队伍建设，真正落实保教并重．早期教育（教育教学），2018（12）：32-34.

三、幼儿园保教工作的实施过程

幼儿园保教工作的实施过程主要包括四个步骤：制定保教工作计划、实施保教工作计划、检查保教工作效果、总结保教工作经验。

（一）制定保教工作计划

保教工作计划对保教工作的落实具有指导作用，制定合理的保教工作计划有利于幼儿园有条不紊地开展保教工作。

1．保教工作计划的制订依据

制订一份目标明确、措施具体、符合幼儿园实际情况的保教工作计划，需要有科学的依据。例如，幼儿身心发展规律、国家教育方针政策等。

2．保教工作计划的层次体系

根据不同的分类标准，幼儿园保教工作计划可以分为不同的类型。根据计划的范围，可以分为全园计划、部门计划和班级计划；根据计划的时间，可以分为学年计划、学期计划、月计划、周计划、日计划；根据计划的内容，可以分为各领域活动计划、家园合作计划；等等。

3．保教工作计划的制订步骤

制订保教工作计划反映了幼儿园教育工作者对保教工作的设想和思路，可以帮助教师避免工作的盲目性和被动性。保教工作计划的制订主要包括分析具体情况、制定工作目标、确定具体措施三个步骤。具体如下：

第一，分析具体情况。每个幼儿园的风格和文化不同，每个班级的幼儿情况不一，幼儿园和班级在制订保教工作计划时，需以本园、本班上一阶段和当下的实际情况为依据。

第二，制定工作目标。在园所层面，幼儿园应结合上一阶段保教工作存在的问题和本阶段保教工作的重点，制定整个园所的保教工作目标；在班级层面，各班应以幼儿园的保教工作目标为导向，细化本班的保教工作计划。

第三，确定具体措施。制定措施时需要把握不同目标与不同措施之间的关联性，即一个目标可能需要多种措施才能实现，一种措施也可能达成多个目标。

4．审查保教工作计划

为了顺利实施保教工作计划，园长和保教主任需要对各班的保教工作计划进行审查。一般而言，可以从以下几个方面进行：

（1）是否符合国家的教育方针政策；

（2）是否符合该班幼儿的年龄特点和实际情况；

（3）是否符合幼儿园总体保教工作计划的精神和要求；

（4）是否具有可操作性，即是否具有具体的完成日期、实施方法等。

（二）实施保教工作计划

在实施保教工作计划的过程中需要注意以下几点：

1. 幼儿园合理分配保教人员

复杂而细致的保教工作需要班级教师分工合作才能完成。一般情况下，全日制幼儿园每班配备 2 名专任教师和 1 名保育员。幼儿园领导在进行人员分配时，需要根据教职工的能力、学历、性格、年龄等进行优化组合，促进保教人员的团结合作，调动保教人员的工作积极性。

每年 6 月，各幼儿园开始筹划新学年教师的重新分班。看似简单常规的分班，其实内含乾坤。管理者需要从幼儿发展、教育公平、教师专业发展几个角度综合考虑配置方案。

以北京市某高校附属幼儿园为例，该园实行园级、中层、班级三级管理制度。园级管理成员为 1 正 3 副 4 位园长；中层管理成员有 7 位专职主任，包括年级主任、教研主任、保健主任和培训主任；班级实行“两教一保”，即 1 位主班教师、1 位副班教师、1 位保育员。该园配置教师的具体程序如下：

（1）自愿申请。幼儿园于 6 月中旬发放申请表，教师填写第一、第二志愿，表达自己对新学年所在班级与岗位的期待。

（2）初拟方案。业务副园长以第一志愿为主、第二志愿为辅的方式初拟分班方案。由于班主任在班级管理中发挥重要作用，因此优先考虑班主任的第一志愿。

（3）集体评估。园领导和中层管理人员讨论分班方案初稿，集体商议“两教一保”搭班的胜任力，即主要评估教师促进幼儿发展的绩效、教师的专业理念与师德行为两方面的情况，并且考虑各教师的性格，形成分班方案第二稿。

（4）听取反馈。公布分班方案第二稿，预留 3 天左右的时间供教师思考或表达异议。年级主任收集教师的反馈，并与其解释沟通。如果年级主任无法解决教师的异议，则在会议上再次进行集体讨论。

（5）集体决议。园领导和中层管理人员从人文关怀和组织规划两个角度出发，再次评议教师个人需求的合理性与现实性，形成分班方案第三稿。

（6）公布与交接。6 月 30 日之前公布教师分班方案，教师开始做本学期末收尾工作以及新学期班级交接工作。

资料来源：晏红. 幼儿园班级教师配置案例分析. 学前教育，2018（6）：56-59.

2. 幼儿园赋予保教人员自主权

《幼儿园教育指导纲要（试行）》（简称《纲要》）指出：“教育活动的组织与实施过程是教师创造性地开展工作的过程。”幼儿园在执行保教工作计划的过程中，应当尊重、信任和赏识每一名保教人员，赋予其一定的自主权，允许其根据实际情况生成保教活动，使得保教人员在自主管理的状态下严格执行保教工作计划，创造性地生成适宜幼儿发展的保教活动。

3. 保教人员依据计划灵活工作

一方面，由于保教工作计划是经过反复考量制订出来的，保教人员只有按照保教工作计划开展工作，才能使保教工作井然有序地进行。另一方面，由于实际情况变化多样，因此保教人员也可以根据具体情况适当调整。

4. 研究保教工作计划执行过程

保教工作计划在执行过程中可能会出现多种影响因素，幼儿园管理层和基层保教人员应善于发现日常保教工作中出现的问题，认真研究解决问题的策略，将保教工作计划执行的过程视为研究保教工作的契机，在执行中研究、在研究中执行，更好地推进保教工作开展。

（三）检查保教工作效果

保教工作效果的检查可以参考以下几点做法：

1. 教师自我检查，记录保教工作

记录保教工作是教师自我检查工作效果的有效途径，既可以帮助教师自我反省工作中存在的问题，分析出现问题的原因，寻找改进策略，促进教学质量的提升，提高自身专业发展能力，又可以积累保教资料，便于教师日后翻阅和参考。教师可以采取多样化的方式记录保教工作，如保教工作日记、周记、月总结、教育笔记等。

2. 领导外部检查，指导保教工作

幼儿园领导层应有目的、有计划地深入班级检查保教工作，观察、记录教师组织活动的情况，做出一定的评析，使教师了解自身工作的优点与不足，督促、指导教师在保教工作实践中改进教育方法；同时，推广优秀经验，促进保教工作人员相互学习与交流。

（四）总结保教工作经验

为了不断提高保教工作水平，在幼儿园高层检查和基层保教人员自我检查保教工作之后，双方均需要进行总结。在总结时应注意分析、积累经验，探讨规律，为下一阶段保教工作提供参考和借鉴。

第三节　幼儿园教研活动的组织与管理

一、幼儿园教研活动的含义

幼儿园教研活动是指幼儿园针对教育实践中存在的问题确定研究课题，通过研究改进工作，提高保教质量，更好地完成幼儿园保教任务，进一步促进幼儿园教育改革的活动。

二、幼儿园教研活动的阶段

幼儿园的教研活动主要是为了解决教师在日常保教过程中遇到的问题和困难，促进教师专业成长，进而提高保教质量，帮助幼儿提升发展水平。幼儿园教研活动主要包含四个阶段：提出问题、分析问题、提出解决方案、实施方案。首先，教师或教研组长等人针对班级保教过程中出现的问题提出疑惑。其次，在提出问题之后，教研组一起分析问题出现的原因。教师需要结合理论知识等进行分析，这个过程可以帮助教师加深对理论的理解，提高理论运用于实践的能力。再次，针对问题出现的原因，教研组共同寻找解决问题的方案。最后，教师实施解决方案。在方案实施过程中，教师可能还会遇到各种各样的问题，需要其灵活处理。在解决问题的过程中，教师不断思考，不仅提高了自身的教学实践能力，还促进了幼儿园提升保教质量。

三、幼儿园开展教研活动的基本原则

（一）儿童利益优先原则

幼儿园的教研活动应贯彻党的教育方针，遵循儿童身心成长的规律，坚持儿童利益优先的原则，让每个儿童都能获得富有个性的发展。不得以牺牲或部分牺牲儿童发展权益为代价来开展教研活动，不得组织儿童进行表演性教研活动，不得因为教研活动而对儿童进行集中性的训练。

（二）生活化、游戏化原则

幼儿园应贯彻《纲要》和《3～6 岁儿童学习与发展指南》精神，重视儿童生活和游戏的独特价值，以不影响儿童日常生活和游戏为原则，最大限度地将教研活动融合在儿童一日生活之中。尽量不将儿童从生活与游戏环境中抽离出来，避免组织非日常环境下的集中教研观摩，提倡室外观摩和视频观摩。在室内开展教研活动时，每个活动室的非本班教师原则上不超过 5 人。

（三）教师专业发展原则

教师是班级活动质量的决定力量，教研活动的目标是提升教师的专业能力。教研活动应融入日常保育教育工作之中，在一日生活中发现问题，指导教师进行专业实践，促进教师的专业发展，避免单纯以赛代研、以评代研。

（四）系统规划设计原则

幼儿园的教研活动应基于国内外的科学研究成果，针对教师专业发展中存在的普遍问题，对教师专业能力的提升过程进行系统设计，做到系统设计与弹性实施相结合、片区教研与园本教研相结合，力求每一次教研都是一次进阶，防止教研活动随意化和碎片化①。

四、幼儿园教研活动的主要内容

（一）观察、解读儿童行为

观察和解读儿童行为是教育工作的起点，“科学观察—正确解读—有效支持”是教师应有的专业行为。观察、解读儿童行为的教研活动应围绕三个方面进行：一是树立观察意

① 省教育厅关于加强学前教育教研工作的意见. 江苏省教育厅，2017-09-22.

识、掌握观察方法；二是科学解读与评价儿童的行为和发展，树立正确的儿童观；三是在观察的基础上形成实践反思意识，形成调整活动的专业能力。教研活动应帮助教师形成观察意识和观察兴趣，鼓励教师采用多种方式做有用的观察，避免单纯地追求观察记录，提倡教师通过合适的方式（如视频、照片）与儿童进行观察记录的分享，了解儿童行为的意图，提高观察与解读的准确性和教育过程的有效性。

（二）调整活动方案

调整活动方案的教研应围绕五个方面进行：一是幼儿园一日生活时间安排。应给予儿童更多自发活动的机会，注重动静交替，形成集体活动、区域活动、日常生活等各类活动科学组合的一日活动流程。二是室内外环境。应根据儿童活动的需要规划空间，室内外环境需更具生命气息，包容多样化的资源，有利于开展多种活动。三是活动内容。应紧密联系生活实际，从儿童的需要和兴趣出发，在关注不同发展领域关键经验的基础上，有针对性地确定活动内容。四是活动资源。应将基本玩具、多样化的材料以及具有生命气息的环境作为最重要的活动资源，关注幼儿感兴趣的自然现象、生活活动、事物材料、文化民俗等，让幼儿与环境资源充分互动。五是师幼互动策略。应针对不同幼儿、不同问题和不同情境，灵活采用多样、适宜的策略，避免说教与包办，让幼儿亲身体验探究、交往和表达的过程。

（三）实现生活环节的价值

生活环节的教研应围绕两个方面进行：一是确立一日生活皆教育的理念，研究并付诸系统化实施；二是研究入园离园、饮水餐点、散步午休、穿衣如厕等各个生活环节中儿童学习和发展的契机。高度关注儿童一日生活中无处不在的教育价值，使得书面符号化知识转向生动的感性经验，教师教授转向提供脚手架引导儿童自主学习，儿童简单接受转向在行动中解决问题。让儿童在生活中学习，能为儿童的终身发展奠定品性、习惯和思维基础。

散步环节，你关注了吗？——基于生活环节的小组教研案例

一、缘起

在保教常规巡视过程中，教研主任看到餐后散步环节出现了一幅这样的画面：

孩子们散步时经过一棵紫藤，一阵风吹来，许多紫藤花飘到地上，几个孩子走过去想捡起花朵，教师连忙制止："刚洗好手，要睡觉了，别把手弄脏了。"

为了方便教师讨论和思考，教研主任拍摄了一个班散步的视频。

二、观看视频，小组集中研讨

教研主任："散步是我们每个班午餐后都会进行的环节，今天我们来看一段散步的视频，大家谈一谈这个班做得比较好的地方以及还可以改进的地方。"

L："这个班的孩子散步时井然有序，说明教师的常规工作做得很好，孩子们比较有规则意识。不过我刚刚留意到，好像每天的散步路线都一样。"

M："有的孩子在散步时对周围的事物感兴趣，教师可能考虑到孩子需要午睡，没能让他们深入观察。"

教研主任："嗯，大家观察得很仔细。其实这个视频是一个缩影，我们并不是针对这个班或者这个班的教师，今天提出研讨这个话题是为了让其他班也能做得更好。那大家觉得刚刚提到的这些问题，是由什么原因导致的呢？”

H：“可能是受传统思想的影响。我们虽然学习了《纲要》和《指南》，但是还是不太能将之运用到实践当中。”

C：“可能是为了保证幼儿的安全和午睡时间，所以许多事情没有尝试。”

教研主任：“大家分析得都比较到位，那我们接下来可以怎么改进呢？先不着急给出答案。接下来这一周，大家可以思考思考，也可以和班级小朋友们一起讨论。”

三、回归班级，与幼儿讨论解决方案

教研主任：“在过去一周的时间里，大家和小朋友们讨论的结果是怎样的呢？”

C：“我们班讨论了‘散步时可以看些什么’。小朋友觉得，有些东西可以连续几天都去看，有些偶尔看一下就行。”

G：“我们班的小朋友分组设计了几条路线，每天投票决定散步路线。”

四、整合分享，相互交流

教研主任：“那我们今天围绕散步环节简单谈一谈对课程建构的看法。”

M：“我们应当更多地关注幼儿的想法。”

G：“散步这类生活环节也是一种教育资源，可以成为儿童学习和发展的契机。”

案例中的几位老师，通过教研活动将理念转化为实践，尊重幼儿，担任幼儿的倾听者、记录者与支持者，优化散步活动，充分发挥生活环节的教育价值。

资料来源：任钰. 散步环节，你关注了吗?：基于生活环节的小组教研案例. 山西教育（幼教），2019（6）：52-54.

（四）建立家园共育关系

幼儿园与家庭之间的关系直接影响儿童的成长，因此提高保教质量需要家园共育。幼儿园应主动与家庭沟通、交流、合作，运用专业所长向家庭和大众传递科学的儿童教育理念与知识，提升家庭科学育儿的能力。研究家园共育的教研活动应围绕以下三个方面开展：一是研究当代家庭的真实需求和现实问题，主动发起对话，力求家园教育理念和目标相一致；二是研讨如何实施基于平等、合作原则的家园共育，尊重不同家庭的多元文化背景，提供有针对性的适宜服务；三是研究如何创设多种机会，让家庭参与到幼儿园活动的计划和实施之中。

我所在的幼儿园小小班新来了三名幼儿，他们的语言理解和表达能力发展水平较低，且特别依恋家人。为了稳定他们的情绪，在开展教研活动期间我提出了此问题。接着，教师们一起讨论、分析问题出现的原因，分享问题解决策略。例如，入园后如果幼儿哭闹不止，就可让家长和教师一起陪孩子活动，等孩子的情绪稳定下来后家长再离开，等等。事实证明，这些策略真的有效果，家长也很满意，并对教师们为孩子着想表示感谢。

五、幼儿园教研活动的实施策略

（一）建立教研工作集体审议制度

为保证准确贯彻《指南》和《纲要》的精神，开展满足儿童个体发展需求的适宜性活动，幼儿园需建立教研工作集体审议制度：在国家和省级政府相关文件的指导下，集体审议制订幼儿园教研工作方案，包括教研工作内容、研究方式、时序进度、范围频次、团队分工、诊断评价等；营造充分研讨、实事求是的工作氛围，避免行政命令式的工作方式（见图 5－3）。此外，每一位教师都是关乎儿童发展的教育决策者，幼儿园在集体教研活动中应发挥每一位教师的主观能动性，并鼓励教师进行自发性、自主式的教研，随时开展在活动现场的微教研，提高教师自我反思、自我学习、自我成长的能力。

图 5－3　幼儿园教师研讨交流

（二）建立持续性沉浸式教研制度

设计或调整以儿童为主体的活动需要教师持续跟踪儿童的学习活动，掌握其学习特征。幼儿园的教研活动原则上至少以半日为一个时间单位，提倡对儿童的行为进行一周甚至一个月的追踪记录，持续进行沉浸式研讨，并将成熟的教育经验在全园及时推广。此外，还可以充分利用信息化技术实现学习行为的追踪记录、协同研讨和信息共享。

（三）建立阅读、分享专业书籍机制

保教质量的提升离不开扎实的理论基础。幼儿园应提供学前教育专业书籍阅读专区，并组织专家进行深度领读，为教师搭建融阅读反思、观察实践、分享交流、专业指导为一体的学习空间，让广大教师在阅读指导下实践，在实践中理解专业，努力实现自主可持续发展。

（四）建立混合式研修制度

幼儿园应基于教师能力诊断的教研、实践问题导向的教研等，进一步提升教师培训实

效；通过创新教师培训形式，尝试教研与培训相结合的混合式研修，促进教师专业成长；根据学前教育改革发展的需要，充分发挥《幼儿园教师专业标准（试行）》的引领和导向作用，制定本园师资队伍专业发展规划，开展园本研修，促进教师的专业发展和教育质量提升。此外，幼儿园的各类评优评先、教师培训、课题研究等，应采用符合幼儿园教育特点的活动形式，避免小学化。

幼儿园教研活动案例：孩子把苹果画成了梨

在一次教研活动中，一位入职不久的小班教师A道出了自己的困惑：在美术活动中，她让孩子们画苹果，结果牛牛画的是梨。因此她很纠结：要不要引导牛牛重新画苹果？她担心如果不去纠正牛牛的画，那么以后牛牛都会把苹果画成梨。

鉴于此，我们组织年轻教师开展了系列研修活动。

一、体验，理解幼儿的情感

首先，我们给教师们布置了一个“画画我爸爸”的任务，请每位教师在十分钟内画出自己爸爸的简笔画头像。当教师们完成作品后，请他们相互观摩并谈谈感受。有几位教师表示自己对绘画不感兴趣、没有信心、画得不像……

当我们问教师为什么这样绘画时，有位教师说：“我爸爸脾气很不好，小时候当我做错事时总是对着我吼，让我画爸爸，我有点抵触。”

接着，我们又问那几位教师为什么对绘画不自信。

教师1：“我和姐姐相差一岁，小时候姐姐乖巧懂事，妈妈总是夸奖姐姐，画画也是姐姐画得比我好。”

教师2：“我上学时，有一次美术教师说我画的熊像猫，引得同学们哄堂大笑。从此，我再也不喜欢画画了。”

几位教师的回答引发了其他教师的感慨：“不要轻易评价孩子的画好不好、像不像。”“其实孩子画得怎么样不重要，只要孩子喜欢画画就好了，就像我们画爸爸也不一定都画得很像。”

最后我们让教师们谈谈自己对这次体验活动的感受和思考。不少教师表示：儿童时期的绘画经历及体验会影响绘画的兴趣和信心，这种影响甚至延续到成人时期；成人不能以“美不美”“像不像”的标准来评价幼儿的绘画作品，而应多关注他们的情感体验及表达的意愿。

二、对话，剖析教师的误区

接下来，我们就小班教师A的困惑展开了研讨。

话题一：教师眼里的梨

问：“为什么你认为牛牛画的是梨，不是苹果？”

教师A：“苹果一般都是圆圆的，而牛牛画的是椭圆的，很像梨。我在画前要求孩子画圆圆的苹果。”

问：“你见过两个完全一样的苹果吗？”

教师A：“没有。”

问：“你觉得牛牛画的是梨，那么你知道牛牛认为他画的是梨还是苹果吗？”

教师A：“不知道。”

问："在不了解牛牛的想法的情况下就认定牛牛画的是梨，你觉得……"

教师A："嗯，我确实是在以自己的标准来评价牛牛的画。"

接着，我们请教师A观摩前面有位教师画的爸爸头像，画像中的爸爸有一张孩童般的笑脸。问："你认识那位爸爸是吗？""是。"教师A答。"那你觉得B老师画得像吗？""不太像。""那你觉得她画得好吗？""好。""为什么？""因为B老师的爸爸很疼爱B老师，总是对着她笑。B老师画出了她心目中的好爸爸。""说得太好了！"我们给予了肯定。

教师A继续说："我似乎明白了。画中的爸爸无论容貌如何，都是B老师心中疼爱她的好爸爸。"然后我们让现场的其他教师谈谈想法。"教师A认为牛牛画的是梨，是因为教师A把它界定为梨，这是教师眼里的梨。""教师A之所以认为圆圆的才是苹果，是因为她把苹果概念化了。""幼儿绘画是用美术符号表达自己眼里的世界和内心的情感，我们应该尊重幼儿用自己独特的方式来表达自己对外部世界的理解。"

话题二：幼儿心中的苹果

问："你认为牛牛为什么会把苹果画成这样呢？"

教师A："现在我知道了，虽然在我看来是梨，但是在牛牛心中就是苹果。"

教师C："也许，牛牛看到的苹果不是很圆，所以他就画成椭圆了。"

教师F："也许牛牛确实想画圆圆的苹果，可是对于小班第一学期的他来说，画正圆有一定的难度，所以他画成了椭圆。这说明幼儿在绘画时难免会出现主观意愿与绘画结果不一致的现象，但这并不影响幼儿对该绘画结果的认同和接纳。"

经过对话，教师们认识到用概念化的统一标准去评价牛牛的画不可取；同时也需注意，幼儿的肌肉发展和思维发展比较有限，绘画难免"不像"；同时还需要了解幼儿作品背后的故事。

三、倾听、解读幼儿的画作

在这一阶段，我们着重引领教师们去认识读懂幼儿绘画的必要性及主要策略。

首先，我们请教师们观察不同年龄段幼儿的绘画作品，每幅作品的背面都记录着幼儿想要表达的内容。我们请教师们先根据自己的理解解读幼儿的画，再看看幼儿的真实想法。结果教师的理解与幼儿想要表达的内容相去甚远。在得知幼儿的真实想法后，教师们十分惊讶，感慨"太出乎意料了"，"不能用成人的思维去理解幼儿的画"。比如，面对小班幼儿的一幅题为《我的新年愿望》的作品（见图5-4），大部分教师首先觉得看不懂，在仔细琢磨后有了各种解读："两颗爱心，隔着一条马路或河流，是指爸爸妈妈隔岸相望的意思吧。""两个方向盘表示开着两辆车，中间是马路，表示马路的两边有两辆车在开。""两个人在游泳。""孩子想吃两根香肠串吧。"……而孩子想表达的是："新年里，我想要两艘航空母舰和两门大炮。"又如另一幅作品（见图5-5），教师们更是无从解读。而孩子想表达的是："两辆紫色的汽车在绕圈圈，旁边有两串鞭炮。"

幼儿的画之所以难以看懂，是因为幼儿用自己独特的方式来表达自己对外部世界的理解。虽然幼儿的画乍看"形"不似，但只要听他们解释，就立即会让人感到"神"似。

其次，我们讨论了师幼对话的语言表述策略。大家认为在对话过程中教师要传递对幼儿绘画过程及作品的认同、好奇与欣赏。以幼儿画"苹果"为例，教师可以用"你的苹果

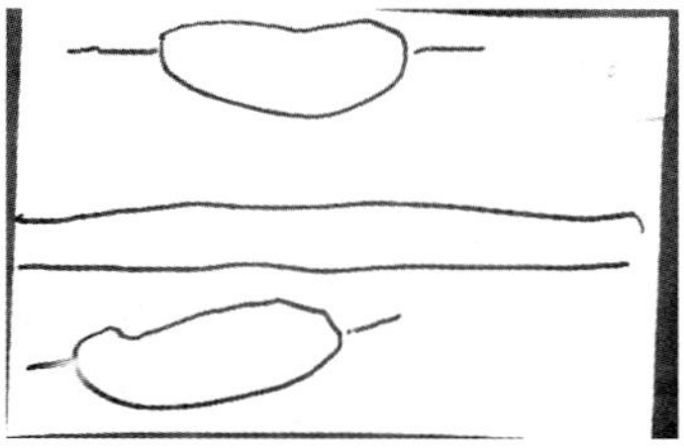

图 5-4 《我的新年愿望》

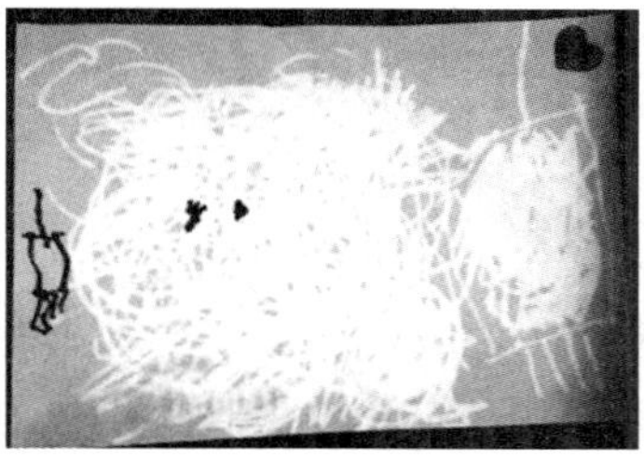

图 5-5 《汽车和鞭炮》

很特别，你为什么这样画，能说给我听听吗?”来表达对画作及作画动机的好奇，用“哇，关于苹果的故事真有意思，我很喜欢”来表达对画作的欣赏，增强幼儿的绘画自信。教师的追问、与幼儿对话及耐心倾听、接纳，是了解幼儿画作背后故事的主要途径。

最后，我们还组织开展了“了解幼儿画作背后的故事”的案例分享活动。比如，在大班“特别的我”绘画活动中，教师通过与幼儿对话了解到了画作背后的故事，并与大家分享。

“哇，这确实是一个特别的头像，一个特别的甜甜。”教师充满了好奇，同时表现出了对画作（见图 5-6）的认同。

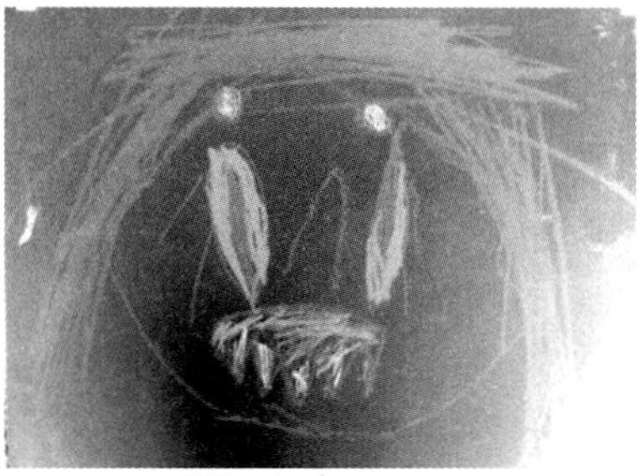

图 5-6 《特别的我》

“对呀!”教师的认同给甜甜带来自豪感。

“这可不是甜甜平时的模样，你这样画自己一定有原因。大牙齿和披散的头发让我很惊讶，看起来有点可怕。”教师表达了自己的真实感受。

“老师，你害怕了吗? 这是化装舞会上的我，我想把自己打扮成女巫去吓唬小怪物!”教师的好奇激发了甜甜表达的欲望。

“嗯，看起来确实有点吓人!”

“老师，我告诉你，我的牙齿可厉害了，会伸缩。当遇到大怪物时，牙齿会变得老长老长，就像一把刀。当遇到小怪物时，牙齿就会变短点。我的牙齿还会发光，现在发出的是黄色的光。”通过倾听幼儿的讲述，教师才理解了画作背后的想象和创造。

“哇，女巫的神奇魔力原来隐藏在牙齿里!”教师表现出了对幼儿想象和创造的欣赏。“那么，脸颊上的这两块是胭脂吗? 难道这是一个爱化妆的女巫吗?”教师呈现出对画作的好奇和浓厚兴趣，让幼儿感受到被关注的满足。

“我经常看妈妈化妆，妈妈会在脸上涂红红的胭脂。但是我这个是紫色的，和头发的颜色一样。因为紫色代表的是魔力，是会发光的魔力，这个光可以把怪物杀死!”

“女巫的魔力好强大啊！你的头像真是太特别了！我好喜欢!”教师再次表达了对幼儿作品的欣赏、认同和接纳。

…………

在分享过程中，教师们也谈了自己的感受。耐心听幼儿说“画”使教师收获了很多惊喜：幼儿因说“画”而更愿意和教师交流互动，幼儿的想象、创造带给教师很多启示。对话过程既是教师向幼儿学习的过程，也是教师向幼儿传递爱与尊重的过程。

四、学习，明确美术教育的价值

通过前面三个阶段的研修，教师对幼儿美术教学活动积累了一定的感性认识，我们想，此时引领教师进行理论学习可能效果更佳。于是，我们带领教师认真学习了《指南》，细细解读了其中艺术领域的目标和教育建议。

在历经四个阶段的研修后，教师们逐渐明白在美术教育教学中不能仅仅重视幼儿绘画技能的习得，更要重视幼儿积极情绪、情感的激发和审美体验的获得；在评价幼儿美术作品时，应耐心倾听，关注幼儿的真实情感。

这所幼儿园的教研活动正是遵循“提出问题—分析问题—提出解决方案—实施方案”的主要过程开展的。教师说出教育教学实践中的困惑，教研组分析、引导，共同寻找解决困惑的策略，提升教师的教学实践能力，从而促进幼儿园提升保教质量。

资料来源：周玲美．孩子把苹果画成了梨．幼儿教育，2018（10）：42-44.

思考与练习

1. 幼儿园保教工作的特点是什么？
2. 幼儿园保教工作有哪些主要内容？
3. 幼儿园开展教研活动的基本原则有哪些？
4. 如何开展幼儿园教研活动？
5. 请设计一个解决幼儿园实践问题的教研活动。

推荐资源

1. 张燕．幼儿园管理．北京：人民教育出版社，2017.
2. 李晓巍．幼儿行为观察与案例．上海：华东师范大学出版社，2017.
3. 周玲美．孩子把苹果画成了梨．幼儿教育，2018（10）.

第六章

幼儿园卫生保健工作管理

目标指引

1. 了解幼儿园卫生保健工作管理的含义、意义和目标；
2. 熟悉幼儿园卫生保健工作管理的内容；
3. 掌握幼儿园卫生保健工作管理措施。

内容结构

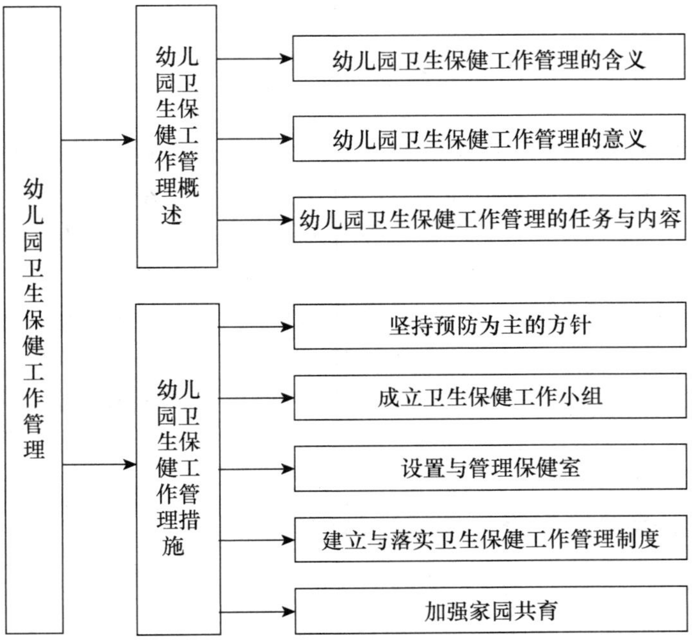

案例导引

小雨妈妈："老师，小雨感冒了，今天请假。"

程程爸爸："老师，程程今天咳嗽了，请假一天。"

豆豆妈妈："老师，豆豆发烧了。"

…………

班级的微信群里充满了请假信息，幼儿园里充斥着打喷嚏、擤鼻涕的声音。春季，万物复苏，但同时也是一些传染病的高发季节，幼儿容易出现流涕、咳嗽、发烧等症状①。

幼儿的免疫系统尚未发育健全，他们对病毒、细菌的抵抗力差，容易生病。幼儿园需要做好卫生保健工作管理，保障幼儿的健康。通过本章的学习，我们可以了解幼儿园卫生保健工作管理的主要内容，掌握幼儿园卫生保健工作管理措施。

第一节　幼儿园卫生保健工作管理概述

一、幼儿园卫生保健工作管理的含义

幼儿园卫生保健工作管理，一般指幼儿园内部对卫生保健工作的管理，具体包括确定管理者及其管理职责，制订幼儿园卫生保健工作计划，制定和执行各项卫生保健工作制度，检查和监督各项卫生保健工作的落实和完成情况，评估与考核卫生保健工作，等等。

二、幼儿园卫生保健工作管理的意义

从幼儿生长发育的特点来看，幼儿正处于关键期，各器官的生理功能尚不完善，肌体的免疫功能低下，适应环境的能力和对疾病的抵抗力较弱，容易受外界各种疾病因素的干扰。只有为幼儿提供全面合理的营养，加强幼儿的体格锻炼，落实有效的防病措施等，才能保障幼儿的身心健康发展。

从幼儿园的特点来看，幼儿园是集活动和生活于一体的场所。在集居的环境下，幼儿之间接触密切，容易引起疾病传播和流行，因此传染病的预防和控制尤为重要。幼儿园只有做好各项卫生保健工作，才能有效控制各类疾病的产生和传播，保证幼儿的健康发育，促进幼儿的健康成长。

三、幼儿园卫生保健工作管理的任务与内容

幼儿园卫生保健工作的主要任务是贯彻"预防为主，保教结合"的工作方针，为集体儿童创造良好的生活环境，预防控制传染病，降低常见病的发病率，培养健康的生活习

① 徐小丽．春季常见传染病，这些你该知道．幼儿教育，2019（8）：20-21.

惯，保障儿童的身心健康。

根据《托儿所幼儿园卫生保健管理办法》第十五条规定，幼儿园卫生保健工作应包括以下内容：

（1）根据儿童不同的年龄特点，建立科学、合理的一日生活制度，培养儿童良好的卫生习惯。

（2）为儿童提供合理的营养膳食，科学制订食谱，保证膳食平衡。

（3）制订与儿童生理特点相适应的体格锻炼计划，根据儿童年龄特点开展游戏及体育活动，并保证儿童户外活动时间，增进儿童身心健康。

（4）建立健康检查制度，开展儿童定期健康检查工作，建立健康档案。坚持晨检及全日健康观察，做好常见病的预防，发现问题及时处理。

（5）严格执行卫生消毒制度，做好室内外环境及个人卫生。加强饮食卫生管理，保证食品安全。

（6）协助落实国家免疫规划，在儿童入托时应当查验其预防接种证，未按规定接种的儿童要告知其监护人，督促监护人带儿童到当地规定的接种单位补种。

（7）加强日常保育护理工作，对体弱儿进行专案管理。配合妇幼保健机构定期开展儿童眼、耳、口腔保健，开展儿童心理卫生保健。

（8）建立卫生安全管理制度，落实各项卫生安全防护工作，预防伤害事故的发生。

（9）制订健康教育计划，对儿童及其家长开展多种形式的健康教育活动。

（10）做好各项卫生保健工作信息的收集、汇总和报告工作。

第二节　幼儿园卫生保健工作管理措施

一、坚持预防为主的方针

幼儿生长发育迅速，可塑性强，但同时各器官系统发育不成熟，对环境的适应能力和对病毒的抵抗能力较弱。幼儿园的卫生保健工作稍有疏忽，就有可能给幼儿的健康带来不利影响，甚至对幼儿造成不可逆的伤害。因此，幼儿园卫生保健工作管理必须坚持预防为主的方针，防患于未然。

二、成立卫生保健工作小组

（一）确定卫生保健工作组织结构

一般而言，幼儿园卫生保健工作组织结构主要包括三个层次：高层（决策层）、中层（管理层）、基层（执行层）。高层（决策层）包含幼儿园园长；中层（管理层）包含保教主任、后勤主任；基层（执行层）包含卫生保健人员、班级教师、食堂工作人员、保安。

（二）配备与指导卫生保健人员

在幼儿园中，卫生保健人员是卫生保健工作的主要落实者，因此需要特别关注卫生保健人员的配备与指导。

在卫生保健人员的配备与管理方面，《托儿所幼儿园卫生保健管理办法》第十一条规定，托幼机构应当聘用符合国家规定的卫生保健人员。卫生保健人员包括医师、护士和保健员。在卫生室工作的医师应当取得卫生行政部门颁发的“医师执业证书”，护士应当取得“护士执业证书”。在保健室工作的保健员应当具有高中以上学历，经过卫生保健专业知识培训，具有托幼机构卫生保健基础知识，掌握卫生消毒、传染病管理和营养膳食管理等技能。此外，《托儿所幼儿园卫生保健管理办法》还规定：托幼机构聘用卫生保健人员应当按照收托 150 名儿童至少设 1 名专职卫生保健人员的比例配备卫生保健人员。收托 150 名以下儿童的，应当配备专职或者兼职卫生保健人员。托幼机构卫生保健人员应当定期接受当地妇幼保健机构组织的卫生保健专业知识培训。托幼机构卫生保健人员应当对机构内的工作人员进行卫生知识宣传教育、疾病预防、卫生消毒、膳食营养、食品卫生、饮用水卫生等方面的具体指导。

在卫生保健人员的指导与培训方面，幼儿园应通过定期与随机的方式检查班级卫生情况，对不足之处进行指导。此外，幼儿园还可以组织卫生保健人员参加园内培训，如学习卫生保健规章制度、传染病预防知识、事故预防和处理方法，必要时可以组织卫生保健人员参加园外学习培训，如妇幼保健院的业务培训等。

三、设置与管理保健室

《托儿所幼儿园卫生保健管理办法》第十条规定：托幼机构应当根据规模、接收儿童数量等设立相应的卫生室或者保健室，具体负责卫生保健工作。卫生室应当符合医疗机构基本标准，取得卫生行政部门颁发的《医疗机构执业许可证》。保健室不得开展诊疗活动，其配置应当符合保健室设置基本要求。幼儿园保健室的设置与管理应从以下几个方面开展：

（一）保健室的设备

一般情况下，保健室的设备包括一般设备、体重设备、消毒设备、常规医疗用品等。如观察床、桌椅、资料柜、药柜、身高测量器、体重秤、对数视力表、消毒灯、消毒液、消毒柜、体温表、听诊器、血压计、敷料缸、各种常用药品等。上述各种医疗器械要按期进行常规消毒，药品要妥善保管。

（二）药品的种类与管理

1. 药品的种类

幼儿园需配备的常用药品包括内服药和外用药，一般不配备保健药。内服药和外用药需分开摆放，由专人管理。

内服药包括：感冒药、止痛退热药、镇咳化痰药、平喘药、消化道感染用药、消化不良用药、胃痛药、抗过敏药、食欲不佳伴恶心用药、咽炎药、口腔溃疡用药、发热惊厥药、便秘药等。还应根据季节变化配备常用药品，如夏季应配备十滴水、仁丹等。

外用药包括：酒精、碘酊、创可贴、烫伤药、湿疹用药、急救包扎用品（纱布、药棉、绷带、胶布、止血海绵等）、五官科用药、预防性药品（晨检喷漱液、板蓝根冲剂等）。抗菌消炎药可不必配备，幼儿若患感染性疾病，可由家长带到医院就诊取药。

2. 药品的管理

药品的管理应制度化、规范化、细致化，杜绝滥服药、服错药的现象。具体而言，药品管理重点要做以下几个方面：

首先，药品的选择和采购要严格把关，杜绝不合格药品进入幼儿园。药品入园后应认真登记，做好标记，妥善保管，教师及幼儿领药、服药均要登记。

其次，药品应放置在安全的地方，注意防潮、防霉变、防过期。过期的药品应及时清理，不能给幼儿服用。另外，防虫药品、剧毒药品和具有腐蚀性的药品，应与食用药品严格分开，必须由专人保管。

再次，对于带药入园的情况，幼儿园需仔细询问并做好登记。当幼儿虽患病或未痊愈，但可以参加幼儿园正常活动时，家长可以为幼儿携带符合国家药品监督管理部门认定的口服药品来园，但不能携带保健药和滋补药。家长须认真填写登记表，包括日期、幼儿姓名、药品名称、剂量与服用方法、嘱托用药时间、对此药有无过敏史及注意事项等，并签署姓名（见表 6－1）。教师或保健医生应对幼儿的情况，如幼儿病情、药物来源等进行询问了解，防患于未然，避免发生服药事故。

表 6－1　幼儿带药入园记录表

日期	幼儿姓名	药品名称	剂量与服用方法	嘱托用药时间			对此药有无过敏史	注意事项	家长签名	教师签名
				早上	中午	下午				

最后，幼儿如需服药，应由卫生保健人员负责喂药，不可让幼儿自行服药。保健人员给幼儿喂药前，应核对幼儿姓名、药品名称、剂量与服用方法、嘱托用药时间等，认真检查药物是否变质，看着幼儿服下药物之后再离开。幼儿服药后，保健人员须填写“幼儿在园服药记录表”（见表 6－2）。

表 6－2　幼儿在园服药记录表

日期	幼儿姓名	药品名称	剂量	喂药时间	喂药人	幼儿服药后反应

四、建立与落实卫生保健工作管理制度

建立与落实卫生保健工作管理制度是幼儿园卫生保健工作顺利开展的保障。结合《托儿所幼儿园卫生保健工作规范》提出的要求，幼儿园卫生保健工作管理制度应包含以下几

个方面：

（一）生活制度

生活制度指的是幼儿园每日生活中各种活动和休息的顺序以及时间的安排，如入园、进餐、活动、喝水、午点、午睡、游戏和离园等。幼儿园应科学合理地安排幼儿的在园生活，帮助幼儿养成良好的生活习惯，保证幼儿园活动的顺利开展。具体包含以下几点：

（1）幼儿园应当根据不同年龄段幼儿的生理、心理特点，结合本地区的地理位置、季节变化、生活习惯和幼儿园的实际情况，制定合理的生活制度。

（2）合理安排幼儿作息时间和进餐、大小便、活动、游戏等各个生活环节的时间、顺序和次数，注意动静结合、集体活动与自由活动结合、室内活动与室外活动结合，不同形式的活动交替进行。

（3）保证幼儿每日有充足的户外活动时间。全日制幼儿每日不少于 2 小时，寄宿制幼儿每日不少于 3 小时，寒冷、炎热季节可酌情调整。

（4）合理安排每日进餐和午睡时间。幼儿正餐间隔时间 3.5～4 小时，进餐时间 20～30 分钟/餐，餐后安静活动或散步时间 10～15 分钟，午睡时间根据季节以 2～2.5 小时/日为宜。

（5）对于一日生活制度，既要严格执行又要根据实际情况弹性调整。卫生保健人员每日巡视时，应观察班级执行情况，发现问题及时予以纠正，以保证幼儿在托幼机构内生活的规律性和稳定性。

（二）体格锻炼制度

幼儿年龄较小、体质较弱，并且正处于神经发育的关键期，加强体格锻炼不仅能促进幼儿肌肉和骨骼的发育，增强幼儿的体质，还能促进幼儿神经系统的发育。幼儿园应制定幼儿体格锻炼制度。

（1）认真制订幼儿体格锻炼计划。利用日光、空气、水和器械，有计划地安排幼儿进行体格锻炼。

（2）幼儿园应当根据幼儿的年龄及生理特点，每日有组织地开展各种形式的体格锻炼，如走、跑、跳、钻爬、攀爬、投掷、平衡等，保证适宜的运动量，提高幼儿的身体素质。

（3）不断丰富和完善体育活动设施，并保证幼儿室内外运动场地和运动器械的清洁、卫生、安全，做好场地布置和运动器械的准备。定期进行室内外安全隐患排查。

（4）保教人员带领幼儿做好运动前的准备活动。运动中须加强保护，注意观察幼儿的面色、精神状态、呼吸、出汗量和幼儿对锻炼的反应，若有不良反应要及时采取措施或停止锻炼，避免运动伤害。运动后注意观察幼儿的精神、食欲、睡眠等状况，及时了解幼儿的身体反应。

（5）保教人员应当全面了解幼儿的健康状况，仔细观察幼儿的运动反应。有条件的幼儿园可开展 3～6 岁幼儿体质测试，了解幼儿的体质健康状况，以指导幼儿进行体格锻炼。患病幼儿应暂时停止锻炼，恢复期的幼儿应根据其身体状况调整运动量，体弱幼儿的体格锻炼应较健康幼儿进程减缓、时间缩短。

小场地亦有大作为

为了让幼儿在玩乐中锻炼体格，某幼儿园在园内的大榕树上搭建了三间树屋，用荡桥、扶梯连接树屋，取名“贝贝熊树屋”，并在树屋下面设置了两个钻洞，以锻炼幼儿的钻爬能力；“动感地带”弯弯曲曲的长廊支持幼儿开展攀爬等活动；篮球场供幼儿投篮……

贝贝熊树屋

动感地带

注：图片来源于“深圳市南山区教育幼儿园”微信公众号。
资料来源：吴建忠. 小场地亦有大作为：幼儿园户外活动新实践. 幼儿教育研究，2020（3）：48-50.

（三）健康检查制度

为了及时掌握幼儿的身体发育状况和健康状况，发现疾病和不良状况及时采取措施，以保障全体幼儿的安全和健康，幼儿园应当建立健康检查制度。幼儿园健康检查包括对幼儿和工作人员的健康检查。其中，对幼儿的健康检查包括新生入园体检、定期健康检查、晨检及全日健康观察等方面。

1. 新生入园体检

（1）幼儿入园前应当经医疗卫生机构进行健康检查，合格后方可入园。

(2) 幼儿入园体检中发现疑似传染病者应当"暂缓入园"，告知家长及时确诊治疗。

(3) 幼儿入园时，幼儿园应当查验"儿童入园健康检查表""儿童保健手册""预防接种证"。

(4) 对于预防接种证丢失或未依照国家免疫规划受种的幼儿，幼儿园需督促监护人带幼儿到当地规定的接种单位补证或补种。

2. 定期健康检查

(1) 幼儿定期健康检查项目包括：测量身长（身高）、体重，检查口腔、皮肤、心肺、肝脾、脊柱、四肢等，测查视力、听力，检测血红蛋白或血常规。

(2) 3 岁以上幼儿每年健康检查 1 次，健康检查后幼儿园应当及时向家长反馈健康检查结果。

(3) 幼儿离开幼儿园 3 个月以上须重新按照入园检查项目进行健康检查。

(4) 转园幼儿持原幼儿园提供的"儿童转园健康证明""儿童保健手册"可直接转园。"儿童转园健康证明"有效期为 3 个月。

3. 晨检及全日健康观察

(1) 做好每日晨检。检查内容包括询问幼儿在家有无异常情况，观察幼儿的精神状况、有无发热和皮肤异常。周一的晨检及长假后第一天的晨检还应询问幼儿在周末、假期是否外出过。另外，有条件的幼儿园还可以引进机器人辅助晨检。

(2) 保教人员应当对幼儿进行全日健康观察，观察内容包括饮食、睡眠、大小便、精神、情绪、行为等，并做好观察及处理记录。

(3) 卫生保健人员每日深入班级巡视 2 次，如发现患病、疑似传染病幼儿应当尽快将其隔离，并与家长取得联系，及时送幼儿到医院诊治，并追访诊治结果。

(4) 患病幼儿应当离园休息治疗。幼儿园如果接受家长委托喂药，那么应当做好药品交接和登记，并请家长签字确认。

机器人辅助入园晨检和收集健康数据

"小朋友，请张嘴！"每天清晨，一台会说话的智能机器人都会和安庆幼儿园的孩子们进行"对话"。不到一分钟，孩子们便在快乐的"举手""张嘴"的互动中完成了测温、口腔检查等入园晨检。

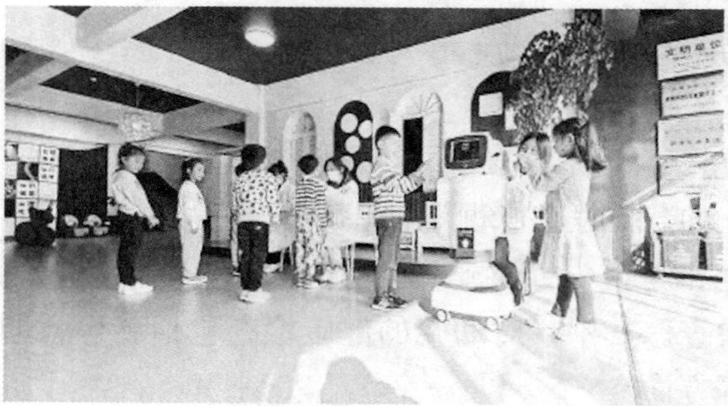

智能晨检

幼儿园入园的第一个环节便是晨检。在静安区安庆幼儿园，600 多名幼儿每天清晨入园时都会一一接受智能机器人的辅助晨检。幼儿挨个通过，依次入园，每名幼儿大约耗时几十秒。传统的晨检由保健教师“一摸、二看、三问、四查”，如今变成机器人辅助智能晨检，可以做到少接触甚至无接触，让晨检变得更便捷、高效。

在园一日活动中，幼儿佩戴运动手环。运动手环可以在奔跑、蹦跳等各种活动中自动测量幼儿的心率、血压、血氧、运动量以及消耗的卡路里等数据，记录幼儿的运动轨迹，实时预警各类异常数据，提醒有需要的幼儿休息。

资料来源：许沁．机器人辅助入园晨检 感应器提示幼儿坐姿．解放日报，2021-01-12.

4．工作人员健康检查

（1）上岗前健康检查。

幼儿园工作人员上岗前必须按照《托儿所幼儿园卫生保健管理办法》的规定，经县级以上人民政府卫生行政部门指定的医疗卫生机构进行健康检查，取得《托幼机构工作人员健康合格证》后方可上岗。精神病患者、有精神病史者不得在托幼机构工作。

（2）定期健康检查。

幼儿园在岗工作人员必须按照《托儿所幼儿园卫生保健管理办法》规定的项目每年进行 1 次健康检查。如体检过程中发现异常者，由体检的医疗卫生机构通知异常者到相关科室进行复查和确诊，幼儿园应追访诊治结果。

如在在岗工作人员中发现有患有精神病者，应当立即将其调离托幼机构。

凡患有下列症状或疾病者须离岗，治愈后须持县级以上人民政府卫生行政部门指定的医疗卫生机构出具的诊断证明，并取得“托幼机构工作人员健康合格证”后，方可回园工作。

（a）发热、腹泻等症状；

（b）流感、活动性肺结核等呼吸道传染性疾病；

（c）痢疾、伤寒、甲型病毒性肝炎、戊型病毒性肝炎等消化道传染性疾病；

（d）淋病、梅毒、滴虫性阴道炎、化脓性或者渗出性皮肤病等。

（四）传染病预防与控制制度

（1）幼儿园应督促家长按免疫程序和要求完成幼儿预防接种，配合疾病预防控制机构做好幼儿园幼儿常规接种、群体性接种或应急接种工作。

（2）幼儿园应当建立传染病管理制度。在发现传染病疫情或疑似病例后，应当立即向属地疾病预防控制机构报告。

（3）班级教师每日登记本班幼儿的出勤情况。对因病缺勤的幼儿，应当了解幼儿的患病情况和可能的原因。对疑似患传染病的，要及时报告给幼儿园疫情报告人。幼儿园疫情报告人在接到报告后，应当及时追查幼儿的患病情况和可能的病因，以做到对传染病人的早发现。

（4）当幼儿园内发现疑似传染病例时，应当及时设立临时隔离室，对患儿采取有效的隔离控制措施。临时隔离室内部环境、物品应当便于实施随时性消毒与终末消毒，以控制传染病在园内暴发和续发。

（5）幼儿园应当配合当地疾病预防控制机构对被传染病病原体污染（或怀疑污染）的

物品和环境实施随时性消毒与终末消毒。

(6) 发生传染病期间，幼儿园应当加强晨检和全日健康观察，并采取必要的预防措施，保护易感幼儿。对发生传染病的班级按要求进行医学观察，医学观察期间将该班与其他班相对隔离，不办理入园和转园手续。

(7) 卫生保健人员应当定期对幼儿及其家长开展有关预防接种和传染病防治知识的健康教育，提高其防护意识和能力。在传染病流行期间，须加强对家长的宣传工作。

(8) 患传染病的幼儿隔离期满后，凭医疗卫生机构出具的痊愈证明方可返园。根据需要，来自疫区或有传染病接触史的幼儿，检疫期过后方可入园。

托幼机构新冠肺炎疫情防控技术方案（第四版）

为科学指导托幼机构做好秋季学期新冠肺炎疫情防控工作，根据当前全国疫情防控形势和秋季学校传染病防控特点，国家卫健委办公厅和教育部办公厅在前期技术方案基础上，组织制定了《托幼机构新冠肺炎疫情防控技术方案（第四版）》。其中，托幼机构开园之后的管理要求如下：

(1) 重视入园排查。动态精准掌握教职员工和幼儿健康状况，做好健康观察。教职员工和幼儿每天在入园处须测体温，无发热、干咳、咽痛、流涕、腹泻、乏力、嗅（味）觉减退、肌肉酸痛等症状方可入园，出现上述症状者，应及时就医。家长接送幼儿严格按照托幼机构接送时间安排错时出行，防止出现托幼机构周围交通拥堵和园门口人群聚集。按园门口设置的1米线间隔有序出入园区，配备工作人员进行人流疏导。家长接送幼儿不入园，全程佩戴口罩、保持社交距离。

(2) 加强园门管理。托幼机构实行园内相对封闭管理，无关人员一律不准进园。在入园处对外来人员进行体温检测、查验健康码和行程码，做好登记、扫码，并佩戴口罩入内。如出现发热、干咳、咽痛、流涕、腹泻、乏力、嗅（味）觉减退、肌肉酸痛等症状，不能入园，应及时就医。

(3) 做好监测预警。严格落实幼儿早、中、晚“一日三报告”制度和点名制度，实行“日报告”“零报告”制度。做好缺勤、早退、病假记录，发现因病缺勤的教职员工和幼儿需及时追访、登记和上报。进行晨午检时，工作人员应当佩戴口罩、帽子和一次性手套，并做好手卫生。

(4) 加强场所管理。加强活动室、睡眠室、盥洗室、食堂、办公室、医务室、卫生间等重点场所的管理和消毒，定时通风换气，定期对空调通风系统进行清洗消毒，增加水龙头、门把手、楼梯扶手、床围栏、玩具、娱乐设施、儿童个人用品等高频接触物体表面的清洁消毒频次。做好垃圾分类收集、及时清运，并做好垃圾盛装容器的清洁消毒。门卫室设置快递专用区域，进行外包装消毒，快递人员不入园。

(5) 加强活动管理。教师、保育员等要相对固定，减少在不同群体间流动重叠。要根据疫情形势、国家和属地疫情防控政策，从严控制开展儿童聚集性活动，不组织大型聚集性活动。

(6) 确保幼儿膳食营养卫生。依据幼儿生长发育特点，每日提供充足的新鲜果蔬和奶制品，适量的鱼、禽、肉、蛋类食物，保证食物种类多样。严控进货渠道，食品等原料从正规渠道采购，保证来源可追溯。加强饮食饮水卫生管理，严把食品质量关，严格执行食品进货查验记录制度。

（7）开展健康教育。通过多种形式面向教职员工、家长和幼儿开展新冠肺炎和秋冬季传染病（如诺如病毒感染性腹泻、肺结核、流感、麻疹、水痘、腮腺炎、手足口病、细菌性痢疾等）预防知识的宣传教育。教会幼儿正确的洗手方法，打喷嚏和咳嗽时用纸巾或肘臂遮挡口鼻，培养幼儿养成良好卫生习惯。

（8）做好疫苗接种查验补漏工作。配合相关部门逐一查验幼儿国家免疫规划疫苗接种情况，发现漏种，及时告知补种。

资料来源：高等学校、中小学校和托幼机构新冠肺炎疫情防控技术方案（第四版）. 中华人民共和国教育部网站，2021-08-24.

（五）常见病预防与管理制度

（1）幼儿园应当通过健康教育让幼儿了解卫生知识，培养幼儿良好的卫生习惯；提供合理平衡的膳食；加强体格锻炼，增强幼儿的体质，提高幼儿对疾病的抵抗能力。

（2）定期开展幼儿眼、耳、口腔保健，如发现视力异常、听力异常、龋齿等问题进行登记管理，并督促家长及时带异常幼儿到医疗卫生机构进行诊断及矫治。

（3）对患贫血、营养不良、肥胖等营养性疾病的幼儿进行登记管理，对中重度贫血和营养不良幼儿进行专案管理，督促家长及时带患病幼儿进行治疗和复诊。

（4）对患先天性心脏病、哮喘、癫痫等疾病的幼儿，及对有药物过敏史或食物过敏史的幼儿进行登记，加强日常健康观察和保育护理工作。

建立特殊体质幼儿健康档案

幼儿卫生保健工作是幼儿园工作中的重要内容，而对特殊体质幼儿的卫生保健工作进行管理更是重中之重。

所谓“特殊体质”，是指幼儿体质状况不同于其他幼儿，有先天性心脏病、癫痫、伤残及其他严重疾病。这些幼儿在有诱因的情况下极易发病，且发病具有不可预测性和突发性的特点。幼儿因年龄小，不能像成人一样进行自我预防，一旦发病，也不能准确表达自己的感受和诉求，加之此类病症的特殊性，这些都给幼儿园卫生保健工作管理带来诸多困难。

为了切实保障幼儿的身体健康，让特殊体质幼儿能够正常、公平地接受优质的教育，达到幼有所育的目的，幼儿园应做好安全工作，对特殊体质幼儿进行集中专案管理，其中很重要的一点便是建立特殊体质幼儿健康档案。

（1）保健医生汇总特殊体质新生信息，建立特殊体质幼儿专项档案。档案包括幼儿发病史（发病时间、发病诱因、发病周期、发病时的症状、预防措施、应对策略等）、幼儿就诊时的病历及诊断治疗建议书复印件、幼儿入园健康承诺书、新生家访记录表、特殊体质幼儿家长约谈记录、特殊体质幼儿告知书等内容。

（2）制作特殊体质幼儿状况温馨提示卡，提醒班级教师。例如，通过温馨提示卡，教师可以掌握幼儿忌食的食物，以免幼儿误食发生危险；针对有高热惊厥史的幼儿，教师可以加强观察和午休巡查，以免发生意外；针对患先天性心脏病的幼儿，在开展阳光体育运动时，教师可以有针对性地引导该幼儿控制运动量；等等。

资料来源：柴霞．幼儿园卫生保健工作：特殊体质幼儿专案管理．山西教育（幼教），2020（5）：20-21.

（5）重视幼儿心理行为保健，开展幼儿心理卫生知识的宣传教育。如发现有心理行为问题的幼儿，幼儿园应及时告知家长，请家长带幼儿到医疗保健机构进行诊疗。

（六）常规卫生与消毒制度

1．环境卫生

（1）幼儿园应当建立室内外环境卫生清扫和检查制度，安排工作人员定时定点进行打扫和检查，为幼儿提供整洁、安全、舒适的环境。

（2）保持室内空气清新、阳光充足。采取湿式清扫方式清洁地面。厕所做到清洁通风、无异味，每日定时打扫，保持地面干燥。便器每次用后及时清洗干净。

（3）卫生洁具各班专用专放并进行标记。抹布用后及时清洗干净，晾干后存放；拖布清洗后应当晾晒或控干水分后存放。

（4）枕席、凉席每日用温水擦拭，被褥每月曝晒 1～2 次，床上用品每月清洗 1～2 次。

（5）保持玩具、图书表面的卫生清洁，每周至少进行 1 次玩具清洗，每 2 周对图书翻晒 1 次。

（6）室内应当有防蚊、蝇、鼠、虫设备及防暑和防寒设备，并将其放置在幼儿接触不到的地方。集中消毒应在幼儿离园后进行。

2．个人卫生

（1）幼儿日常生活用品专人专用，每人每日 1 巾 1 杯专用，每人 1 床位 1 被，保持清洁。

（2）培养幼儿良好的卫生习惯。饭前便后应当用肥皂、流动水洗手，早晚洗脸、刷牙，饭后漱口，做到勤洗头、勤洗澡、勤换衣、勤剪指甲，保持服装整洁。

（3）工作人员应当保持仪表整洁，注意个人卫生。饭前便后和护理幼儿前应用肥皂、流动水洗手；上班时不戴戒指，不留长指甲；不在园内吸烟。

3．预防性消毒

（1）幼儿活动室、卧室应当经常开窗通风，保持室内空气清新。每日至少开窗通风 2 次，每次至少 10 分钟。在不适宜开窗通风时，每日应当采取其他方法对室内空气消毒 2 次。

（2）餐桌每餐使用前消毒。水杯每日清洗消毒，当用水杯喝豆浆、牛奶等易附着于杯壁的饮品后，应当及时清洗消毒。反复使用的餐巾每次使用后消毒。擦手毛巾每日消毒 1 次。

（3）门把手、水龙头、床围栏等幼儿易触摸的物体表面每日消毒 1 次。坐便器每次使用后及时冲洗，对接触皮肤的地方及时消毒。

（4）使用符合国家标准或规定的消毒器械和消毒剂。环境和物品的预防性消毒方法应当符合要求。

（七）膳食管理制度

1．膳食管理

（1）托幼机构食堂应当按照《中华人民共和国食品安全法》《中华人民共和国食品安

全法实施条例》以及有关法律法规的要求，取得“餐饮服务许可证”，建立健全各项食品安全管理制度。

（2）托幼机构应当为幼儿提供符合国家《生活饮用水卫生标准》的生活饮用水，保证幼儿按需饮水。

（3）幼儿膳食应当专人负责，建立有家长代表参加的膳食委员会并定期召开会议，进行民主管理。将工作人员与幼儿的膳食严格分开，幼儿膳食费专款专用，账目每月公布。

（4）幼儿园应建立食品采购和验收记录，在具有“食品生产许可证”或“食品流通许可证”的单位采购食品，食品进货前必须查验并索票索证。

（5）食品加工用具必须生熟标识明确、分开使用、定位存放。餐饮具、熟食盛器应在食堂或清洗消毒间集中清洗消毒，消毒后保洁存放。库存食品应当分类、注有标识、注明保质期、定位储藏。

（6）禁止加工变质、有毒、不洁、超过保质期的食物，不得制作和提供冷荤凉菜。留样食品应当按品种分别盛放于清洗消毒后的密闭专用容器内，在冷藏条件下存放 48 小时以上；每样品种留存不少于 125 克以满足检验需要，并做好记录①。

（7）进餐环境应当卫生、整洁、舒适。餐前做好充分准备，按时进餐，保证幼儿情绪愉快，培养幼儿良好的饮食行为和卫生习惯。

2. 膳食营养

（1）幼儿园应当根据幼儿的生理需求，以《中国学龄儿童膳食指南（2016）》② 为指导，参考中国居民膳食营养素参考摄入量（DRIs）和各类食物每日参考摄入量，制订幼儿膳食计划。

（2）根据膳食计划制订带量食谱，1～2 周更换 1 次，确保食物品种多样化且搭配合理。

（3）烹调食物注意色、香、味、形，提高幼儿的进食意愿。在烹调方式上，宜采用蒸、煮、炖、煨等烹调方式，尽量少用油炸、烤、煎等方式。在为学龄前幼儿烹调加工食物时，应尽可能保持食物的原汁原味，让幼儿品尝和接纳各种食物的自然味道。口味要尽量清淡，不应过咸、油腻和辛辣，尽可能少用或不用味精或鸡精、色素、糖精等调味品，可选天然、新鲜香料（如葱、蒜、洋葱、柠檬、醋、香草等）和新鲜蔬果汁（如番茄汁、南瓜汁、菠菜汁等）进行调味。每人每次正餐烹调油用量不多于 2 茶匙（10ml）。

（4）每天饮奶，足量饮水，正确选择零食。幼儿摄入充足的钙对增加骨量、促进骨骼生长发育、预防成年后骨质疏松有重要意义。对于快速生长发育的幼儿，应鼓励多饮奶，建议每天饮奶 300～400ml 或食用相当量的奶制品。幼儿新陈代谢旺盛，活动量大，水分需要量相对较大，每天所需总水量为 1 300～1 600ml。除奶类和从其他食物中摄入的水分外，建议学龄前幼儿每天饮水 600～800ml，以白开水为主，少量多次饮用。零食对幼儿而言也是必要的，对补充所需营养有很大的帮助。零食应尽可能与加餐相结合，以不影响正餐为前提，多选用营养密度高的食物如乳制品、水果、蛋类及坚果类等，不宜选用能量密度高的食物如油炸食品、膨化食品。

---

① 学校食品安全与营养健康管理规定．中华人民共和国教育部网站，2019-03-11.

② 中国营养学会．中国学龄儿童膳食指南（2016）．北京：人民卫生出版社，2016.

(5) 幼儿园应至少每季度进行 1 次膳食调查和营养评估。在幼儿热量和蛋白质平均摄入量方面，全日制托幼机构应当达到 DRIs 的 80%以上，寄宿制托幼机构应当达到 DRIs 的 90%以上。维生素 A、B_1、B_2、C 及矿物质钙、铁、锌等的平均摄入量应当达到 DRIs 的 80%以上。三大营养素热量占总热量的百分比分别是蛋白质 12%～15%，脂肪 30%～35%，碳水化合物 50%～60%。每日早餐、午餐、晚餐的热量分配比例分别为 30%、40%和 30%。优质蛋白质占蛋白质总量的 50%以上。

(6) 有条件的幼儿园可为贫血、营养不良、食物过敏幼儿提供特殊膳食。

图 6－1 展示了中国学龄前儿童平衡膳食宝塔，可供幼儿园参考。

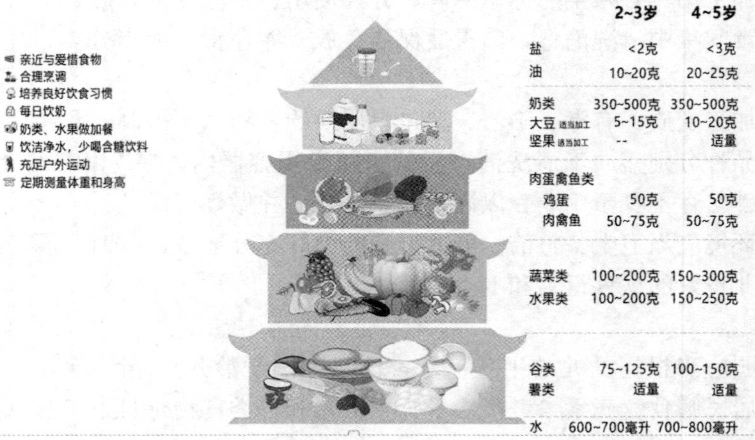

图 6－1　中国学龄前儿童平衡膳食宝塔

资料来源：中国营养学会妇幼营养分会. 妇幼人群平衡膳食指南/喂养指南关键推荐示意图下载. [2021-08-24] http://www.mcnutri.cn/Dietary/911800203.html.

(八) 信息登记制度

(1) 幼儿园应当建立健康档案，包括托幼机构工作人员健康合格证、儿童入园健康检查表、儿童保健手册、儿童转园健康证明等。

(2) 幼儿园应当对卫生保健工作进行记录，内容包括出勤、晨检及全日健康观察、膳食管理、卫生消毒、营养性疾病、常见病、传染病、伤害和健康教育等。

(3) 工作记录和健康档案应当真实、完整、字迹清晰，并及时归档，至少保存 3 年。

(4) 定期对幼儿的出勤、健康检查、膳食营养、常见病和传染病等情况进行统计分析，掌握幼儿健康及营养状况。

(5) 有条件的幼儿园可应用计算机软件对幼儿体格发育评价、膳食营养评估等卫生保健工作进行管理。

五、加强家园共育

幼儿园卫生保健工作的顺利开展离不开家长的理解与支持。在信息化、智能化时代，除了传统的宣传栏，幼儿园还可以通过微信群、专门的信息平台等途径向家长宣传卫生保健常识、传染病防治方法、幼儿患传染病后的隔离时间及康复后回园需要办理的手续和提供的材料等，提高家长参与卫生保健工作的便捷度。此外，幼儿园应加强与家长的沟通交流，提高家园共育的有效性，避免发生误会，共同致力于幼儿的健康成长。

“幼儿园被家长投诉了”

某幼儿园被家长投诉了。投诉的主要内容是：该幼儿园某班A幼儿因患传染病在家隔离养病，患儿康复后，家长带着省儿童保健医院的康复证明想送孩子回园。但是，幼儿园的保健室却说家长要去社区卫生服务中心开具复课证明才可以送孩子回园。家长因此多跑了一趟，想不明白为什么在有省儿童保健医院的康复证明的情况下还需要社区卫生服务中心的相关证明，就打了“12345市民服务热线”投诉。教育局相关工作人员就幼儿患传染病康复后为何要去社区卫生服务中心开具复课证明才可以回园向家长做了解释，家长表示了理解。

在这一投诉事件解决之后，该园园长召集相关人员对卫生保健工作进行了反思，总结了需要改进的地方：第一，幼儿园管理层虽然经常提醒教师及时将相关要求和注意事项告知患传染病隔离在家的幼儿家长，但是从来没有给教师提供过规范的文本或范例，因此教师在传达过程中容易出现偏差。第二，换位思考。幼儿身患传染病被隔离在家，家长连日照顾孩子比较辛苦，容易积累负面情绪。待孩子康复回园时，如果家长还遇到不顺心的事情，其负面情绪就容易爆发，所以应理解那位家长。第三，在卫生保健工作方面，需要提升家园沟通的质量。

经反思和调整之后，该园保健室编写了一份《幼儿常见传染病护理告家长书》。这份文件包含三部分内容：（1）幼儿常见传染病相关常识；（2）家长如何护理患儿的温馨提示；（3）告知家长该传染病的隔离时间及康复后回园需要办理的手续和提供的材料。日后一旦有幼儿患上传染病需要隔离，就由教师将这份文件转发给幼儿家长。

资料来源：郑秀凤.“幼儿园被家长投诉了”. 幼儿教育，2019（7）：48-49.

思考与练习

1. 幼儿园卫生保健工作管理的目标是什么？
2. 幼儿园卫生保健工作管理包含哪些主要内容？
3. 幼儿园如何进行卫生保健工作管理？

推荐资源

1. 中国营养学会. 中国学龄儿童膳食指南（2016）. 北京：人民卫生出版社，2016.
2. 柴霞. 幼儿园卫生保健工作：特殊体质幼儿专案管理. 山西教育（幼教），2020（5）.

第七章

幼儿园总务后勤工作管理

目标指引

1. 了解幼儿园总务后勤工作的意义、特点；
2. 理解幼儿园总务后勤工作管理的要求；
3. 明确幼儿园总务后勤工作管理的内容；
4. 熟悉幼儿园总务后勤工作管理的具体方法；
5. 树立幼儿园总务后勤工作管理为保教工作、幼儿和教师服务的观念。

内容结构

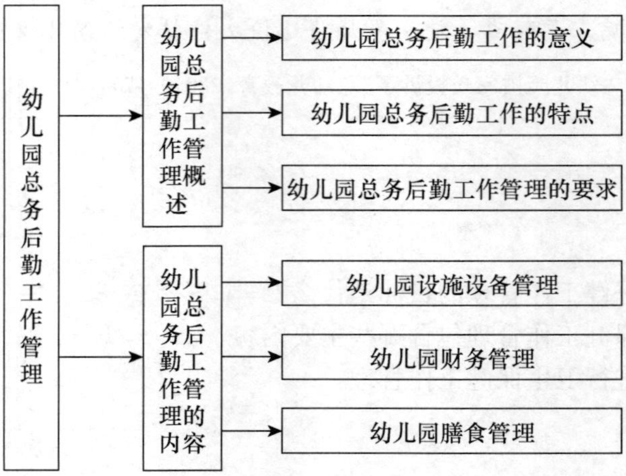

案例导引

在新学期即将来临之际，某幼儿园计划扩招三个班。为保障幼儿的日常生活，管理后勤的王园长安排购买了100套新的不锈钢餐具。不久，根据上级要求，全园开展了一次仓库清理工作，发现仓库里还存有120套同样款式的新餐具，因久未清查，它们被遗忘在仓库的角落。此外，新增报名人数仅达到幼儿园预期的一半，而仓库里的餐具本就足够新增幼儿使用。如此一来，新买的100套餐具便暂时派不上用场，只有和那些被遗忘的餐具一起在仓库角落里落灰了。

幼儿园计划扩招，为了给新班幼儿准备餐具，具体负责此事的王园长迅速购置了新餐具，似乎完成了这个任务。然而，遗憾的是，这些餐具终究没能派上用场。那么问题究竟出在哪里呢？幼儿园的总务后勤工作能从经济和物质上为保教工作的顺利开展提供保障，是办好幼儿园的必要条件。下面我们一起来看看如何进行幼儿园总务后勤工作管理。

第一节 幼儿园总务后勤工作管理概述

总务后勤工作是一个组织中必不可少的物质保障工作，基于幼儿园的特殊性，幼儿园总务后勤工作有其独特的意义、特点和管理要求。

一、幼儿园总务后勤工作的意义

（一）园所管理的诸要素均需通过总务后勤工作体现

幼儿园管理的多个基本要素——人、财、物、事等，都是通过总务后勤工作体现的。大到幼儿园的整体规划、经费预算、基建维修、大型设备购置与维护，小到一支笔、一张纸的供给，都需要总务后勤工作的计划和支持。

（二）总务后勤工作质量直接影响幼儿园的保教工作

总务后勤工作涉及面广、事杂，包括幼儿膳食的提供、幼儿园物质生活资料的供应、基建维修、美化园所环境等等。这些工作的质量，直接影响幼儿园的保教质量。缺少有力的后勤支援与保障，保教工作将难以顺利进行。

（三）总务后勤工作关系到能否调动教职工的积极性

总务后勤工作是一项服务性的工作，不仅要为幼儿服务，还担负着为教职工工作、生活服务的任务。总务后勤工作不仅保障教职工的生活福利，解除其后顾之忧，还有助于调动教职工的积极性，使其以更大热情投入一线工作。

二、幼儿园总务后勤工作的特点

（一）服务性

总务后勤工作是一项服务性工作，应当紧紧围绕保教工作的目标，为保教工作的顺利开展提供各种必要的设施设备和物质材料等。其服务的主要对象是幼儿，表现在为幼儿提供安全舒适的生活及学习环境、适宜的玩教具、合理的膳食等。同时，总务后勤工作还要为教职工的工作和生活服务，为其提供便利条件，解除其工作和生活的后顾之忧。

（二）先行性

总务后勤工作的服务性决定了它的先行性。就像军队后勤工作一样，所谓“兵马未动，粮草先行”。在幼儿园每学期的保教工作开始前，总务后勤部门应做好相应的准备，只有物资保障先行一步，才能使保教工作按时顺利开展。

（三）全局性

总务后勤工作是影响全局的工作，它事无巨细，涉及幼儿园的方方面面，关系到幼儿园各个部门及教职工、学生的工作、学习和生活。因此，总务后勤工作应当服从幼儿园的整体工作目标，在全面了解各个部门、各类人员的工作安排及需求的基础上，妥善处理好部门工作与幼儿园总体工作之间的关系，全面协调，尽力满足，保证各项工作的顺利进行。

（四）政策性

总务后勤工作涉及众多国家政策，政策性较强，如财务、基建、贸易工商、职工福利待遇等均涉及国家有关政策法规。总务后勤工作人员应当认真学习相关法律法规，依法按章办事，杜绝违法乱纪行为的发生。

（五）阶段性

总务后勤工作具有阶段性。在开学前，总务后勤部门需要为各部门、各班级配备好必需的生活和教学设施设备及日常消耗品。在学期中，随着各项工作开展过程中物资的消耗，总务后勤部门需要及时补充，动态调整。此外，随着季节的变化，幼儿园的总务后勤工作也有变化，如夏天要避暑、冬天要供暖等。

新学期开学在即，为了给幼儿营造一个温馨舒适、干净整洁的学习与生活环境，某幼儿园总务后勤部门精心谋划，提早动手，五措并举，为新学期幼儿园保教工作的顺利开展奠定基础。

一是维修改造基础设施。暑期实施完成一批维修改造项目，新建幼儿绘本馆、职业体验馆和职工活动室，在室内安装空气净化器，为应对污染天气做足准备。

二是提前开展卫生清洁和消毒。对户外活动环境、活动室、午睡房、厨房餐具、会议室、办公室等全园的角角落落进行全面的清洁及消毒。

三是保障物资使用。采购幼儿玩教具、生活用品、卫生用品、药品、第一周食材等物品。

四是开展综合大检查。为了确保各项设施安全正常使用，对幼儿园的基础设施设备、围墙、建筑外墙面、屋顶、用电线路、排水管道、户外大型玩具、厨房灶具等进行综合大检查。

五是加强总务后勤队伍建设。组织后勤培训活动，明确工作职责，加强思想教育，促使整个队伍新学期继续以饱满的精神状态为保教工作、幼儿和教师服务。

三、幼儿园总务后勤工作的管理要求

幼儿园总务后勤工作涉及面广、事杂，任何一个工作环节出了漏洞，都可能会影响保教工作的正常进行。为了更好地服务师生，总务后勤工作的管理必须坚持以下要求：

（一）幼儿园总务后勤工作管理的指导思想

1. 树立为保教工作服务的观念

由于幼儿园的中心任务是保教工作，因此幼儿园总务后勤工作的管理要树立为保教工作服务的观念，为保教工作创造良好的环境，提供必要的物质条件，并主动配合保教工作的开展。保教工作是总务后勤工作决策和开展时的根本出发点，如果离开这个出发点，就会造成工作上的失职。

2. 树立为幼儿和教职工生活服务的观念

幼儿园总务后勤工作的管理要树立为幼儿和教职工生活服务的观念，安排与幼儿生活密切相关的各项工作，使幼儿感到舒适快乐。同时，总务后勤工作要关心教职工的生活，搞好幼儿园的福利待遇。

3. 坚持勤俭办园的方针

勤俭节约、艰苦奋斗是我国的传统美德。幼儿园总务后勤工作管理也要注意节约开支、积累资金，在节流的同时还要想办法开源，弥补教育经费的不足。要认识到园所经费及物质条件有限的现实，坚持少花钱多办事，使有限的财物发挥更大的效益。

4. 坚持公开透明的作风

幼儿园总务后勤工作的管理涉及对内、对外的关系，应坚持公开透明的作风，保持通畅的信息沟通渠道。幼儿园应公开经费收支和采购验收等内容，积极接受监督。此外，幼儿园对于总务后勤工作还应坚持意见公开，尊重教职工的意见，积极征求家长和社会的意见、建议。

（二）幼儿园总务后勤工作的管理措施

1. 严管总务后勤队伍

幼儿园总务后勤队伍包括保洁、厨师、财会职工、保健职工等人员。严管总务后勤队伍要求首先针对总务工作人员的情况，加强思想教育，明确工作意义，强调三服务思想——为保教工作、幼儿和教师服务。其次，要不断提高总务工作人员的基本功，可采取外出培训、观摩学习、参加技能大赛等方式，指导其边干边学边提高。最后，应建立岗位责任制，明确各岗位的工作职责，使各岗位合理分工，互相协作。

幼儿园厨艺大赛

某幼儿园为了提高炊事人员的业务水平，组织举行了幼儿园厨艺大赛。比赛分为三项：刀工比拼、厨艺比拼和面点制作比拼。比赛现场还邀请了大班幼儿代表担任“美食鉴定员”，请他们为自己喜爱的食物投上宝贵的一票。比赛结束，评委们结合炊事人员刀工的熟练度、菜肴的营养水平及幼儿的喜爱度等方面进行了综合打分，评选出了一、二、三等奖。活动结束后，参赛人员纷纷表示，活动为厨艺交流提供了平台，激发了膳食工作的积极性和创造性。

2. 加强计划管理

幼儿园总务后勤工作具有全局性，关系到全园各项工作的开展。园长要同总务工作人员讨论幼儿园规划，进行周密的计划，同时制定执行进度方案和方法，使各项复杂工作均能有条不紊地进行，保证整个幼儿园的正常运转。

3. 建立健全总务后勤工作的各项制度

规章制度是总务后勤工作管理的依据。园所应依据国家的相关政策法规，明确具体的工作制度，确立各类人员责任制，建立严格的工作流程，明晰总务工作各个部门之间的关系，形成合理的制约关系与工作程序。

第二节 幼儿园总务后勤工作管理的内容

一、幼儿园设施设备管理

幼儿园设施设备管理指幼儿园对各种物质条件的管理，包括园舍、环境、玩教具、档案及其他物品，对物质条件的管理是总务后勤工作管理中一项基础且重要的内容。

（一）幼儿园园舍管理

1. 园舍建设

（1）幼儿园的选址。

幼儿园要根据国家对托幼机构建筑设计的相关规定，综合考虑人口、环境、交通等多种因素慎重选择位置。幼儿园应建在清洁、安全、安静、无污染的地区，远离工厂区，最好设在居民区附近。园舍地基应选择地势平坦、场地干燥坚实、易于排水的地段。

电镀厂旁的幼儿园

某幼儿家长在论坛发帖投诉，称幼儿园与电镀厂仅一墙之隔，200 多个孩子每天都闻着毒气上学，不少孩子反复咳嗽，或与吸入毒气有关。经有关部门调查，该幼儿园办于 1996 年，2008 年幼儿园通过司法拍卖，取得了电镀厂附近一家服装厂的使用权。幼儿园在搬迁后地址变更，但是未向教育行政部门汇报就进行装修，之后便开始了教学工作。幼儿园虽在搬迁后取得了卫生部门颁发的许可证，但因建在工业园区内，选址不合理，没有经过环境审批，未能取得消防部门和环保部门的许可证，所以一直未能取得教育局颁发的办园许可证。事后，教育局下发通知，责令该幼儿园无期限停课整改，直到获得消防部门和环保部门的许可证后才允许复课。

资料来源：浙江在线. 200 多孩子在重污染工业园区上学 幼儿园被责令停课整改.（2013-11-23）[2021-08-02]. https://zjnews.zjol.com.cn/system/2013/11/23/019721098.shtml.

（2）幼儿园的建筑造型与风格。

幼儿园的建筑设计要与幼儿的认知能力、行为发展相适应，与现代教育理论有机结合（见图 7-1）。幼儿园的建筑造型设计应符合公共建筑造型的共同规律及幼儿园建筑自身特有的环境特征和空间特征。幼儿园的建筑不宜太高，以三层及以下为宜，以保证幼儿上下楼活动的安全。建筑风格应活泼多样，色彩应清新明快，并应具有良好的通风和照明采光效果。

（3）园舍的安排和使用。

幼儿园园舍的安排和使用一般可分为三类。第一，幼儿学习生活用房。有条件的幼儿

图 7-1 幼儿园建筑造型与风格

园应为每班配备活动室、睡眠室、专用厕所和盥洗场所，并配备公用的音乐教室、图书室等功能教室。第二，办公服务用房。主要包括教职工办公室、会议室、值班室、医务室和教职工卫生间等。第三，后勤供应用房。包括厨房、消毒室、开水室及库房等。

《托儿所、幼儿园建筑设计规范》等相关政策文件对上述幼儿园用房的设计规格和质量做出了明确具体的规定。在实际布局时，应将重点放在幼儿学习生活用房上，设计功能齐全、布局合理的幼儿园园舍，保证房屋的通风、采暖和照明条件。

（4）户外场地的区域安排。

为保障幼儿有足够的活动场地，幼儿园的户外活动场地面积不得低于人均 2 平方米，以人均 3 平方米为宜。在划分户外活动场地区域时，要注意运动区、器械区、种植区、饲养区、沙水区等各个区域的科学规划、合理布局。为保护幼儿，幼儿园的户外活动场地应以软场地为主。为满足幼儿的发展需要，也可以与自然土质地面、人造沙质地面（见图 7-2）、自然草坪等多种地面相结合。

图 7-2 幼儿园户外沙池

2. 场地维护保养

对房屋、场地等建筑进行必要的维护保养，可以延长其使用寿命，确保其使用安全。幼儿园应定期检查房屋的房顶、墙壁、地面、天花板、门窗及相应的水电、供暖、通风等设施，发现问题及时修缮。此外，幼儿园还应建立相关的制度，做好预算计划，对园舍实行定期的全面整修，保持房屋及配套设备的完好。

3. 环境管理

（1）环境净化。

环境净化指保持园舍干净、整洁。对户外场地，幼儿园要及时清除污物，检查树木掉落的残枝枯叶，清理自然环境中的虫害，等等。而室内环境的清洁卫生主要由各班保育员负责，应坚持每天清洁。

（2）环境绿化。

环境绿化可以减少尘埃，降低噪声，也有利于改善局部气候。幼儿园的绿化用地包括草坪、树木等。一般来说，绿化面积（包括垂直绿化）占户外幼儿活动场地面积的50%左右，幼儿人均绿化面积为1～1.5平方米。幼儿园可以栽种一些树冠较大、易成活的树木或无刺的藤类攀缘植物，来扩大绿化面积。幼儿园在规划绿化时，应了解园内有多少种树木和花草，最好能保证幼儿园四季有绿色，真正做到春有花、夏有荫、秋有果、冬有绿。

（3）环境美化。

环境美化指幼儿园在布置和装饰环境时，按照对称、均衡、和谐等规律，让幼儿感受到美的熏陶。

荒芜的沙池

虽然幼儿园的户外场地有限，但是园方还是专门开辟了一个玩沙的场地，来满足孩子对原始材料操作的兴趣。一开始，这个沙池确实很吸引人，很多孩子一有时间就争着跑过去玩。但一段时间之后，孩子们就去得少了。幼儿园教师认为孩子们图新鲜，热情过去了，所以就去得少了。可一段时间后，一位家长向园长反映："你们的沙池怎么回事呀？到处都是'地雷'！你们是怎么管理的？"园长立即跑到这个处在角落里的沙池一看，果然如家长所言，沙池里遍布着小猫的粪便。园方立即清理了沙池，并安排后勤人员每天注意清理。孩子们又喜欢到沙池来玩了。

资料来源：陈群．幼儿园危机管理实务．北京：中国轻工业出版社，2009.

（二）幼儿园一般器具管理

1. 幼儿园玩教具管理

幼儿园各班应配备一定数量和种类的玩教具，具体参考国家和地方的政策要求，并结合幼儿园的实际情况执行。配备幼儿园玩教具应遵循安全性、教育性、科学性、趣味性、多元性的原则。班级里的玩教具应摆放整齐、定期清洗、经常消毒。除了给每班配备玩教具外，有条件的幼儿园还应设玩教具保管室（见图7-3），根据教学需要将不同类型的玩教具编号，分柜陈列。

图 7－3　教具保管室

幼儿园要建立切实可行的玩教具管理制度，如玩教具安全使用制度、玩教具消毒制度、玩教具借用制度、玩教具保管制度等，确保玩教具在幼儿园有效使用。玩教具管理要责任到人，幼儿园保教管理人员负责园内日常特色教室、功能教室玩教具的使用及管理；班级教师、保育员负责班级内玩教具的使用及管理；资产管理人员负责资料室和户外玩具储藏室玩教具的使用及管理；安全管理人员负责户外大型玩具的使用及管理。

臭沙包

晨间活动时，张老师发现萧萧小朋友蹲在沙包边，一个一个地嗅着沙包。难道这沙包有什么特别之处吗？张老师对萧萧提出了疑问。“张老师，我在找不臭的沙包！”萧萧说。张老师拿起几个沙包闻了闻，当下心惊不已：一阵阵或浓或淡的臭味扑鼻而来。张老师将沙包一一拆开，发现许多沙包内的填充物如黄豆、绿豆等，都因放置时间过长，或受热、受潮的缘故而发生霉变，臭味正是从它们那里散发出的。而那些不臭的沙包，仅是沙包内的填充物没有完全变质，尚未发出异味而已。

资料来源：陈群．幼儿园危机管理实务．北京：中国轻工业出版社，2009：24.

2. 幼儿园图书资料管理

幼儿园各班应配备一定数量的图书，摆放在开放书架上，便于幼儿自由选择阅读。此外，有条件的幼儿园应设立图书资料室，并安排专人负责管理，在规定时间内开放，充分发挥图书的作用。图书管理人员要做好书籍的科学管理工作，分类存放图书，摆设整齐有序，使读者一目了然，查阅方便。此外，幼儿园还应执行图书资料借还制度，及时为借阅者办理图书借还手续。

3. 幼儿园档案管理

幼儿园档案管理指幼儿园在各项活动中对有价值的材料进行收集、整理和保管的系列工作。做好档案管理工作有利于幼儿园不断积累优秀的资源和经验，提高办园质量。

（1）档案的收集。

档案的收集指按照档案形成的规律，把分散的材料集中起来。做好档案管理首先应建立健全归档制度，将需要上交的档案材料及时收集到档案室，实行统一管理。在收集材料时，要明确由谁收集、收集什么、上交时间等细节。

（2）档案的整理。

档案的整理指按照一定的原则对档案进行系统分类、组合、排列和编号，使之有序化的过程。收集到的档案资料一般都比较零散，需要档案管理人员进一步将这些资料进行系统化、条理化整理。随着信息技术的发展，越来越多的幼儿园借助信息技术对档案进行分类管理，使档案管理更高效。

（3）档案的保管。

档案的保管指根据档案的成分和状况采取安全防护措施，以最大限度地防止或减少档案的损毁，延长档案的寿命，维护档案的系统性和完整性。幼儿园一般设有专门的档案库房，房间、柜架及搁板从左到右、从上到下依次编排序号，并在此基础上制成库位索引号。此外，幼儿园应保证库房的环境卫生，控制温度和湿度，并建立防火防盗制度，定期检查档案，了解档案保管情况，及时采取有效措施改善保管条件①。

哑巴吃黄连

某幼儿园接受示范园评估。由于园长在介绍家长工作时介绍道，“家园联系密切，合力为幼儿提供了良好的成长环境”，因此评估人员要求查看家长工作档案。但园长却犯了难，原来幼儿园并没有单独整理家长工作档案。幼儿园虽然做了相关工作，但是没有做好档案管理工作，所以无法在评估时拿出必要的佐证材料，这可真是哑巴吃黄连——有苦说不出！

4. 幼儿园其他物品管理

幼儿园后勤管理的物品还包括生活用品、办公用品等。这些物品应在专门的地方存放，由专人负责管理，并建立相应的管理制度。

（1）物品采购制度。

采购员要及时、按时报账，做到日清、周结、月结，账目不积压，确保手续齐全、数额精确、公私分明，不可行贿受贿。

（2）验收制度。

各类物品要凭发票入账，管理人员要核对发票的物品种类、数量等信息，对所购买的物品进行登记。购买物品应有计划性，定时、定量供应，避免一次性购买太多，造成积压。

（3）物品供应制度。

幼儿园应设置领物登记簿。领取者要准确填写物品领取时间、种类、数量和领取者姓

---

① 时松．论幼儿园档案管理的四个基本问题．陕西学前师范学院学报，2014，30（5）：19-22.

名，便于核对物品的供应情况。

二、幼儿园财务管理

在计划经济条件下，幼儿园经费全部由上级行政主管部门拨款，幼儿园的资金管理相对简单。随着市场经济的推进，大中型企业纷纷改制，把许多幼儿园推向了市场，自筹资金对幼儿园来说显得越发重要。这必然会增加幼儿园的经济活动，使得幼儿园的财务管理比以前更复杂，要求园长不仅要懂保教业务，还要了解幼儿园财务管理。

（一）幼儿园财务管理概述

1. 幼儿园财务管理的含义

幼儿园财务管理，是幼儿园对财务活动进行组织、指导、控制、分析和监督的系统管理工作，是幼儿园遵循国家财政法规的要求，依据自身的发展规划，对预算内、外资金的筹措、计划、使用、监督等工作的管理。幼儿园各项资金的安排和使用，直接关系到党和国家有关政策在幼儿园的贯彻执行，关系到幼儿园工作开展的成效。

2. 幼儿园财务管理的目标

幼儿园财务管理的目标是多渠道依法筹集资金，合理编制幼儿园预算，控制和管理预算执行过程；科学配置幼儿园的各种资源，努力节约支出，提高资金的使用效益；加强资产管理，防止资产流失；建立健全财务规章制度，如实反映幼儿园的财务状况，对幼儿园的经济活动进行监督。

3. 幼儿园财务管理的要求

（1）注重对资金使用的计划管理。

幼儿园要每年做好预决算，分析收入与支出的情况，不断总结收支平衡中存在的问题，积极探索幼儿园经费使用的特点，摸索出幼儿园资金分配和运用的规律。幼儿园的财务预算应留有一定的余地，以便解决计划外的特殊需要。

（2）提高经费的使用效益。

教育成本与生产成本不同，是一种软性因素，具有滞后性，不像生产成本那样可以测量。因此，幼儿园进行成本预算时要注意将教育成本纳入其中，在充分利用各种资源的同时，努力降低成本，挖掘教育资源的潜能，使其发挥最大的效能。

（3）处理好开源与节流之间的关系。

在市场经济中，园长不仅要考虑教育教学质量，还要考虑通过多种渠道筹集资金。开源应与节流结合起来，一个不懂得节流的集体不会有更大的发展。同时，如果只知道节流，不善于开源，那么也无法适应市场经济的发展。因此，开源和节流缺一不可，它们是幼儿园财务管理的两大“法宝”。

（二）幼儿园财务管理的主要内容

1. 收入管理

在我国，幼儿园的收入主要包括以下几个方面：

（1）财政性补助收入。

此即幼儿园从财政部门取得的各项事业经费。幼儿园应当按照国家预算支出分类和不同规定，对其进行管理和安排使用。

(2) 上级补助收入。

此即幼儿园从主管部门和上级单位取得的非财政补助收入。

(3) 事业收入或经营收入。

此即幼儿园通过开展教学及其辅助活动依法取得的收入，包括向幼儿家长收取的幼儿入园学习生活所需的一切费用。《幼儿园收费管理暂行办法》指出：学前教育属于非义务教育，幼儿园可向入园幼儿收取保育教育费（简称“保教费”），对在幼儿园住宿的幼儿可以收取住宿费。公办幼儿园的保教费、住宿费收入纳入行政事业性收费管理，民办幼儿园的保教费、住宿费收入纳入经营服务性收费管理。制定或调整公办幼儿园保教费标准，由省级教育行政部门根据当地城乡经济发展水平、办园成本和群众承受能力等实际情况提出意见，经省级价格主管部门、财政部门审核后，三部门共同报省级人民政府审定。民办幼儿园保教费、住宿费标准，由幼儿园按照《中华人民共和国民办教育促进法》及其实施条例规定，根据保育教育和住宿成本合理确定，报当地价格主管部门、教育行政部门备案后执行。

(4) 附属单位上缴收入。

此即幼儿园附属单位独立核算的校办产业和勤工俭学项目按照规定上缴的收入。

(5) 其他收入。

此即上述规定范围以外的各项收入，包括社会捐赠、投资收益、利息收入等。

表 7-1 显示了一项针对不同性质幼儿园的收入结构的调查结果。

表 7-1　不同性质幼儿园的收入结构

幼儿园性质	收入主要来源	所占总体收入的比例（%）
公办幼儿园	财政补助	80.98
民办幼儿园	保教费	95.33
集体办幼儿园	保教费和财政补助	92.13

资料来源：吴雅琴．低成本战略下幼儿园运营成本的实证研究．苏州市职业大学学报，2015，26（4）：40-43.

无论是何种性质、何种规模的幼儿园，都一定要注意符合《幼儿园收费管理暂行办法》等国家政策的要求，按照各地教育行政部门和价格主管部门所核定的收费标准收费，不要因乱收费而给学前教育行业带来不良的社会影响。

普惠性幼儿园不普惠

某幼儿家长向区纪工委监察室反映，辖区一普惠性幼儿园存在违规乱收费的问题，要求每位家长交“学具费”500 多元。经区市场监管局、教育局立案调查，该幼儿园以“学具操作卡费”的名义向 304 名学生的家长违规收取 153 216 元，问题属实。在区纪工委监察室的督促下，区教育局对该幼儿园开展了约谈，要求该幼儿园将违规收取的 15 万余元全部退还给家长，并适时向社会通报该案例。同时，市场监管局依法对该幼儿园进行了行政处罚。该幼儿园承诺今后将严格执行普惠性幼儿园的收费要求，进一步规范办园，并做好对家长的解释工作。

资料来源：幼儿园乱收费 监管责任去了哪. 中央纪委国家监委网站，2021-08-02.

2. 支出管理

支出指幼儿园开展教学及其他活动所发生的各项资金耗费，按支出对象可分为人员经费和公用经费。人员经费包括职工工资、奖金、福利费等；公用经费包括公务费、业务费、培训费、资料费、设备费、基本建设费、修缮费等。表 7-2 显示了某自收自支型公办幼儿园的经费收支情况。

表 7-2 某自收自支型公办幼儿园的经费收支情况 单位：万元

总收入				总支出									差额
合计	预算内财政拨款	预算外		合计	人员支出		社会保障		教师培训	公用支出	教育投入	基建维修	
		学费	其他收入		工资	福利	保险	公积金					
88		84	4	94.2	38.2	5.3	10	0.7	1	15	14	10	3.8

资料来源：张亚军，陈群. 从不同类型幼儿园经费收支状况看城市学前教育的发展. 学前教育研究，2011（1）：34-39.

幼儿园各项工作对资金的需求存在着不平衡，在支配资金时，幼儿园应本着照顾重点、兼顾一般的原则，将有限的资金合理分配，以确保幼儿园的稳步发展。

3. 财务预算与决算

（1）幼儿园教育经费的预算。

为了有效地分配经费，必须把好预算关，做到以下三点：

第一，分清主次，保证重点。将幼儿园的各项工作按照主次顺序排列好，首先保证最重要的事情完成，优先满足保教一线工作的需要。

第二，预算要留足余地，有一定的机动性，以便解决计划外的特殊需要。

第三，要有规范的预算程序，即由财会人员制定、园务会讨论、园长决策，并上报有关部门。

（2）幼儿园教育经费的决算。

教育经费决算是对教育预算执行情况的检查和总结。经费决算可以反映幼儿园的财务状况，便于了解全年经费的使用情况，探索经费使用规律，为下年度预算的制定提供依据与指导。编制经费决算报告要认真执行相关的财务核算办法，严肃财经纪律，遵循真实性、准确性、客观性的原则，做到账实相符、账证相符、账账相符、账表相符。

4. 健全财务制度

财务管理的重要特点是政策性强，且细致烦琐，需要建立一整套关于经费安排、使用及效益评估的规章制度，来保证资金的规范运行。健全的财务制度涉及完整的表册制度、各项经费入账制度、报账制度、财务和出纳制度、财产分类制度等。

幼儿园会计岗位工作职责

职位概要：按照国家会计制度，负责记账、算账、报账，编制预决算及各类会计报表。

1. 主要工作

（1）做好记账、算账、结账、报账工作，做到手续严密、数字准确、账目清楚、日清月结；

（2）负责幼儿园固定资产账，定期清点幼儿园财产，做到账账相符、账物相符；

（3）负责编制预决算和各类财务报表，为幼儿园决策提供准确的财务数据；

（4）按月结算收支单据，及时与出纳核对账目，做到账账相符、账实相符；

（5）按月核算伙食收支情况，定期检查专项经费使用情况，并上报财务主任。

2. 其他工作

（1）保管好会计凭证、账簿、报表等财务资料；

（2）及时了解国家发布的相关制度，接受领导及上级部门的检查。

5. 财务监督

财务监督是贯彻国家财经法规及幼儿园财务规章制度，维护财务纪律的保障。幼儿园必须接受国家有关部门的财务监督，同时建立严密的内部监督制度，加强财务审计监督和财务检查，杜绝挪用公款、假公济私、贪污受贿等违法违纪现象的发生。

幼儿园公款被会计侵吞

袁某是某幼儿园的会计，她利用担任会计的记账、算账、对账和管理财政零余额账户等职务便利，采取重复报账、虚假列支的手段，以支付教材费、职工津贴等名义列支现金，并自行加盖印章。在长达 10 年的任职时间里，其一共侵吞幼儿园公款 57 笔，合计人民币 2 955 148 元。最终法院判决袁某犯贪污罪，判处有期徒刑并处罚金，依法追缴尚未归还的公款。

资料来源：汕头一幼儿园女会计侵吞公款 295 万多元被抓.（2021-07-24）[2021-08-02]. https://baijiahao.baidu.com/s? id=1706132491213527969&wfr=spider&for=pc.

三、幼儿园膳食管理

《纲要》指出，幼儿园应把幼儿的健康放在第一位。如何有效管理幼儿的饮食和营养，促进幼儿的健康成长是当前社会和家长共同关心的重要问题。

（一）食品安全卫生规范

《中华人民共和国食品安全法》《餐饮业和集体用餐配送单位卫生规范》《幼儿园管理条例》《中小学幼儿园安全管理办法》等众多法律法规都强调幼儿园应严格遵守安全标准和卫生操作规范，保障师生的饮食卫生安全。

1. 厨房卫生要求

(1) 选址卫生要求。

厨房应选择地势干燥、有给排水条件和电力供应的地区；同时，要符合规划、环保和消防的有关要求。

(2) 场所布局要求。

幼儿园在厨房的布局上，应严格按照相关文件的要求，将食品处理区合理分为清洁操作区、准清洁操作区、一般操作区等，辅助用房包括更衣室、盥洗室、非食品库房等非食品处理区。

食品处理区应按照原料进入、原料处理、半成品加工、成品供应的流程合理布局，食品加工处理流程宜为生进熟出的单一流向，并应防止在存放、操作中产生交叉污染。成品通道、出口与原料通道、入口，成品通道、出口与使用后的餐用具回收通道、入口，均宜分开设置。食品处理区，应设置专用的粗加工、烹调和餐用具清洗消毒的场所，并应设置原料和（或）半成品贮存、切配及备餐的场所。

《餐饮业和集体用餐配送单位卫生规范》（节选）

食品处理区：指食品的粗加工、切配、烹调和备餐场所、专间、食品库房、餐用具清洗消毒和保洁场所等区域，分为清洁操作区、准清洁操作区、一般操作区。

(1) 清洁操作区：指为防止食品被环境污染，清洁要求较高的操作场所，包括专间、备餐场所。

(2) 准清洁操作区：指清洁要求次于清洁操作区的操作场所，包括烹调场所、餐用具保洁场所。

(3) 一般操作区：指其他处理食品和餐具的场所，包括粗加工操作场所、切配场所、餐用具清洗消毒场所和食品库房。

(3) 设备与工具卫生要求。

所有用于食品处理区及可能接触食品的设备与工具，应用无毒、无臭味或异味、耐腐蚀、不易发霉、符合卫生标准的材料制造。不与食品接触的设备与工具的构造，也应易于保持清洁。设备的摆放位置应便于操作、清洁、维护和减少交叉污染。

2. 加工操作卫生要求

(1) 采购卫生要求。

幼儿园食堂采购食品及原料，应当按照要求查验相关许可文件，并留存加盖公章（或者签字）的复印件或者其他凭证。幼儿园食堂禁止采购、使用过期变质、检疫不合格、不符合食品安全标准的食品及相关产品，如亚硝酸盐（包括亚硝酸钠、亚硝酸钾）等。

误将亚硝酸盐当食盐

某村一民办幼儿园内发生了食物中毒事件，在食堂就餐的90余名幼儿，部分出现了呕吐症状。经调查，该幼儿园负责人白某用自行购买的2两亚硝酸盐（当地村民过年传统方法烹烧猪肉常用的材料，民间俗称火硝)，在幼儿园食堂加工春节自用肉食后，将剩余的不足1两亚硝酸盐留在了幼儿园食堂厨房。因亚硝酸盐与食盐相似，该园的炊事员在烹制大锅菜的过程中，误将亚硝酸盐当作食盐放入了炖菜中，从而导致食源性疾病事件的发生。

资料来源：河北幼儿园误将亚硝酸盐当食盐使用：多名幼儿中毒. 新京报，2018-01-22.

(2) 运输卫生要求。

食品运输工具应当保持清洁，防止食品在运输过程中受到污染。

(3) 贮存卫生要求。

贮存食品的场所、设备应当保持清洁，无霉斑、鼠迹、苍蝇、蟑螂，不得存放有毒、有害物品及个人生活用品。食品应当分类、分架存放，距离墙壁、地面均在10cm以上，并定期检查。食品使用应遵循先进先出的原则，变质和过期食品应及时清除。

幼儿园食品安全事件

某幼儿园家长反映幼儿园食堂存在食品安全问题。事件发生后，政府部门高度重视，成立了专项领导小组，全力推进各项调查处理工作。现场检查发现有2瓶白醋超过保质期，7袋大米生虫，6袋真空包装的香肠内部胀气。执法人员现场对上述产品进行了扣押，并对幼儿园食品库房进行了查封。涉事幼儿园股东、园长已被警方刑事拘留。

资料来源：重磅发布！芜湖某幼儿园食品安全事件细节大公开.（2018-09-24)[2021-07-30]. https://www.sohu.com/a/255810372_205720.

(4) 粗加工及切配卫生要求。

加工前应认真检查待加工食品，发现有腐败变质迹象或者其他感官性状异常的，不得加工和使用。切配好的半成品应避免污染，与原料分开存放，并应根据性质分类存放。切配好的食品应按照加工操作规程，在规定时间内使用。生熟食品的加工工具及容器应分开使用并有明显标志。

(5) 烹调加工卫生要求。

烹调前应认真检查待加工食品，发现有腐败变质迹象或者其他感官性状异常的，不得进行烹调加工，也不得将回收后的食品经烹调加工后再次供应。幼儿园食堂不得制售冷荤类食品、生食类食品、裱花蛋糕，不得加工制作四季豆、鲜黄花菜、野生蘑菇、发芽土豆等高风险食品。

在主副食的选料、洗涤、切配、烹调的过程中，方法应当科学合理，减少营养素的损失，符合幼儿的清淡口味，达到营养膳食的要求。烹调食物应注意色、香、味、形，提高幼儿的进食兴趣。

发芽土豆惹的祸

某幼儿园家长微信群中，不少家长反映自家的孩子近期出现呕吐、腹泻等身体不适症状。事件发生后，当地政府部门领导带领教育部门和食药监局等相关部门人员赶赴现场，组成专项调查处置小组，对幼儿园的后厨食品原材料、加工制作过程、从业人员持证情况进行了摸排，并对该幼儿园进行了立案调查、食品留样检验、查封现场。结果发现，原来厨房阿姨买的土豆太多了，在厨房放了几天之后，土豆长出了小芽。由于不太明显，做菜师傅没有注意到，孩子们吃了发芽的土豆，便导致了食物中毒。

(6) 餐用具卫生要求。

接触直接入口食品的餐具在使用前应洗净并消毒，消毒后贮存在专用保洁柜内备用。

(7) 留样要求。

幼儿园食堂应当对每餐次加工制作的每种食品成品进行留样。每个品种的留样量应当满足检验需要，不得少于 125 克，并记录留样食品名称、留样量、留样时间、留样人员等。留样食品应当由专柜冷藏保存 48 小时以上①。

3. 从业人员卫生要求

(1) 从业人员健康管理。

从业人员应每年至少进行一次健康检查，必要时接受临时检查。新参加或临时参加工作的人员，应经健康检查，取得健康合格证明后方可参加工作。

从业人员有发热、腹泻、皮肤伤口或感染、咽部炎症等有碍食品卫生的病症的，应立即脱离工作岗位，待查明原因、排除有碍食品卫生的病症或治愈后，方可重新上岗。

(2) 从业人员个人卫生。

从业人员应保持良好的个人卫生，操作时应穿戴清洁的工作服、工作帽和口罩，头发不得外露，不得留长指甲、涂指甲油、佩戴饰物。食品处理区内不得出现抽烟、饮食及其他可能污染食品的行为。

食物中毒事件

在某幼儿园中班晚餐集体用餐的 35 名幼儿中，出现恶心、呕吐、腹痛病例 10 例。根据疾控部门的报告，10 名发病幼儿有共同进餐史，均属于同一班级；发病幼儿临床表现基本相同（主要症状为恶心、呕吐、腹痛，个别伴有腹泻），潜伏期较短，病程较短，且人与人之间不传染，发病曲线呈单峰形，基本符合食物中毒的特点。调查发现，该起事件为由金黄色葡萄球菌引起的食物中毒事件，可疑中毒食品为五香焖饭。此次食物中毒事件可能是由厨房员工吴某携带金黄色葡萄球菌，在从事厨房食品加工操作过程中污染食品或厨房环境所致。

资料来源：海口一幼儿园 10 名儿童食物中毒 食药监局立案调查. 海南特区报，2014-12-30.

（二）合理膳食

《幼儿园工作规程》提出："供给膳食的幼儿园应当为幼儿提供安全卫生的食品，编制营养平衡的幼儿食谱，定期计算和分析幼儿的进食量和营养素摄取量，保证幼儿合理膳

① 学校食品安全与营养健康管理规定. 中华人民共和国教育部网站，2019-03-11.

食。幼儿园应当每周向家长公示幼儿食谱。”

1. 编制科学、合理的营养食谱

《托儿所幼儿园卫生保健管理办法》指出，幼儿园要“为儿童提供合理的营养膳食，科学制订食谱，保证膳食平衡”。幼儿园食谱编制要根据幼儿每日六大营养素需求量，坚持食物多样、营养均衡、供应适量的原则，以满足幼儿生长发育的需要（见表7－3）。食谱主要由保健人员、厨师长、采购人员负责编制，应每周更换一次，根据市场食品的供应情况进行调整。

表7－3　某幼儿园一周食谱

	星期一	星期二	星期三	星期四	星期五
早餐	蓝莓包 香肠卷 蔬菜营养粥 煮鸡蛋 牛奶	水果卷 糊塌子 粟米羹 鹌鹑蛋 牛奶	肉松卷 糖三角 蔬菜挂面汤 五香鸡蛋 牛奶	松仁蛋糕 咖喱洋葱卷 燕麦大米粥 鸡蛋羹 牛奶	小笼包 麻酱糖花卷 小馄饨汤 香葱炒鸡蛋 牛奶
午餐	花生米饭 红烧鸡翅 菜心木耳炒鸡蛋 小白菜粉丝汤	南瓜猪肉包 白灼芹菜腐竹 银耳枣粥	黑芝麻米饭 鱼蓉豆腐丸子 香菇炒油菜 白萝卜香菜汤	羊肉西葫芦水饺 粉丝菠菜	小枣发糕 软炸虾仁 西红柿炒鸡蛋 丝瓜香菜汤
午点	香蕉 西瓜 营养水 坚果	白兰瓜 苹果 营养水 海苔	哈密瓜 火龙果 营养水 坚果	西瓜 苹果 营养水 海苔	黄河蜜 香蕉 营养水 坚果
晚餐	肉丝炒面 海带豆腐汤	红豆饭 红烩牛肉 杏鲍菇烩西兰花 豆苗汤	彩色馒头 无锡排骨 素鸡小白菜 黄瓜鸡蛋汤	米饭 农家一锅鲜 素烧圆白菜 粉丝娃娃菜	什锦炒饭 红薯 油麦菜鸡蛋汤

编制食谱时应注意：(1) 选择各类营养价值较高的食品，通过适当搭配，使幼儿能够获得足够的热量和营养素。(2) 每天食物中所含蛋白质、脂肪、碳水化合物之间的合理比值约为1∶1∶4。(3) 在每天所需蛋白质中，动物性蛋白质与植物性蛋白质各占半数。(4) 合理分配幼儿一天中所需摄取的热量，一般按照早餐热量30%、午餐热量40%、晚餐热量25%，及午点热量5%左右的比例分配在三餐一点中。(5) 注意干稀搭配、荤素搭配、粗细搭配和甜咸搭配，少让幼儿吃甜食和油炸食物。(6) 适应幼儿心理，注意食物的颜色和形状，激发幼儿的食欲和对食物的兴趣。食物品种要多样化且合理搭配。

2. 建立幼儿园伙食管理委员会

幼儿园伙食管理委员会由园长或后勤副园长牵头，幼儿园保健医生、食堂班组负责人、幼儿园财务人员、家长代表、班级教师和保育员代表组成，定期开会商讨幼儿园食堂管理方面的事宜，包括给幼儿伙食费定价，研究伙食费的收费和退费制度，制定膳食管理计划，监督和反馈膳食质量，督查伙食费的使用情况，等等。成立伙食管理委员会是幼儿园民主管理的体现，其宗旨是做好幼儿的膳食管理。

3. 注重对幼儿膳食进行分析与评价

膳食分析的目的在于计算了解幼儿每人每日从膳食中所摄取的热量和各种营养素的数量与比例是否能满足其生理需要，定期进行膳食分析调查可掌握幼儿的营养状况和发育水平，及时发现问题，采取适当措施，改善幼儿的膳食营养状况。

膳食分析可从以下几方面进行：(1) 各类食品摄入总量的分析，即分析每日各类食品摄入量是否平衡，食谱安排是否合理。(2) 各类营养素的一日摄入量的分析以及各类营养素与供给量的比较，看其是否达到营养素的需要。(3) 热量、营养素来源的分析及各营养素比例的分析，如分析蛋白质来源于动物性食物、豆类食物、谷类食物及其他植物食物的比例，分析蛋白质、脂肪、碳水化合物的比例是否适当，等等。根据膳食分析调查的结果，结合幼儿体格检查、生化检查，幼儿园可以对幼儿的营养状况做出评价。

思考与练习

1. 幼儿园总务后勤工作有什么特点?
2. 幼儿园总务后勤工作管理应遵循哪些要求?
3. 幼儿园总务后勤工作管理具体包括哪些内容?
4. 试论幼儿园膳食管理的具体措施。
5. 假如你是幼儿园后勤园长，请制定一份年度财务预算。

推荐资源

1. 张玲. 幼儿园后勤网络化管理的要素与实施条件. 学前教育研究，2019 (5).

2. 林芸. 6S 管理在幼儿园厨房管理中的运用. 亚太教育，2019 (3).

3. 梁玉华，张翔升. 风险防范原则下幼儿园财务内部控制的基本路径. 陕西学前师范学院学报，2015，31 (3).

第八章

幼儿园安全工作管理

目标指引

1. 了解幼儿园安全工作管理的含义、意义和原则；
2. 熟悉幼儿园安全工作管理制度；
3. 掌握幼儿园一日生活各环节安全工作管理的具体措施和安全教育的具体实践；
4. 理解幼儿园安全事故处理程序和责任认定；
5. 领会《中小学幼儿园安全管理办法》等相关政策文件精神。

内容结构

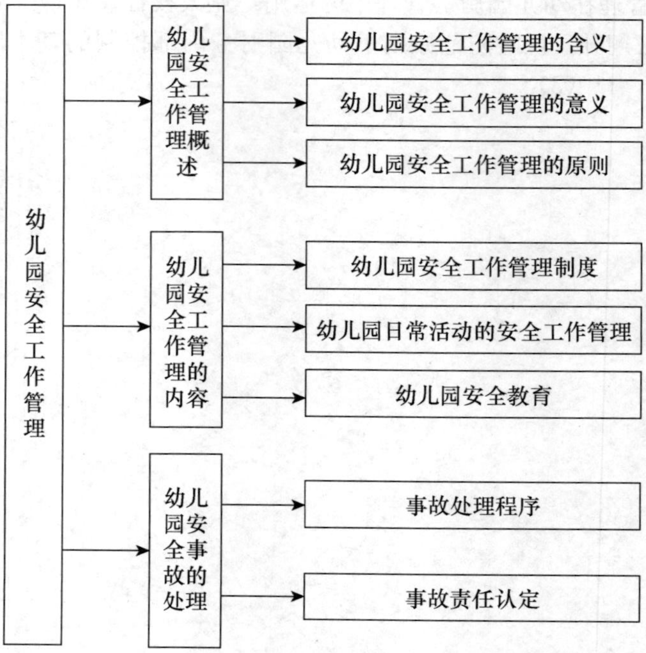

案例导引

上午 11 点左右，某幼儿园中班一位教师组织幼儿进行户外游戏。约 20 分钟后开始下雨，教师没有清点人数就匆匆组织幼儿回班了，直到午餐时间才发现幼儿朵朵不在。教师急忙出去寻找，最后在废旧滑梯上找到朵朵，她的帽绳被滑梯的钉子钩住，导致脖子被衣服勒紧窒息。监控画面显示，在教师和其他幼儿离开后，朵朵一个人爬上故障滑梯，在下滑过程中帽绳被钉子钩住，朵朵不断挣扎，但因为废弃滑梯位置偏僻，其间并没有人路过救助，40 多分钟后她才被前来寻找的教师发现。因为窒息时间过长，朵朵在被送往医院的路上就不幸离开了人世。

在上述案例中，幼儿园未及时检修的设施、教师的疏忽及幼儿不适宜的衣物，最终共同酿成了触目惊心的惨剧。《纲要》明确指出“幼儿园必须把保护幼儿的生命和促进幼儿的健康放在工作的首位”。那么，在幼儿园的工作实践中，应该如何保护幼儿的生命安全呢？相信通过本章的学习，你将会找到答案。

第一节　幼儿园安全工作管理概述

一、幼儿园安全工作管理的含义

幼儿园安全工作管理指幼儿园管理者依据国家的法律法规，采取有效措施排除和控制幼儿园中的安全隐患，防止危险事故发生的一切活动。安全工作管理是幼儿园管理工作的重要组成部分，管理者对此应给予高度重视。任何安全工作管理都无法完全杜绝事故的发生，幼儿园安全工作管理一方面是将事故发生的概率控制在可接受的程度，另一方面是将事故的危害程度控制在可接受的范围。

幼儿上下楼梯安全管理措施

某幼儿园为了减少幼儿上下楼梯安全事故，采取了一系列安全工作管理措施。例如，在楼梯间设置适合幼儿身高的扶手，对地面做防滑处理，在幼儿上下楼梯时安排教师看护，教育幼儿上下楼梯靠右缓慢行走，不能相互推挤，等等。这样做虽然不能完全避免楼梯间的安全事故，但是可以有效降低事故发生的频率。

二、幼儿园安全工作管理的意义

幼儿园安全工作管理是幼儿园管理的重要内容，其意义主要包括以下几点：

（一）幼儿园安全工作管理直接关系到全体幼儿的安全

幼儿是社会成员中最脆弱的群体。他们年龄小，识别危险和自我保护的能力较差，感觉器官发育和动作发育尚未成熟，然而又活泼好动，喜欢探索，在生活中容易发生各种意外事故。基于幼儿的生理和心理特点，加强幼儿园安全工作管理显得尤为重要。《纲要》和《幼儿园教师专业标准（试行）》等相关文件也多次强调幼儿园安全问题，指出“幼儿园必须把保护幼儿的生命和促进幼儿的健康放在工作的首位”，教师应“掌握意外事故和危险情况下幼儿安全防护与救助的基本方法”。可见，安全问题是幼儿园管理工作的重中之重，保证每一名幼儿在园期间的安全是幼儿园教师最重要的职责。

幼儿独自跑出幼儿园，不慎落水险些身亡

某幼儿园一名3岁幼儿在户外活动时，意外发现幼儿园的后门没有锁，于是趁教师不注意偷偷从后门跑了出去。教师回到教室开始集体活动时，才发现这名幼儿不见了，急忙到各个地方寻找。最后教师在距离幼儿园后门不远处的一个鱼塘里找到了该幼儿，随后立即将其送往医院，事后医生说幸好送医及时才保住了性命。该幼儿园未能严格执行门卫制度，控制一切进出幼儿园的人员，险些酿成惨剧。

（二）幼儿园安全工作管理影响其他工作的开展

幼儿园各项工作联系密切，如果安全工作出现漏洞，那么其他工作必然会受到影响。因此，加强安全工作管理也是幼儿园自身发展的需要。一些幼儿园安全意识不强、制度不健全、管理不到位，导致安全事故频发，影响了其他各项工作的开展。幼儿园的管理者应当树立正确的管理理念，认真落实日常安全工作管理，防患于未然，保证全园工作井然有序地开展。

（三）幼儿园安全工作管理关系到家庭幸福和社会稳定

幼儿园安全工作管理不仅直接关系到幼儿能否平安健康地成长，还关系到无数个家庭的幸福和社会的稳定。安全事故的发生不仅给幼儿及其家庭带来巨大的痛苦和不幸，也给幼儿园和政府带来极大的负担和损失。幼儿园一旦出现安全事故，将会引起舆论和社会各界的关注，破坏公众对政府和幼儿园的信任感，社会影响极其恶劣。《中小学幼儿园安全管理办法》及相关政策法规的出台，表明加强幼儿园安全工作管理是顺应当前社会发展的要求。

三、幼儿园安全工作管理的原则

（一）预防为主

隐患险于明火，防范胜于救灾。《中小学幼儿园安全管理办法》明确提出“积极预防”的安全工作管理方针，要求学校和有关部门通过调研摸清学生易发生事故的环节、地点和时段，积极预防、科学预防；同时，有针对性地健全安全制度，消除安全隐患，确保学生生命安全。幼儿园安全事故一旦发生，就会不同程度地给幼儿及其家庭带来痛苦，尤其是发生群体事件和恶性事故，后果更是不堪设想。因此，幼儿园应该把安全工作的着眼点放在如何预防事故的发生上。在幼儿园日常工作中，针对幼儿的特点，应采取有效的管理措施，控制不安全因素的萌芽发展，把可能发生的事故消灭在萌芽状态，以保证幼儿的安全与健康。

（二）动态管理

幼儿园安全事故的发生，是由于人的不安全行为运动轨迹与物的不安全状态运动轨迹的交叉。因此，幼儿园安全工作管理应该把对各要素状态的控制当作安全工作管理的重点。这就意味着安全工作管理是一种动态管理，是不断发展和变化的，要不断适应变化着的幼儿园活动，及时调整布局和思路，摸索新的规律，总结管理办法与经验，从而使安全工作管理不断上升到新的高度。

（三）家园合作

幼儿园安全工作管理不仅是一项长期的工作，也是一个潜移默化的过程。在日常工作中，教师既要履行好自己的职责，保护和教育幼儿，又要通过各种方式对家长进行安全指导，取得家长的积极配合，形成家园合力。在指导过程中，应该让家长认识到，家长是幼儿的监护人，对幼儿的安全管理和教育有义不容辞的责任，具有幼儿园不可替代的作用。

（四）全员参与

安全工作管理涉及幼儿园一日生活的方方面面，必须坚持全员参与的原则。因此，要提高全园教职工的安全意识，形成全园重视安全工作的局面。园领导及各部门负责人应注意随时监督，提醒教职工做到人到心到，不擅离岗位，严防意外事故的发生。

安全工作管理如何从"被动"转向"互动"

某幼儿园教职工认为，安全工作管理是园长的事，园长怎么说教师怎么做即可，有事不关己、高高挂起的姿态，因而在安全工作管理上存在着"单向""被动"的局面。

在强化安全工作管理的过程中，该幼儿园注意抓薄弱环节，责任到人，强化全园教职工的安全意识，建立奖惩机制，将安全工作与各岗位人员绩效考评、评优评先等结合起来，实行安全工作"一票否决制"，从而推动了安全工作管理由"被动"转向"互动"，形成了人人重视、人人有责的安全工作管理格局。

资料来源：邹慧敏. 浅论幼儿园安全管理. 学前教育研究，2006（9）：34-35.

第二节　幼儿园安全工作管理的内容

一、幼儿园安全工作管理制度

健全各项安全工作管理制度是幼儿园安全工作管理的有力保障。《中小学幼儿园安全管理办法》明确指出，幼儿园应建立健全园内各项安全管理制度和安全应急机制，结合《幼儿园工作规程》及相关法律法规的要求，幼儿园安全工作管理制度具体包括以下内容：

（一）安全管理制度

1. 安全责任制

安全是办学的底线。幼儿园要切实承担起园内安全管理的主体责任，对校园安全实行园长负责制；健全园内安全工作领导机制，落实幼儿园、教师对幼儿的教育和管理责任；加强园内日常安全管理，做到职责明确、管理有方。

2. 门卫制度

幼儿园应健全门卫制度，建立外来人员入园登记或验证制度，禁止无关人员和机动车入内，禁止将非教学用易燃易爆物品、有毒物品、动物和管制器具等危险物品带入园内。幼儿园门卫应当由专职保安或者其他能够切实履行职责的人员担任。幼儿在园期间，应实行封闭化管理。

3. 幼儿接送交接制度

幼儿园应建立并严格执行幼儿接送交接制度，明确交接时间、交接地点、接送人等信息。实行接送卡制度，幼儿每天的入园、离园最好由固定人员接送，若委托他人接送，幼儿家长需提前告知教师，教师确认无误后再允许接走幼儿。

4. 幼儿安全信息通报制度

幼儿园应建立幼儿安全信息通报制度，将幼儿身体和心理的异常状况等关系到幼儿安全的信息，及时告知家长。对有特异体质、特定疾病或者其他生理心理异常状况的幼儿，幼儿园应当做好安全信息记录，妥善保管幼儿的健康与安全信息资料，依法保护幼儿的个人隐私。

花生引发的危机

午休时间，大牛妈妈接到幼儿园教师的电话，说大牛吃完午餐后脸就开始泛红，接着剧烈咳嗽，现在已经说不出话、有点呼吸困难了。大牛妈妈意识到这是过敏症状，急忙让教师给大牛服用书包里的过敏药，并确定了过敏源是午餐宫保鸡丁里的花生。因为幼儿园刚开学，大牛又是小班新生，所以幼儿过敏信息还没来得及进行系统收集。幸好大牛随身携带药品，及时化解了危险。

5. 食品安全制度

幼儿园应严格执行《学校食堂与学生集体用餐卫生管理规定》《餐饮业和集体用餐配送单位卫生规范》，严格遵守卫生操作规范；建立食堂物资定点采购、索证和登记制度，以及饭菜留验和记录制度，检查饮用水的卫生安全状况，保障师生的饮食卫生安全。

《校园食品安全守护行动方案（2020—2022年）》强调全面推行学校食堂“明厨亮灶”，通过将视频信息接入学校或教育部门网页、App以及第三方平台等方式，实现“互联网＋明厨亮灶”：学校负责人和食堂管理人员要通过“互联网＋明厨亮灶”，随机抽查食堂食品安全状况，及时发现食堂食品安全问题，及时予以纠正；同时鼓励学生家长借助“互联网＋明厨亮灶”，积极参与对学校食堂的监督。

6. 药物安全制度

幼儿园应当按照国家有关规定配备具有从业资格的专职医务（保健）人员或者兼职卫生保健教师，购置必需的急救器材和药品，保障对幼儿常见病的治疗，并负责幼儿园传染病疫情及其他突发公共卫生事件的报告。新生入学应当提交体检证明、预防接种证。幼儿园应当建立幼儿健康档案，组织幼儿进行定期体检。

被曝光的“药儿园”

某幼儿园为提高幼儿出勤率，增加幼儿园收入，在明知自己没有取得法定资格的情况下，以吃药能预防幼儿感冒为由，擅自购买处方药盐酸吗啉胍片（ABOB，别名“病毒灵”），不定期地安排工作人员给园内幼儿服用。后经公安机关查明，在过去5年内，该幼儿园冒用其他医疗机构的名称，从四家医疗批发零售企业先后10次购进盐酸吗啉胍片54 600片，每年春秋两季换季时给幼儿服用。随后，越来越多的“药儿园”被曝光，相关政府部门立即开展幼儿园健康服务管理排查，对发现的问题及时整改、严肃追责。

资料来源：光金．“药儿园”暴露学前教育监管盲区．农村·农业·农民，2014（4）：11.

7. 安全定期检查制度

幼儿园应当建立校内安全定期检查制度，按照国家有关规定安排对幼儿园建筑物、构筑物、设备、设施进行安全检查、检验；发现存在安全隐患的，应当停止使用，及时维修或者更换；维修、更换前应当采取必要的防护措施或者设置警示标志。幼儿园无力解决或者无法排除的重大安全隐患，应当及时书面报告给主管部门和其他相关部门。幼儿园应当在园内高地、水池、楼梯等易发生危险的地方设置警示标志或者采取防护措施。

倾倒的秋千架

某幼儿园园长黄某发现幼儿园南墙边的秋千架摇篮发生故障，就拆掉摇篮，将固定秋千架的绳子去掉，准备将秋千架拆除，但因其他事耽搁未能实际拆除，也未对秋千采取安全保护措施。一周后，秋千架倾倒，将一名5岁幼儿的腿部砸伤。黄某身为幼儿园园长，应对幼儿园的安全负责，明知幼儿园内铁制秋千有安全隐患，却没有及时处理，最终导致幼儿受伤。

8. 消防安全制度

幼儿园应当落实消防安全制度，对政府保障配备的消防设施和器材加强日常维护，保证其能够有效使用，并设置消防安全标志，保证疏散通道、安全出口和消防车通道畅通。

9. 设施设备安全管理制度

幼儿园应当建立用水、用电、用气等相关设施设备的安全管理制度，定期进行检查或者按照规定接受有关主管部门的定期检查，发现有老化或损毁的，应及时进行维修或者更换。

10. 校车安全制度

幼儿园有购买或者租用机动车专门用于接送幼儿的，应当建立校车安全制度，粘贴统一标识，并及时到公安机关交通管理部门备案。幼儿园不得租用拼装车、报废车和个人机动车接送幼儿。接送幼儿的机动车驾驶员应当身体健康，具备相应准驾车型 3 年以上安全驾驶经历，最近 3 年内任一记分周期都没有记满 12 分的记录，未发生过致人伤亡的交通责任事故。

校车事故

某幼儿园派出的一辆旧面包车在去附近村庄接幼儿上学时，与一辆货车相撞，共造成 4 人死亡，9 人受伤，其中 3 名死者为幼儿。据目击者描述，事发现场，面包车的一扇车门掉落，几名幼儿和 1 名女教师从面包车里飞出来，直接被货车车轮轧到。事后调查发现，该幼儿园有一辆专用的黄色校车，并配有司机，但一般用于接送邻县的幼儿上下学，而园长自己开面包车接送附近村庄的幼儿。事发后，该幼儿园已经暂停教学工作。

资料来源：心痛！直击河南幼儿园校车车祸致 4 死 9 伤.（2020-09-25）[2021-07-24]. https://thepaper.cn/newsDetail_forward_9341237.

11. 就寝值守制度

幼儿园应建立就寝值守制度。在幼儿午睡期间，教师应巡视幼儿的睡眠情况，维持午睡秩序，不得擅自离开工作岗位。幼儿园应当采取有效措施，保证幼儿睡眠室的安全。

12. 安全档案制度

幼儿园应当建立安全档案制度，记录日常安全工作、安全责任落实、安全检查、安全隐患消除等情况。安全档案是实施安全工作目标考核、责任追究和事故处理的重要依据。

13. 事故风险分担机制

幼儿园应完善事故风险分担机制，《幼儿园工作规程》第十六条明确指出：“幼儿园应当投保校方责任险。”校方责任险由学校作为投保人，对校方过失导致学生伤亡的事故及财产损失，由保险公司来赔偿。校方责任险有利于维护幼儿及其家长的正当权益，能使他们及时获得赔偿，避免矛盾的激化。对幼儿园而言，校方责任险有助于促使其加强管理，积极预防，从而保证幼儿园的正常教学秩序。

除校方责任险外，《国务院办公厅关于加强中小学幼儿园安全风险防控体系建设的意见》还指出，“要大力增强师生和家长的保险意识，引导家长根据自愿原则参加保险，分担学生在学校期间因意外而发生的风险”。

（二）安全应急机制

1. 应急疏散演练制度

开展重大突发事件应急预演是提高幼儿园应急处置能力、建设平安校园的关键环节。《中小学幼儿园应急疏散演练指南》明确要求，幼儿园每季度至少要开展一次应急疏散演练（见图 8-1）。使用校车的幼儿园，还应定期组织幼儿进行校车安全事故应急处理演练。幼儿园可根据演练内容，以组、班或年级为单位进行小规模应急演练。

幼儿园举行安全疏散演练

某幼儿园举行防空安全演练，现场模拟“歹徒”进入幼儿园试图“行凶”。门卫室保安启动一键式报警，保卫处人员快速到场处置制服歹徒。幼儿园教师则组织幼儿迅速有序疏散撤离，隔绝“歹徒”与幼儿的接触。在整个过程中，安保人员、教师、幼儿配合默契，完成了各个演练环节。

图 8-1　教师组织幼儿安全疏散

2. 应急预案制度

应急预案又称应急响应预案，是针对幼儿园可能发生的突发事件，为将来保证迅速、有序、有效地开展应急与救援行动，降低事故损失而预先制定的有关计划或方案。

（1）应急预案编制。

幼儿园应急预案的编制主要包括风险评估和应急响应策略的确定。风险评估是针对幼儿园所面临的风险进行识别、分析和评价，便于幼儿园确定可能面临的各类风险及其严重程度，从而决定应对不同突发事件的应急响应策略，以使幼儿园在自然灾害、公共卫生事件、事故灾难、群体性或多个体安全事件等突发事件发生后能快速、有序地采取应急响应方法①。

（2）应急预案演练。

幼儿园应结合园内实际，以多种形式组织由各相关部门参加的应急预案演练，这不仅有助于检验预案的实效性、可操作性，纠正演练及预案中存在的问题，还可以使各岗位人员熟知各类事件应急处理的程序及流程，明确自身职责，不断提高各岗位人员的应急反应能力和救援能力。

针对食物中毒事件，某幼儿园制定了如下应急预案：

（1）师生如出现不明病因的腹痛、胸闷、恶心、乏力、昏沉、呕吐、腹泻等症状，相

① 武鸿奇．应急响应计划：幼儿园应对突发事件的有效举措．学前教育研究，2009（2）：58-60.

关人员应立即上报园长室。

(2) 以最快速度将中毒人员送往卫生院或医院。情况紧急时拨打“120”或“110”请求救助。请求救助时告知单位、地址、时间、中毒人数、症状等信息。

(3) 立即组织骨干教师组成陪护人员队伍，无关人员未经批准，不准到医疗单位探视，以免影响治疗秩序。

(4) 对食堂中的预留食品、蔬菜样品立即实行封存。食堂立即停止经营，食品立即停止食用。

(5) 迅速与家长联系，并向上级主管部门报告。

(6) 配合卫生行政部门进行调查，按卫生行政部门的要求如实提供有关材料和样品。

(7) 落实卫生行政部门要求采取的有关措施。

(8) 事后将事件经过以书面形式向上级主管部门汇报。

二、幼儿园日常活动的安全工作管理

《幼儿园教师专业标准（试行）》明确指出，教师应当“了解幼儿发展中容易出现的问题与适宜的对策”，“科学照料幼儿日常生活，指导和协助保育员做好班级常规保育和卫生工作”，“有效保护幼儿”。在幼儿一日生活中的各个环节，安全隐患无处不在，一名合格的幼儿园教师要能够将其中的安全隐患和安全工作管理的操作要点了然于胸，尽力保护幼儿的安全。幼儿眼中的一日生活如图 8-2 所示。

图 8-2 幼儿眼中的一日生活

（一）来园环节的安全工作管理

来园环节不仅是幼儿一日生活的开始，也是家园联系的一个重要窗口。教师应认真执行晨检，清楚幼儿入园时的健康状况，与家长及时沟通并做好交接工作，向家长询问患病幼儿的身体状况和服药情况，由幼儿家长亲自填写登记表。晨检不仅可以预防传染病的发生和流行，把传染病隔绝在外，还可以及时发现幼儿有无携带不安全的物品（如发现应及时告知家长，把物品交还给家长）。

家长笔误导致孩子药物中毒

小班幼儿杨某感冒，其母亲朱女士早上入园时带了一瓶口服溶液委托教师喂药。当天下午她去接孩子时，发现孩子脸色不对，并且她明明只委托教师喂药3.5毫升，但73毫升的药却只剩20毫升。她立即将孩子带到医院检查，主治医生诊断孩子为药物中毒，需要马上洗胃。经过调查发现，原来是家长在登记用药剂量时，误将3.5毫升写成了35毫升。一直认为是教师喂错药的杨某父母表示，确实是自己写错了，但同时认为，教师没有向家长复核，缺乏责任心。对此，教师觉得有些委屈，表示教师不是专业医生，不可能对药物剂量做到非常熟悉。

资料来源：3.5写成35　绵阳一家长笔误致幼儿药物中毒. 四川新闻网，2016-11-18.

（二）户外活动环节的安全工作管理

1. 活动前

外出活动前，教师要提醒幼儿整理好衣着，在运动前检查服装，尽量不穿带帽绳的衣服，系好衣扣和鞋带；对于个别极易出汗的幼儿，可以在其后背上垫条毛巾。

带领幼儿上下楼梯时，教师要保证所有幼儿在其视线范围之内，提醒幼儿上下楼梯靠右走，不能与同伴相互推拉。教师应至少有两人随行，一前一后照顾幼儿，并随时清点人数。

2. 活动中

教师首先要带领幼儿做好运动前的准备活动，以防幼儿突然剧烈运动造成拉伤、扭伤；其次要注意动静交替，幼儿的活动密度和运动量应适宜，强度不宜过大，并让幼儿适当休息调整。在玩大型玩具，如滑梯、攀登架、秋千时，教师要维持好秩序，及时给予幼儿必要的帮助及安全提示，如：爬、攀登时抓紧护栏，不相互推拉；走路奔跑时要注意四周，不猛跑、猛停，学会躲闪，防止与同伴碰撞。

教师应当时刻保证幼儿在其视线范围内，随时观察运动中幼儿的身体状况和精神状态，一旦发现异常，立即将幼儿送至医务室。

3. 活动后

户外活动结束后，教师要及时清点人数，确定所有幼儿到齐后再返回教室。

（三）盥洗环节的安全工作管理

教师要考虑盥洗室能否同时容纳所有幼儿，如受条件限制可考虑分批盥洗。教育幼儿洗手时要卷好袖口，不玩水或洗手液，洗完手之后及时擦干。注意随时保持地面干燥，避免滑倒。

（四）饮水环节的安全工作管理

每个幼儿的水杯都应放在固定的地方，并让幼儿记住自己水杯的标记，不与其他幼儿共用水杯，避免水杯污染。水杯应每天消毒，茶水桶要及时上锁，地面要随时保持干燥。另外，教师应指导幼儿安全有序地取水、饮水，不推不挤，喝水时不嬉笑，并提醒幼儿剧烈运动后不要马上饮水。

（五）进餐环节的安全工作管理

1. 进餐前

教师要注意将装饭菜的盆、桶等放到幼儿不易触及的位置。保证给幼儿充足的就餐时间，根据实际情况灵活配餐，以免餐点变凉或就餐时间紧张。

教师应提前向家长了解幼儿是否对某些食材过敏、是否需要食用清真食品等信息。分餐时关注食谱，为有特殊需要的幼儿单独取餐。

2. 进餐时

教师应提醒幼儿细嚼慢咽，并注意观察幼儿，如发现异常要及时应对。

3. 进餐后

幼儿进餐后，教师应提醒全体幼儿，特别是患龋齿幼儿漱口或刷牙。全体幼儿进餐结束后，教师可组织幼儿进行10～15分钟的自由散步以帮助消化，注意提醒幼儿不要奔跑或剧烈运动。

教师看护大意未能及时发现幼儿异常

某幼儿在进餐时被呛，险些致死，事后家长要求查看监控。监控画面显示，该幼儿进餐时头部突然向后仰，疑似呛了饭，而一旁低头看手机的教师经过该幼儿身边时并没有注意到异常。之后，另一名教师从呛饭幼儿身边经过时也没发现异常。大约过了2分钟，幼儿才被发现出现异常，随后被带出房间送往医院治疗。

（六）午睡环节的安全工作管理

1. 午睡前

教师应排除午睡环境中的危险因素，取下女孩头上的发夹、头饰，谨防幼儿将尖锐、坚硬或细小的物品，如剪刀、小刀、缝衣针、豆子等带进卧室。

2. 午睡时

教师要随时关注幼儿午睡时的情绪和睡姿，及时应对幼儿的需求，例如帮助幼儿盖好被子，纠正幼儿的不良睡姿，照顾入睡困难、有特殊需要（尿床、生病）的幼儿，等等。午睡过程中值班教师不要擅自离开、请人代岗或打瞌睡等。

3. 午睡后

幼儿起床后，教师应提醒幼儿迅速穿好衣服，避免感冒。

不平静的午睡

在某幼儿园中班睡眠室，幼儿已经渐渐入睡，魏老师巡视了几圈后便坐下准备活动材料。忽然角落里传来了一阵啜泣声，魏老师忙起身查看，发现小乐一边哭一边用手不停地掏右侧鼻孔，他的鼻腔里居然塞了一颗黄豆。魏老师急忙带着小乐去幼儿园保健室，医生一边安抚孩子，一边用小棉签伸入孩子鼻孔，慢慢往外拨，因为黄豆是圆的，拨了几次，黄豆都只在鼻子里转动。医生经过几次努力，调整方向和力度，异物终于从鼻腔掉落出来。事后魏老师询问小乐，原来小乐偷偷藏了一颗黄豆教具放在口袋里，午睡时想起来便拿出来玩，出于好奇塞到鼻孔里，引发了这场危机。幸好教师及时发现，否则黄豆可能堵塞鼻腔，甚至进入气管支气管，阻塞呼吸道，引起窒息。

（七）离园环节的安全工作管理

教师必须确认接幼儿的家长身份，当幼儿表现出犹豫和不情愿的时候，教师一定要谨慎，只有在得到幼儿直接监护人的确认信息后才能将幼儿交给对方。

教师应配合家长做好交接工作，对于生病或当天表现异样的幼儿，应向家长做简单交代。如果幼儿在园期间遭受了意外伤害，那么无论大小，都一定要及时告知家长，并讲明原因。

（八）乘坐校车环节的安全工作管理

教师在接送幼儿时要清点幼儿人数，并协助幼儿上下车。在车上，教师需注意每个幼儿的行为，提醒幼儿系好安全带，不要把头或手伸到车窗外，不要在车上打闹，等等。教师应确保把幼儿交给家长，不能让幼儿独自回家。

三、幼儿园安全教育

（一）幼儿安全教育

《中小学幼儿园安全管理办法》第五章对安全教育做出了详细规定，要求“学校应当按照国家课程标准和地方课程设置要求，将安全教育纳入教学内容，对学生开展安全教育”。安全教育有助于提升幼儿自身的安全意识，培养幼儿的安全行为习惯，使幼儿掌握必要的安全知识和技能。

《3～6 岁儿童学习与发展指南》要求幼儿具备基本的安全知识和自我保护能力。以下是各个年龄段幼儿的安全教育目标：

3～4 岁幼儿的安全教育目标：

（1）不吃陌生人给的东西，不跟陌生人走。

（2）在提醒下能注意安全，不做危险的事。

（3）在公共场所走失时，能向警察或有关人员说出自己和家长的名字、电话号码等简单信息。

4～5 岁幼儿的安全教育目标：

（1）在公共场合不远离成人的视线单独活动。

（2）认识常见的安全标志，能遵守安全规则。

（3）运动时能主动躲避危险。

（4）知道简单的求助方式。

5～6 岁幼儿的安全教育目标：

（1）未经大人允许不给陌生人开门。

（2）能自觉遵守基本的安全规则和交通规则。

（3）运动时能注意安全，不给他人造成危险。

（4）知道一些基本的防灾知识。

1. 安全教育内容重点

参考《中小学公共安全教育指导纲要》，幼儿园安全教育内容重点如下：

（1）预防和应对社会安全类事故。

第一，了解社会安全类突发事故的危险和危害。

第二，了解并遵守各种公共场所活动的安全常识。

第三，认识与陌生人交往中应当注意的安全问题，逐步形成基本的自我保护意识。

（2）预防和应对公共卫生事故。

第一，了解基本的公共卫生和饮食卫生常识。

第二，了解常见的肠道和呼吸道疾病等的预防常识，养成良好的个人卫生和健康行为及饮食习惯。

（3）预防和应对意外伤害事故。

第一，学习《中华人民共和国道路交通安全法》的相关内容，了解出行时的道路交通安全常识。

第二，初步识别各种危险标志；学习家用电器、煤气（柴火）、刀具等日常用品的安全使用方法。

第三，初步具备使用电梯、索道、游乐设施等特种设备的安全意识。

第四，初步学会在事故灾害事件中自我保护和求助、求生的简单技能。学会正确使用和拨打 110、119、120 电话。

（4）预防和应对自然灾害。

第一，了解幼儿园所在地区和生活环境中可能发生的自然灾害及其危险性。

第二，学习躲避自然灾害引发危险的简单方法，初步学会在自然灾害发生时的自我保护和求助及逃生的简单技能。

（5）预防和应对影响幼儿安全的其他事件。

第一，与同伴友好相处，初步形成避免在活动、游戏中造成误伤的意识。

第二，学习当发生突发事件时听从成人安排或者利用现有条件有效地保护自己的方法。

2. 安全教育的方法

（1）在游戏中巧妙融入。

游戏既是幼儿喜欢的活动，也是幼儿学习的最佳方式。教师可以将安全教育的内容自然融入不同的游戏之中，使幼儿在轻松、愉快的氛围中掌握安全知识和技能。例如，在玩角色游戏“娃娃家”时，教师可有意识地设计“不给陌生人开门”等情节。

（2）在生活中自然渗透。

一日生活的各个环节都是安全教育的好时机（见图 8－3）。一方面，教师要针对一日生活中可能遇到的危险，随时提醒幼儿注意安全，如上下楼梯时要排队、不拥挤，不玩电源插座和插头；另一方面，当幼儿身边发生安全事故时，教师应当抓住这一教育契机，引导幼儿讨论事故发生的原因以及如何避免类似事故的发生，让幼儿明确一日生活中各个环节和各项活动的具体要求。

图 8-3　幼儿园在生活中渗透安全教育

（3）在演习中实践巩固。

有效的安全模拟演习能使幼儿掌握必要的自救和逃生技巧，帮助教师和幼儿更好地应对突发状况。教师要充分利用安全模拟演习的机会，帮助幼儿学习和掌握更多的安全知识，引导幼儿思考和讨论防灾、避震、躲避伤害等多种情况下的自救方法，并在演习中反复练习和运用。经过多次模拟演习，幼儿的自救意识增强了，自救动作也更加迅速。

（4）在家园合作中深化加强。

对幼儿的安全教育单靠幼儿园是远远不够的，幼儿园的安全工作离不开家长的理解、配合、支持和参与。教师要指导家长在家庭生活中开展安全教育，可开设家长讲座，利用幼儿园自办的小报、橱窗、家长园地、板报等多种途径、多种形式向家长宣传安全教育，让家长了解一些安全小常识，履行好幼儿监护人的责任。只有家园一致，形成教育合力，共同增强幼儿的安全意识，提高幼儿的自我保护能力，才能使幼儿远离危险、远离意外、远离伤害。

防拐演习

某幼儿园举行防拐演习，邀请 12 位家长扮演“坏阿姨”“坏叔叔”，并要求他们以不同的方式“诱骗”班级里的幼儿跟着自己走。演习发现：有的家长拿着糖果、玩具做诱饵屡试不爽，有的家长借口带幼儿“找妈妈”一骗一个准。甚至有家长表示，一些孩子即使不认识他，也会对带班老师说“认识”，因为能见妈妈。

活动结束后，家长们纷纷表示该活动对他们的触动非常大，他们发现以往说教式的安全教育是没有效果的。孩子们的防诱拐意识仍然很淡薄，急需进一步加强他们的安全防范能力的培养，教会他们自我保护，不让骗子有可乘之机。

资料来源：陌生人走进幼儿园，小朋友全部被诱拐. 舟山网，2017-04-01.

（二）教职工安全培训

幼儿园的安全管理首先要加强对人的管理，安全培训就是最有效的办法。从管理的角度讲，要将安全培训纳入职后培训体系，分层次各有侧重、分阶段重点突出地进行。从人员类型讲，要对每一类型的员工按照其工作职责请专业人员开展理论与实操的全面培训，可以分成园长与安全专管员、教师与保育员、保健医生、后厨以及门卫人员的培训。从培训内容讲，可以分成幼儿日常生活中常见及突发事故的预防，室内外设施设备的安全使用，安全设施设备的操作，火灾、地震等自然灾害的处理，幼儿各类流行疾病的预防及伤害紧急处理，营养膳食的安全加工，防恶意闯入和突发性犯罪，等等，同时注意内容的系统性和实操性①。

安全事故数据

有研究对2010年1月至2015年9月全国发生的“在园幼儿死亡事件”进行了检索，并选取其中由官方报刊公开报道或转载的85例真实事件进行了统计分析。结果显示，由安全防范意识差，如“教师疏忽、违规操作、失误”造成的在园幼儿死亡事件共计42例，占在园幼儿死亡事件总数的49.41%，由安全管理水平低，如“安全制度不健全、管理不善、事故处理技能缺失”造成的在园幼儿死亡事件共计25例，占在园幼儿死亡事件总数的29.41%。

资料来源：冯宝安，周兴平．2010～2015年在园幼儿死亡事件统计分析与解决对策．学前教育研究，2016（2）：12-21.

第三节　幼儿园安全事故的处理

建立健全安全工作管理制度，留心一日生活的各个环节，及时排除安全隐患，都有助于将危险发生的概率降至最低。但当意外发生时，应做好危机应对与善后处理，这就需要有相应的危机处理制度及应对策略。

一、事故处理程序

（一）意外伤害事故

幼儿园在处理幼儿意外伤害事故的过程中，应遵循以下要求：

1. 及时救治，逐级上报

事故发生后，应判断幼儿的受伤程度，如果在能力范围内，那么应立刻采取紧急救援等方式进行救助；如果超出能力范围，那么要立刻把幼儿送至医院。与此同时，应及时与主班教师或上级负责人联系。

① 程秀兰，赵炎朋．幼儿园安全管理的现状、问题及解决对策．学前教育研究，2018（12）：3-13.

2. 联系家长，危机公关

事故发生后，应立即联系家长，并且医生的治疗方案也应获得家长的同意。如果家长对事故存疑，那么幼儿园与家长可以通过协商方式解决。如果双方自愿，那么可以书面请求主管教育行政部门进行调解，也可以依法直接提起诉讼。

3. 做好记录，积极反思

事故处理结束后，园方和家长填写有关事故记录表格，以备查档。此外，幼儿园必须在事故发生后组织教师反思造成幼儿意外伤害的原因，思考如何通过改进来为幼儿提供更加安全的生活环境。

常见意外伤害的处理方法

碰、摔伤：首先查看幼儿患处有没有出现肿胀或活动困难等症状，可以在皮肤的瘀血处冷敷。如果伤口有挫伤或出血，那么用酒精棉球进行消毒处理。幼儿如果磕坏了牙或有其他严重伤害，那么应被立即送往医院治疗。

烧、烫伤：对于小面积的轻度烧、烫伤，可及时用冷水冲洗局部或用冰块冷敷，降低温度，然后用无菌纱布包裹患处，避免感染。如果患处长起水泡，那么千万不要弄破，应迅速将幼儿送到医院治疗。

异物卡喉：如果异物靠近喉部，那么教师可以用手指伸进幼儿口腔，刺激舌根催吐。如果未奏效，那么可采用挤压的方式，让幼儿趴在教师膝盖上，头朝下，托起幼儿胸部，拍打幼儿背部，使幼儿咳出异物；或抱住幼儿腰部，用右手拇指的根背部顶在幼儿上腹部，左手叠于右手之上，间断向幼儿的胸腹部上后方用力挤压，借助膈肌压缩肺脏，产生气冲将气管内异物排出。如果有两名教师在场，那么可一人将幼儿倒提离地，另一人用手拍幼儿背，掏幼儿咽部，使异物迅速排出。如果上述方法均未奏效，那么应尽快将幼儿送往医院，如幼儿呼吸停止应给予口对口人工呼吸及心肺复苏。

鼻出血：让幼儿坐起或站立，头稍向前倾，不要后仰，教师用食指压住出血一侧的鼻翼，压迫5～10分钟后即可止血。如果幼儿两个鼻孔都出血，那么教师应先为幼儿清理血迹，并用食指和拇指压住鼻翼两侧5分钟左右。同时，教师可用手沾凉水拍打幼儿的额头或后颈，以辅助止血。

（二）群体伤害事故

幼儿园一旦发生火灾、食物中毒、地震、传染病等群体伤害事故，就应立即启动应急处理预案，控制事态发展，减少损失。

二、事故责任认定

幼儿园安全事故的责任认定，应当根据相关主体的行为与损害后果之间的因果关系依法确定，事故涉及的主体包括幼儿园和幼儿监护人。

（一）幼儿园的责任

当事故由幼儿园和教职工的过错引起时，幼儿园应承担相应的责任。根据幼儿园事故发生的原因、情节、过错等因素，幼儿园的责任可分为完全责任、部分责任和免除责任三种。

1. 完全责任

完全责任指过错全在幼儿园，如幼儿园设施设备不符合国家规定、食品药品不符合国家标准、管理存在明显漏洞等。

2. 部分责任

部分责任指幼儿园事故的发生，一部分是由幼儿园或教职工引起的，一部分是由幼儿或其他因素引起的。

3. 免除责任

免除责任指由幼儿自身原因引起，在幼儿园外发生或因突发性、不可抗因素造成的伤害，幼儿园已经履行了相应职责，且无不当行为的，不承担事故责任。

《学生伤害事故处理办法》(节选)

第九条 因下列情形之一造成的学生伤害事故，学校应当依法承担相应的责任：

(一) 学校的校舍、场地、其他公共设施，以及学校提供给学生使用的学具、教育教学和生活设施、设备不符合国家规定的标准，或者有明显不安全因素的；

(二) 学校的安全保卫、消防、设施设备管理等安全管理制度有明显疏漏，或者管理混乱，存在重大安全隐患，而未及时采取措施的；

(三) 学校向学生提供的药品、食品、饮用水等不符合国家或者行业的有关标准、要求的；

(四) 学校组织学生参加教育教学活动或者校外活动，未对学生进行相应的安全教育，并未在可预见的范围内采取必要的安全措施的；

(五) 学校知道教师或者其他工作人员患有不适宜担任教育教学工作的疾病，但未采取必要措施的；

(六) 学校违反有关规定，组织或者安排未成年学生从事不宜未成年人参加的劳动、体育运动或者其他活动的；

(七) 学生有特异体质或者特定疾病，不宜参加某种教育教学活动，学校知道或者应当知道，但未予以必要的注意的；

(八) 学生在校期间突发疾病或者受到伤害，学校发现，但未根据实际情况及时采取相应措施，导致不良后果加重的；

(九) 学校教师或者其他工作人员体罚或者变相体罚学生，或者在履行职责过程中违反工作要求、操作规程、职业道德或者其他有关规定的；

(十) 学校教师或者其他工作人员在负有组织、管理未成年学生的职责期间，发现学生行为具有危险性，但未进行必要的管理、告诫或者制止的；

(十一) 对未成年学生擅自离校等与学生人身安全直接相关的信息，学校发现或者知道，但未及时告知未成年学生的监护人，导致未成年学生因脱离监护人的保护而发生伤害的；

(十二) 学校有未依法履行职责的其他情形的。

（二）幼儿监护人的责任

监护人的责任指对监护人或其子女造成的伤害，监护人应该依据事故的原因和情节轻重承担相应的责任。

《学生伤害事故处理办法》（节选）

第十条　学生或者未成年学生监护人由于过错，有下列情形之一，造成学生伤害事故，应当依法承担相应的责任：

（一）学生违反法律法规的规定，违反社会公共行为准则、学校的规章制度或者纪律，实施按其年龄和认知能力应当知道具有危险或者可能危及他人的行为的；

（二）学生行为具有危险性，学校、教师已经告诫、纠正，但学生不听劝阻、拒不改正的；

（三）学生或者其监护人知道学生有特异体质，或者患有特定疾病，但未告知学校的；

（四）未成年学生的身体状况、行为、情绪等有异常情况，监护人知道或者已被学校告知，但未履行相应监护职责的；

（五）学生或者未成年学生监护人有其他过错的。

需要注意的是，两个责任主体并不是在所有安全事故中都须承担责任，也并非平均分担责任，而是根据事故原因、情节轻重等因素决定，并且应具体问题具体分析。

是谁的责任?

大班幼儿小冯在幼儿园睡眠室午睡时突然呕吐，送院抢救后不治身亡。小冯父母认为是因为幼儿园救治不力，遂将幼儿园诉至法院。但幼儿园则称，小冯入园之前曾有多次入院记录，入园时其父母并未将相关情况如实告知幼儿园，导致幼儿园在面对幼儿突发疾病时不能做出准确判断。因小冯的意外死亡是其个人体质原因，监护人日常养育不周、入园时隐瞒病史，和幼儿园在处理意外事件过程中救助措施不规范、管理失职等多种原因共同作用的结果，所以法院综合各方面因素，酌情认定小冯的监护人与幼儿园对于小冯死亡后果的过错程度相当，由双方各自承担50%的民事责任。

资料来源：男童在幼儿园呕吐后死亡，父母索赔逾160万，法官却说……. 信息时报，2021-03-08.

思考与练习

1. 幼儿园安全工作管理应遵循哪些原则?
2. 幼儿园应建立健全哪些安全工作管理制度?
3. 作为幼儿园教师，应如何在一日生活中保护幼儿的安全?
4. 如何处理幼儿园安全事故?
5. 请设计一个幼儿安全教育活动。

推荐资源

1. 程秀兰，赵炎朋. 幼儿园安全管理的现状、问题及解决对策. 学前教育研究，2018（12）.

2. 冯宝安，周兴平. 2010—2015年在园幼儿死亡事件统计分析与解决对策. 学前教育研究，2016（2）.

3. 朱咏梅. 通过游戏化教育增强基础安全意识探析. 中国教育学刊，2020（S1）.

4. 沟伟伟. 幼儿园户外活动安全隐患因素及预防措施. 陕西学前师范学院学报，2017，33（7）.

第九章

幼儿园保教队伍建设

目标指引

1. 了解幼儿园保教队伍建设的任务与意义；

2. 认识幼儿园保教人员的工作职责、选聘流程与任用原则；

3. 理解并认同幼儿园教师专业发展的内容，了解幼儿园教师专业发展的途径及相关注意事项；

4. 熟悉幼儿园保教人员的管理策略。

内容结构

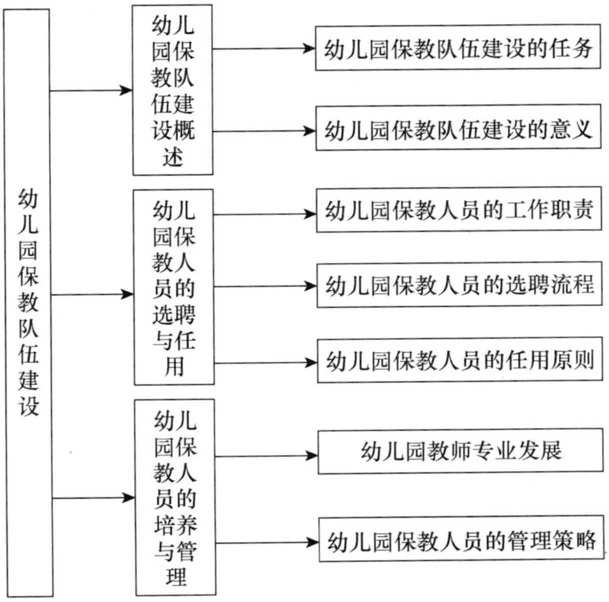

案例导引

今年，幼儿园迎来了好几位新教师。园长为了帮助新教师尽快适应工作内容与要求，特地给新教师组织了几次岗前培训，培训内容丰富多样：小到玩教具的选择与投放，大到一日生活的组织与安排。园长本以为设计了周到的岗前培训，新教师一定能很快熟悉保教工作。殊不知，尽管接受了培训，新教师在进行保教工作时还是面临着重重困难：组织活动时幼儿总是不理不睬，乱哄哄一片；备课时不知从哪里入手，只能照猫画虎；区域活动时总是想控制幼儿……园长看到这些问题，才意识到专业发展是一项漫长的工程，急不得一时，需要有耐心、有目的、有计划地引领新教师一步一步成长。

一名合格的保教人员应该具备什么样的能力和条件？如何提高保教人员的专业素养？如何调动保教人员的积极性？学完本章内容，你将会找到答案。

第一节　幼儿园保教队伍建设概述

一、幼儿园保教队伍建设的任务

谈及教师队伍建设，我们往往会联想到教师管理，但其实这两者并不完全等同。建设具有更新和提升之意，管理多在于促成事务的顺利进行。教师管理是指在教师的任用、培养、考核、工资待遇等方面的一系列规定及其操作①。而教师队伍建设工作既延续教师管理的任务，需保障教师队伍的稳定及教育职能的正常运行，还应提升教师队伍的质量，进而增强教育效果。

幼儿园内的教师队伍建设一般指保教队伍建设。保教人员既是幼儿园最为核心的教职工，也是园所教育目标的重要执行者。《幼儿园工作规程》明确指出，幼儿园需按照国家相关规定配足配齐教职工，幼儿园园长需“负责按照有关规定聘任、调配教职工，指导、检查和评估教师以及其他工作人员的工作，并给予奖惩”，“负责教职工的思想工作，组织业务学习，并为他们的学习、进修、教育研究创造必要的条件”，“关心教职工的身心健康，维护他们的合法权益，改善他们的工作条件”。

简言之，幼儿园保教队伍建设的任务主要是选聘合格的保教人员，落实保教人员的职责要求，保障并改善保教人员的工作条件，为保教人员提供专业发展资源和机会。其中，保教队伍建设的核心任务是培养专业的保教人员，关键要义在于调动保教人员的积极性，激发保教人员专业发展的自觉性②。

二、幼儿园保教队伍建设的意义

幼儿园保教队伍建设具有双重意义：一是提升保教人员的专业素养，实现其个人发展

① 萧宗六. 学校管理学. 4版. 北京：人民教育出版社，2018.

② 秦旭芳，向海英. 学前教育管理学. 长沙：湖南大学出版社，2015.

的精神追求；二是改善教育质量，促成幼儿积极健康地学习与发展。

首先，教师作为一项具有专业技术要求的职业，专业素养是其个人精神追求和自我实现的最佳体现。幼儿园保教队伍建设的重要任务在于为保教人员提供丰富的专业发展资源和机会，这是提升教师专业素养的关键举措，既可帮助教师确立其专业性，维护教师的专业地位与尊严，又可促进其专业成长与自我实现。

其次，保教工作是幼儿园的核心工作，而保教人员是决定保教工作质量的中坚力量，因此幼儿园保教队伍建设是提高幼儿园教育质量的关键。保教人员是教育活动的组织者与实施者，幼儿正是在一个个教育活动、一次次师幼互动中实现个人成长的。保教人员的专业化程度决定了教育活动和师幼互动的质量，专业素养高的教师能够为幼儿组织适宜、有趣、有挑战性的教育活动，能够与幼儿进行温暖且具有教育性的师幼互动。幼儿园保教队伍建设通过提升教师的专业水平，改善幼儿园的教育质量，促进幼儿优质的学习与发展，为培养德智体美劳全面发展的社会主义建设者和接班人奠定坚实基础。

第二节　幼儿园保教人员的选聘与任用

一、幼儿园保教人员的工作职责

（一）幼儿园教师的工作职责

《幼儿园工作规程》第四十一条明确指出，幼儿园教师对本班工作全面负责，需认真履行以下工作职责：

（1）观察了解幼儿，依据国家有关规定，结合本班幼儿的发展水平和兴趣需要，制订和执行教育工作计划，合理安排幼儿一日生活；

（2）创设良好的教育环境，合理组织教育内容，提供丰富的玩具和游戏材料，开展适宜的教育活动；

（3）严格执行幼儿园安全、卫生保健制度，指导并配合保育员管理本班幼儿生活，做好卫生保健工作；

（4）与家长保持经常联系，了解幼儿家庭的教育环境，商讨符合幼儿特点的教育措施，相互配合共同完成教育任务；

（5）参加业务学习和保育教育研究活动；

（6）定期总结评估保教工作实效，接受园长的指导和检查。

（二）保育员的工作职责

《幼儿园工作规程》同样对保育员的职责进行了阐述，第四十二条明确规定保育员需履行以下职责：

（1）负责本班房舍、设备、环境的清洁卫生和消毒工作；

（2）在教师指导下，科学照料和管理幼儿生活，并配合本班教师组织教育活动；

（3）在卫生保健人员和本班教师指导下，严格执行幼儿园安全、卫生保健制度；

（4）妥善保管幼儿衣物和本班的设备、用具。

为确保保教人员顺利履行工作职责，幼儿园应选聘符合资格的保教人员。幼儿园教师须具有《教师资格条例》规定的幼儿园教师资格，保育员应当具备高中以上学历，接受过相应的保育培训。同时，《幼儿园工作规程》还指出，保教人员应当“贯彻国家教育方针，具有良好品德，热爱教育事业，尊重和爱护幼儿，具有专业知识和技能以及相应的文化和专业素养，为人师表，忠于职责，身心健康”。

二、幼儿园保教人员的选聘流程

《幼儿园工作规程》指出，幼儿园教师的任用实行聘任制。聘任制是指由学校或教育行政部门根据教育教学岗位设置，聘任双方进行平等自愿的双向选择，以合同的形式聘请符合资质的教师的制度。聘任制要求校方面向社会公开招聘，确保聘任过程的公开透明，择优录用教师，是一种公平公正的选聘方式。一般来说，幼儿园教师的选聘程序包括发布招聘信息、审查申请材料、组织正式考核、择优录用四个阶段。

（一）发布招聘信息

幼儿园领导依据相关规定和园所情况提前确定招聘教师的数量和岗位，并拟定招聘计划，对岗位职责与要求、任职资格、拟招聘人数、工资水平、招聘流程、申请程序、园所联系方式等做详细的说明。幼儿园将多个领导共同审议确定的招聘计划面向社会公布，广泛招募有意向的教师。

发布招聘信息的方式既包括线下的现场招聘会（现场招聘会一般由政府所辖人才机构或高校就业处举办，幼儿园派专人到现场张榜公示招聘信息，直接与就业群体面对面接触），也包括网络招聘渠道，如依托园所公众号或其他公众平台发布有关招聘的推送、在社交媒体（微信、QQ、微博等）上转发招聘海报等。但不管采取何种方式，幼儿园都应保证招聘信息完整准确。

（二）审查申请材料

对个人提交的职位申请材料进行初步的资格审查。一般来说，职位申请材料包括个人的基本信息、能力特点、教育背景、获奖情况和实践/工作经验等。由园所招聘小组依据招聘计划和招聘经验对申请材料进行筛选，选出基本符合条件的人员参加下一轮的考核。

（三）组织正式考核

本阶段对所选人员进行正式考核，考核类型包括笔试和面试。不同幼儿园可根据园所招聘的需求和经验灵活安排，既可设计笔试和面试两个环节，也可直接组织面试。笔试环节一般考查教育学和心理学理论等基本教育理论知识，学前教育理念和保教知识等专业知识，以及时事政治等思想政治知识。面试环节旨在了解求职者的言谈举止、职业态度与规划、专业知识与能力等。整个正式考核流程也是求职者了解园方基本概况的机会，有利于更好地进行双向选择。

（四）择优录用

园所招聘小组应根据应聘者的考核表现择优录用，并公示录用结果。在确定录用时，招聘小组应力图保证审议过程的公正公平，依据个人能力而非外貌气质、亲疏关系等进行筛选。在接到录用通知后，应聘者有权依据个人情况接受或拒绝聘任。如应聘者接受，那么双方在平等自愿的前提下达成一致并签订聘用合同，明确双方的权利和义务。聘用合同中需明确规定岗位职责与要求、聘用期限、薪资待遇、违约责任及其他双方协商确定的条款。

三、幼儿园保教人员的任用原则

（一）按需定岗，以岗择人

管理者在选聘之前，要认真分析本园的规模、资源、目标生源等实际条件，进而明确招聘岗位的职责和人数，尽量避免岗位冗杂、职责不清，以保证工作的正常进行为准则。在明确招聘岗位职责、要求和人数后，幼儿园需据此去选聘人员，应考虑所选人员的能力特点、专业水平和实际情况等是否匹配该岗位，任用合适的人担任相应的工作职务。切不可依据个人情况设置工作岗位，过分迁就个人的工作需要，这样反而会影响园所事务的有效开展。

（二）用人唯贤，用其所长

在选用人才时，管理者应以应聘者的能力为重，重点考察应聘者的能力是否符合岗位职责与要求，应善于发掘贤才，大胆任用贤才，需尽量避免个人偏好和歧视，公正合理地选用人才。在选用之后，管理者应意识到用人贵在用其长。每个人都有其优势，有的教师组织能力较强，有的教师观察能力较强，有的教师做事精细，有的教师擅长沟通。管理者需了解教师的特点，从长处着眼，为其安排适宜的业务，充分发挥他们的优势。

用人所长

挑水夫用扁担挑着两个木桶装水，其中一个木桶完好无缺，另一个木桶却有裂缝。因此，当每次挑水送到雇主家时，好的木桶内总是满满一桶水，有裂缝的木桶里的水却流失了一半，最终只剩下一桶半水。

雇主看到这一情景，并没有出声责骂，而是照常付了工钱。久而久之，挑水夫对每次只能挑一桶半水感到羞愧，觉得自己拿了两个桶，却没能挑满两桶水。终于，挑水夫忍不住，向雇主说起自己心中的歉意。

雇主笑了笑说："你没发现，在你挑水的路上，有一侧路满是盛开的鲜花吗？"挑水夫回答道："我发现了，但这与我挑水有何关系呢？"雇主和善地看着挑水夫说："其实呀，我早就发现了你有一个木桶总是漏水，于是我就特意在那一侧路上撒下了许多鲜花种子。每次你挑水过来，既是为我打水，也是为我浇花呀。其实啊，没有无用之才，需要的是发现可造之处的意识和能力。"

（三）合理配置，弹性管理

幼儿园的业务是复杂多样的，需要多方协同配合，才能确保园所的顺利运转。这便需要幼儿园管理者依据不同岗位的职责和特点、不同教师的能力和个性，以"优势互补"的原则搭班建组，使工作效益最大化。同时也要注意，搭班建组的目的在于更好地完成园所事务，而不是形成固定不变的组合。并且教师的能力和个性也不是一成不变的，管理者可根据实际情况灵活调整岗位和组合，不断优化合作方式，确保保教工作的顺利进行。

第三节 幼儿园保教人员的培养与管理

保教人员的选聘只是保教队伍建设的开始，而保教人员的培养与管理才是保教队伍建设的核心。保教人员的培养与管理是决定保教队伍是否稳定、是否能保障幼儿园的正常运转、是否能提高幼儿园教育质量的关键环节。2010 年，《国务院关于当前发展学前教育的若干意见》明确指出了教师队伍建设的目标，即“师德高尚、热爱儿童、业务精良、结构合理”。这些要求大部分关乎教师的专业素养，可见教师队伍建设的核心任务在于提升教师的专业素养。也就是说，幼儿园保教人员的培养旨在促进教师专业发展，保教人员的管理是为教师专业发展服务的，旨在调动教师的积极性，促使教师主动进行专业提升。

一、幼儿园教师专业发展

（一）幼儿园教师专业发展的内容

《幼儿园教师专业标准（试行）》（简称《专业标准》）作为幼儿园教师的专业准绳，指明了幼儿园教师专业发展的基本内容和要求，并在专业理念与师德、专业知识、专业能力三个维度做出了明晰的规范和指引，具体内容如下：

1. 专业理念与师德

专业理念与师德是幼儿园教师专业素养的核心部分，既是幼儿园教师专业性的重要体现，也是引领幼儿园教师专业发展的精神信念。专业理念是幼儿园教师对保教工作的专业性质、专业要求和重要价值等的理解与认同，是幼儿园教师对学前教育事业的理性认识，是幼儿园教师确立自身专业性、区分其他非专业人员的专业化动力。师德即教师的职业道德，是教师关于如何进行保教工作的伦理规范、价值态度及道德品质的综合，是引领教师进行规范的、有情怀的专业化保教工作的精神品质。可以看出，专业理念是对幼儿保教工作的专业性认识，师德是对幼儿保教工作的思想觉悟、价值信念等精神品质。二者相互交融，相辅相成，共同组成了幼儿园教师的精神信念，引导着教师的保教行为。

《专业标准》将专业理念与师德合二为一，组合成教师对学前教育事业的思想品质，并将之划分为四个维度：职业理解与认识、对幼儿的态度与行为、幼儿保育和教育的态度与行为以及个人修养与行为。具体而言，幼儿园教师应了解并认同学前教育的专业性和重要价值，树立职业使命感；关爱、尊重幼儿，信任、重视幼儿；理解保教工作的特殊性，践行专业化的保教行为；注重修身养性，强化伦理观念，规范个人言行举止，努力形成高尚的道德品质。

2. 专业知识

幼儿园教师的专业知识指教师胜任保教工作所必需的、不可替代的、独特的知识，这些知识是在保教工作中反复被试验，明确证实其可以有效规范和指导保教行为的系统性经验。系统扎实的专业知识是幼儿园教师成为专业人员的必要条件，是其进行专业实践的基础。《专业标准》指出，幼儿园教师应具备幼儿发展知识、幼儿保育和教育知识、通识性知识三个部分的基础知识。其中，幼儿发展知识包括幼儿身心发展的一般规律、幼儿发展的年龄特征与个体差异、幼儿发展中的常见问题及其对策、关于幼儿基本权利的法律法规；幼儿保育和教育知识包括保教工作的目标、内容、途径、方法和策略等基本知识；通识性知识包括一般的自然科学和人文社会科学知识、艺术表达与欣赏知识以及信息技术知识等，这些知识看似与教育教学内容没有直接关系，但却是提升教师的文化素养、优化保教工作的重要基础。

3. 专业能力

幼儿园教师的专业能力是把专业知识有效应用于保教工作的能力，是教师专业素养的直接体现，关乎能否真正落实教师的保教职责，直接影响幼儿的学习与发展结果。专业能力是教师在进入幼儿园后，将自身的专业理念、师德和专业知识相互整合并应用于保教工作，在实践中逐渐发展起来的。并且，不同教师面对的班级情况并不一样，其保教工作的重点和难点也各有差异，因而每位教师在保教实践中生成的专业能力也各有特点。可见，专业能力具有较鲜明的整合性和个体性。

《专业标准》明确描述了幼儿园教师专业能力的七个方面。其一，环境的创设与利用。教师应为幼儿创设有质量的环境，充分发挥环境的隐性教育作用。高质量的环境既包括安全、舒适、有意义的物质环境，也包括温暖和愉悦的情感环境。其二，一日生活的组织与保育。教师应合理安排幼儿的一日生活，给予幼儿良好的生活照料，充分利用一日生活中的教育契机，实现保教结合。其三，游戏活动的支持与引导。游戏是幼儿重要的学习方式。教师应为幼儿提供适宜和充足的游戏空间和材料，支持和引导幼儿主动、创造性地进行游戏（见图 9－1）。其四，教育活动的计划与实施。教师应有目的、有计划地设计与实施符合幼儿年龄特点和发展需求的教育活动。其五，激励与评价。教师应以激励为基本导向，发掘和肯定幼儿的长处与进步，多途径了解和评价幼儿，以调整和改进教育活动。其六，沟通与合作。教师的工作既涉及与幼儿的交流，也涉及与其他成人的沟通合作。教师应与幼儿进行适宜、有意义的交流，与同事、家长和社区形成合作互助的友好关系。其七，反思与发展。教师需主动反思和改进保教工作，不断提高自身专业素养。

图 9－1　教师带领幼儿进行创造性游戏

（二）幼儿园教师专业发展的途径

教师专业发展是教师通过各种方式，在专业理念与师德、专业知识和专业能力上不断更新和提升的过程，是一个持续性的成长过程。幼儿园教师的专业成长不仅离不开园所的保障与支持，也离不开个人自主的学习与反思。换言之，教师专业发展的方式既包括园所为促进教师专业发展提供的资源与机会，也包括个人的自我教育。

1. 园本教研

园本教研指幼儿园教师立足于园所自身的保教实践情况，探究保教工作中的重点与难点，以研究的态度和方式寻找解决的方案，以改进保教工作。在教师不断发现问题、分析问题、解决问题的过程中，其专业素养也在不知不觉中得到了提升。可以发现，园本教研既是提高保教质量的重要手段，也是促进教师专业发展的重要途径①。

园本教研的组织形式一般包括专题研究、专题讨论与学习、观摩活动、集体备课等。其一，专题研究指幼儿园教研小组就本园保教工作中遇到的问题和挑战进行专题的科学研究，例如，如何将教育渗透进一日生活中，如何提升教师的观察分析能力，等等。在研究过程中，通过不断了解和应用前沿的教育理念和方法，不断尝试和调整保教工作，最终实践出一套适用于本园的解决方案。这不仅解决了园所实际面临的保教难题，还提升了教师的专业素养。其二，专题讨论与学习指教师就某一个主题进行交流讨论、共同学习，讨论的主题可以多种多样，如教育方针政策学习，对某本书的读后感交流，教师观察记录技巧的分享与交流，幼儿玩教具的制作与使用，等等。其三，观摩活动指保教人员在本园内或到其他幼儿园相互观摩教育活动，并进行交流讨论。这种活动既有利于学习他人的经验，找出自身的差距和问题并尝试改进，也有利于分析他人存在的问题与不足，为他人的专业成长提供建议，达到教师之间、幼儿园之间相互学习、共同成长的目的。其四，集体备课指同级或同领域的教师一起备课，通过研讨确定教育活动的目标、内容与形式，共同钻研活动实施中的重点与难点。这是一种充分发挥集体智慧、加深教师对活动内容的理解、提高教师的活动设计与组织能力的备课方式。

了解教师需求，改善园本教研

教科研主任反映，最近两年的教研模式存在问题，不仅教师们普遍积极性不高，而且园所内各个层次的教师数量均衡，既有年轻教师，也有具备一定专业特长的成长期教师，还有不少骨干教师，联合不同层次的教师确定教研主题、展开教研活动实在困难。针对这些问题，园长决定与不同层次的教师代表进行深入交流，同时向所有教师发放了调查问卷，充分了解教师对园本教研的态度、需求和改进建议。

在了解了教师们的想法后，园长和教科研主任经过深度讨论，共同改进了园本教研制度。他们将原本的大教研组进一步划分，根据教师的层次和兴趣划分为多个小教研组。园长和教科研主任确定大的教研专题，各个小教研组在大的教研专题之下进行个性化的小专题研究。园长和教科研主任还确立了教研日，用以组织各个小教研组聚集到一起，共同交

---

① 王瑜，贺燕丽. 幼儿园组织与管理. 北京：高等教育出版社，2015.

流研究进度与发现，相互启发，共同学习。最后，园长和教科研主任针对这一调整，改进了园本教研的考核与评价体系，确保了小专题研究的顺利与高质量进行。

资料来源：于渊莘．基于教师专业发展需求的园本教研管理机制探索．学前教育，2017（Z1）：24-26.

2．专家引领

专家引领即专家发挥自身的理论优势，带动幼儿园教师改进保教工作实践，提升自身的专业素养。专家引领是以专家的专业理论素养激发幼儿园教师的实践智慧的过程。幼儿园管理者根据当前幼儿园工作中面临的实际问题与需要，聘请有关的学前教育专家进园指导与培训幼儿园教师。专家借助自身的理论视角和先进的学术成果，为幼儿园教师提供具有启发性的理论经验，更新与提升幼儿园教师的保教理念与知识，从而推动幼儿园教师保教工作的改进与完善。一般来说，专家引领的组织形式包括：专家讲座，即专家就某个主题进行理论讲授；专家观摩，即专家到幼儿园实地观摩保教工作，就观察发现与教师们进行交流与讨论；专家共研，即专家带领幼儿园教师开展教育教学研究，以自身的研究素养推动幼儿园教师对保教工作中的问题进行深入的探究与反思，促进教师的专业提升。

3．外出培训与进修

外出培训与进修即幼儿园教师暂停保教工作，到园外参加特定主题的培训活动，这有利于教师开阔视野，系统化了解有关的教育理念、知识与方法。对于有条件的幼儿园，可针对教师当前工作中的困难和不足，有目的、有计划地安排和支持教师外出参加培训，给教师提供与各领域的专家、各地区幼儿园的教师交流的机会，集中性地提升教师的专业素养，拓展教师的工作思路，让教师能够在保教工作中不断提升专业水平。

4．师徒结对

谈到师徒结对，我们自然会联想到“以老带新”“以强带弱”。其实，随着信息技术的发展以及幼儿园新教师教育水平的提升，新教师往往具备较成熟的信息素养，能较熟练地运用互联网技术进行自我学习与提升，在职前教育中吸纳了先进的学前教育理念与知识，具有较强的学习与反思能力。在这一背景下，师徒结对不再只是老教师带领新教师成长，同时也包括新教师对老教师专业发展的激励与促进。因此，师徒结对其实是“以老带新”“以新促老”的一种互相促进的培养方式。

在实施“师徒结对”策略时，幼儿园管理者需根据每位教师的能力特点和个性特征去搭配组班，让经验丰富的老教师与资历尚浅的新教师结对。老教师通过示范和指导等方式带领新教师熟悉保教工作的内容与要求，新教师在不断观察模仿和实践反思中体悟老教师的实践智慧，实现自我的专业成长。此外，新教师也能促进老教师的专业发展。一方面，新教师蓬勃的活力与热情可以激发老教师的专业发展动力，推动老教师主动反思与提升自身的保教工作。另一方面，新教师一般具备先进的保教知识，比较容易学习和接受新知识、新技能，能够为老教师提供丰富的前沿教育理念与信息，帮助老教师学习新的知识与技能，如媒体教学技术、教研方法等。

5．自主专业发展

上述几种方法都是园方为教师专业发展提供的外部支持。除外部的激励与指导外，教师自主专业发展也是一种重要的发展方式。自主专业发展指教师充分发挥主观能动性，主动获取专业发展资源，积极学习专业知识，不断反思与改进保教实践，从而提升个人的专业素养。要实现优质高效的自主专业发展，需要教师事先分析自身的能力特点、个性特征与发展需要，明确自己目前的专业水平及其与《专业标准》的差距，确定发展目标、内容和方法等，形成属于自己的专业发展计划。随后，教师再依据专业发展计划，有目的、有规划地提升自我的专业素养，充分利用书籍材料和网络资源（如微信公众号、慕课、手机应用程序等）填补自己的知识漏洞，与同事或领导交流实践中的困惑和难题，不断调整和提升教育理念，不断反思和改进保教工作。

（三）促进教师专业发展的注意事项

1. 将《专业标准》作为专业发展的依据

《专业标准》明确了幼儿园教师的专业形象，是教师专业发展的指南①。幼儿园管理者应始终将《专业标准》作为制定和实施教师专业发展策略的重要依据，深刻理解《专业标准》的精神内涵，以此引领教师的专业发展。首先，幼儿园管理者应依据《专业标准》，帮助教师明确他们的工作职责与要求，以此作为教师保教工作的基本标准，号召教师向《专业标准》看齐，以努力达到和超越《专业标准》的要求为发展目标。其次，幼儿园管理者要以《专业标准》为抓手，结合本园实际情况，分析本园教师专业素养的优势与不足之处，制定教师专业发展规划，确立教师专业发展的目标和内容，设定适宜的途径与步骤，高效优质地开展专业发展活动。最后，幼儿园管理者要以《专业标准》为重要参考，完善教师考核与评价制度，健全绩效管理机制，帮助教师明确自身的专业水平，意识到自己的不足之处，激励教师调整和改进自己的保教行为。

2. 按需、对症培养教师，确保教师培养的有效性

教师专业发展是一个持续性过程，需要长期的坚持与投入，“求全”和“贪快”都是不可取的。有效的专业发展活动应该建立在本园教师专业发展的难点和痛点之上，而不是一味追求培训内容的丰富和全面。我们都知道，幼儿园的财力、人力和物力都是有限的，在保证其他园所事务都能顺利运行的同时，同步开展多个专业发展活动，幼儿园是负担不起的；而且，教师的时间和精力也是有限的，要求教师同时了解和提升多项专业素养，教师也是吃不消的。因此，幼儿园在组织和实施教师专业发展活动时，除了应事先分析本园教师保教工作的基本情况，明确工作中存在的困难与问题，还应充分考虑教师现有的专业水平和发展需要，根据这些来分析判断教师当前最需要哪些方面的培训——是一日生活的组织与安排，还是游戏活动的支持与引导，抑或是家园沟通的原则与方法……在确定具体的发展内容后，再向教师提供有针对性的、适宜的和实用的专业发展资源。

3. 推动教师的自主反思，激发教师专业发展的主动性

推动教师的自主反思，激发教师专业发展的主动性是提升教师专业素养的关键方法。反思是教师改进保教工作、提升专业能力的必然路径。教师只有真正在思想层面转变了教育观念，才能彻底地调整和改进自身的保教行为。而外部的要求对保教工作的调整只是暂时的、形式化的，并没能真正促进教师专业素养的提升。主动性是有效促进教师专业发展

① 教育部教师工作司. 幼儿园教师专业标准（试行）解读. 北京：北京师范大学出版社，2013.

的重要品质。教师专业发展的主动性体现在主动获取和了解专业发展资源，主动学习和思考专业知识，主动反思和调整教育实践……主动性强的教师往往能在专业发展活动中收获许多，厚积薄发，自然而然便实现了专业发展。

可见，反思能力与主动性都是教师专业发展的重要影响因素，幼儿园管理者应重视对教师反思能力和主动性的培养，采取多项措施共同推动教师的自主反思与主动发展。例如，幼儿园管理者可以经常与教师进行反思性对话，鼓励教师撰写教育反思日志，组织观摩和讨论活动，培养教师进行教学反思的意识和习惯，锻炼教师的反思能力。幼儿园管理者还应重视园所学习氛围的建设，帮助教师形成专业发展的主动意识。此外，幼儿园管理者需要为教师提供自主专业发展的资源与机会，如合理的空闲时间、充足的书籍资料、组织专业发展活动等。

二、幼儿园保教人员的管理策略

管理保教人员的目的在于保障幼儿园保教工作职能的正常运转，同时为教师专业发展提供保障与激励条件。管理的核心在于规范教师的保教行为，调动教师的积极性，促成教师的专业成长，共同实现幼儿园的教育目标。

（一）落实思想政治教育，强化师德建设

思想政治观念是引领教育实践的先导。幼儿园管理者应积极落实思想政治教育，强化师德建设，端正和提高保教人员的思想政治观念，为保教人员的专业化保教实践奠定强有力的思想基础。首先，幼儿园管理者应带领保教人员正确认识学前教育的社会任务，主动了解时政信息。2018 年印发的《中共中央 国务院关于学前教育深化改革规范发展的若干意见》（简称《意见》）指出，学前教育要“认真落实立德树人根本任务”，“为培养德智体美劳全面发展的社会主义建设者和接班人奠定坚实基础”。幼儿园管理者应加强思想政治宣传与教育，让保教人员意识到自身的社会责任，并以此为根本方向，规范和领导保教行为。同时，幼儿园管理者还应鼓励和带领保教人员积极了解教育改革动态，认真学习党和国家的教育方针和政策。

其次，职业道德和情怀是引领教师专业化教育实践的指南针。《意见》指出，要“强化师德师风建设”，培养教师“热爱幼教、热爱幼儿的职业情怀”。幼儿园管理者应注意引导教师充分认识到学前教育的重要价值与光荣使命，培养教师的敬业精神，强化教师的专业意识，坚定教师的职业信念，激发教师的职业使命感，以高尚的职业道德与情怀去规范和指导教师的保教行为。幼儿园管理者在进行师德师风培训时，应与幼儿园的保教实践紧密结合，充分利用园所环境，进行针对性、多样化的培训，如开展读书交流活动、举行演讲比赛、学习优秀教师的先进事迹等。

电影赏析，让师德深入人心

为了让教师们真正领悟师德的内涵与价值，发自内心地认同培养师德的必要性，教研组长潘老师计划举办一次师德研修活动。以往的师德培训活动多是让专家或领导来讲授师德的重要性，教师们对此往往不买账，导致最后效果并不好。想到这里，潘老师决定这次师德研修

活动一定要办得扎实，避免说教。但是，怎样才能让活动充满吸引力，不空洞、不乏味呢？

灵机一动，潘老师想到可以举办一场电影赏析与交流活动，让教师们观看一部与师德有关的电影，观影后交流一下感受。潘老师在网络上搜索了不少信息，最终决定选择《地球上的星星》这部电影。这部电影讲述了一名有阅读障碍的小男孩，由于阅读有困难所以学业成绩并不好，他的主科教师和家长总是为此责备他，让他很受伤。但他的美术教师并没有如此，而是满怀热情地带领小男孩了解和学习美术，最终帮助小男孩走出低谷，重获信心。选定电影后，潘老师还为观影后的交流设计了一些问题，以启发教师们交流。

（二）保障良好的工作条件

良好的工作条件是幼儿园教师主动、创造性地进行专业的保教实践的重要基础。工作条件既包括完善的物质条件，也包括和谐的人际氛围。一方面，幼儿园管理者应充分考虑教师的生活和工作情况，保障教师的工资待遇，设置合理的工作安排和要求，为教师提供充足的工作资源，让教师能够放心、舒心地开展保教工作。另一方面，幼儿园管理者也应积极创设和谐温暖的人际氛围，将人文关怀融入日常管理，带头引领教师们相互尊重与信任，相互关心与支持，相互欣赏与学习，形成强大的归属感和凝聚力，从而让教师们认真踏实地履行本职工作，积极主动地改进保教实践。

（三）完善考核评价体系，善用激励机制

制度化是管理保教人员的必要手段。为规范保教人员的工作行为，有必要建立和完善对教师工作的考核评价体系。在创设考核评价体系时，需重点明确考核评价的内容与标准。首先，考核内容应以《专业标准》为根本依据，需考虑所在幼儿园的工作条件和特点，以及教师的能力水平和特点，确保考核内容的准确性、适宜性和可操作性。其次，还需注意让多个主体共同考核教师的保教工作，广泛采纳大家的意见，确保考核的客观性与公正性。最后，可根据考核结果实施一定的奖惩，在奖惩过程中应注意以改进和提升为导向，及时奖惩，对事不对人。除建立和完善考核评价体系外，在日常工作中，幼儿园管理者也应常常激励教师，调动教师的积极性。例如，可以多多关注教师的日常工作，与教师进行积极的对话，对教师的努力与进步进行真诚的肯定，并给予相应的专业支持，激发教师的发展动力。

（四）创设积极融洽的园所文化

园所文化是一所幼儿园十分宝贵的隐性财富，它虽然看不见摸不着，但却是在无形中约束和指导教师工作行为的重要源泉①。幼儿园管理者应采取榜样示范、举办文化活动、畅通沟通渠道等方法，努力创设并持续巩固以幼儿为本、和谐互助、奋发上进的优秀园所文化，让园所文化这只无形的“手”规制教师的保教行为，推动教师专业素养的提升。其中，“以幼儿为本”的理念氛围能让教师自发地尊重与信任、肯定与支持幼儿，从而真正践行以幼儿为中心的教育教学。“和谐互助”的人际氛围能让教师之间坦诚地进行沟通与交流，就保教工作中的收获和问题进行讨论，从而分享建议，相互支持，共同进步。“奋发上进”的工作氛围能激发教师专业发展的自觉性，使教师主动反思自己在保教工作中存

① 马春玉．在幼儿园文化建设中实施社会价值观教育的意义与策略．学前教育研究，2014（12）：67-69.

在的不足，积极学习相关的保教理念与知识，不断尝试调整和优化自身的保教实践。

通知里的园所文化

幼儿园拟组织教职工于三八妇女节去欢乐谷游玩，活动时间为一天左右，园所提供门票和来回用车。为此，领导拟定了一份“邀请书”：

如果您想尖叫但办公室里不允许，如果您想忘记无处发泄的郁闷和不快，如果您想和同事畅所欲言但缺乏机会，那么，请在下面签上您的大名，加入欢乐谷之旅吧！

并且，在启程前一天，领导又给计划参加活动的教师发了一张精美的卡片，上面写着：

恭喜您已经成为我们三八妇女节欢乐谷之旅的成员！请您做好出行前的准备：

（1）带好身份证，保管好您的门票；

（2）穿着让您轻松、暖和的衣服；

（3）约好您的朋友；

（4）如果您觉得开私家车出行太麻烦，那么请早上八点到园所门前集中乘车；

（5）为了有足够的力气玩耍，请记得吃饱喝足。

其实，从这两份通知中不难看出，该领导定是个关怀他人、善于鼓舞他人、幽默风趣的领导。在这样的领导的带领下，想必这所幼儿园的工作氛围是轻松活泼、欢快有趣的，这有助于提高教师们的工作热情。

资料来源：张慧敏．幼儿园管理智慧．北京：北京师范大学出版社，2015．

思考与练习

1. 幼儿园保教人员的工作职责有哪些？
2. 幼儿园保教人员的任用应遵循哪些原则？
3. 简述幼儿园教师专业发展的内容，并根据这些内容进行自我评价。
4. 试论如何激发幼儿园教师专业发展的主动性。
5. 请结合本章学习内容，为自己设定一份专业发展规划。

推荐资源

1. 教育部教师工作司．幼儿园教师专业标准（试行）解读．北京：北京师范大学出版社，2013．

2. 陈雯．幼儿园教师团队建设策略．学前教育研究，2015（11）．

3. 蔡迎旗，海鹰．自主学习：幼儿园教师专业发展的现实之需．学前教育研究，2016（3）．

第十章

幼儿园组织文化建设

目标指引

1. 了解幼儿园组织文化的含义、特征、构成；
2. 了解幼儿园组织文化的功能和幼儿园组织文化建设的意义；
3. 熟悉影响幼儿园组织文化建设的因素；
4. 掌握幼儿园组织文化建设的原则、策略。

内容结构

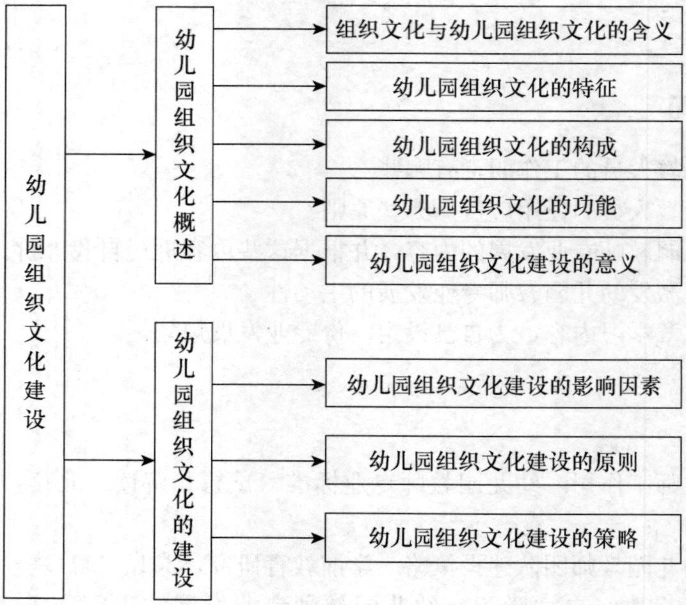

案例导引

当被问及“你们幼儿园的园所文化建设如何”时，有的园长说：“我园成功开展了各种各样的文艺活动，如组织了教师教学技能大赛，成功举办了‘六一’文艺晚会，组织全园教师暑期游览了名胜古迹，等等。”有的园长说：“我园为教职员工提供了统一的园服，还设计了幼儿园的公众号、网站等，来包装、宣传幼儿园的形象，提高幼儿园的知名度。”还有的园长说：“我园的主建筑物上标有醒目的标语：一切为了孩子，为了孩子一切，为了一切孩子。”……

不可否认，这些都是幼儿园文化建设的体现，但是不能全面代表幼儿园的文化。幼儿园的组织文化是什么？如何建设幼儿园的组织文化呢？

第一节 幼儿园组织文化概述

2015年1月，教育部正式颁布《幼儿园园长专业标准》（简称《标准》）。《标准》将“营造育人文化”作为园长的重要专业职责之一，要求园长把“文化育人”作为办园的重要内容与途径，促进幼儿全面、和谐发展。文化是一个组织的灵魂，对组织的生存和发展起着至关重要的作用。幼儿园组织文化是幼儿园特色的体现，是一所幼儿园区别于其他幼儿园的标志。

一、组织文化与幼儿园组织文化的含义

（一）组织文化

一般而言，组织文化是组织在其发展过程中，在内外环境的相互作用下形成的以共享的价值观、信仰为核心的行为规范、制度规范以及外部形象等的总和。组织文化常常表现为组织内部成员习惯化的行为方式、组织的制度以及组织的物质设施等。

（二）幼儿园组织文化

幼儿园作为一个社会组织，具备一般社会组织的特征。但由于幼儿园是以育人为宗旨的社会组织，因此它又区别于其他生产性或事业性的社会组织，构成了有独特内涵与特征的幼儿园组织文化。

幼儿园组织文化是组织在其发展过程中，在内外环境的相互作用下形成的，为其成员所普遍认同并遵循的共同价值观、精神信念及行为方式的总和。幼儿园组织文化有广义和狭义之分。广义的幼儿园组织文化是园所内全体成员共同接受的价值观念、行为准则、思维方式、心理预期和团队归属感等群体意识的总称；狭义的幼儿园组织文化是指幼儿园的物质设施、行为习惯、组织管理结构及其相应的制度，以及幼儿园组织成员内隐的幼儿园精神、价值观等。幼儿园组织文化是幼儿园全体教职工共同遵循的文化，对全体教职工具有深远持久的影响。

二、幼儿园组织文化的特征

组织文化在不同国家、不同地区、不同民族、不同行业、不同历史时期具有不同的特点。幼儿园组织文化与一般组织文化既有共性，也有不同。其一般来说具有以下特征：

（一）无形性

组织文化的无形性也称意识性。组织文化是组织成员普遍认同并遵循的共同价值理念及行为准则，其在大多数情况下属于抽象的意识范畴，无形之中影响着幼儿园的方方面面。如春风化雨，润物细无声，潜移默化地渗透在组织成员的观念、言行举止之中，渗透在他们的教学、科研、读书、做事的态度和情感之中。组织成员接受着幼儿园文化的熏陶，将其渗透进自己的灵魂，并内化为自己的习惯，改变着自己的思维和行为方式。

（二）软约束性

不同于规章制度等硬性因素，幼儿园组织文化可以对组织成员的思想、心理和行为产生软约束作用，它是幼儿园软性的精神支柱。幼儿园通过对组织成员的熏陶、感染和引导，能够使组织成员对价值观念、行为准则、组织精神产生认同、接受，并使他们以此为导向，自觉地按照组织的共同价值观念去行动。与制度的强制性相比，组织文化能够将规范产生的外在心理压力转化为自我约束的自觉行为，形成软约束力，降低由制度约束引起的心理抵触，产生更持久的力量。

（三）独特性

组织文化作为幼儿园的独特标志，是区别于其他幼儿园的特色。幼儿园组织文化不是千园一面的，不同幼儿园的内部文化、园风园貌、员工的状态与素质往往是不同的。每所幼儿园都有自己的历史传统、办园背景条件、师资结构状况、生源素质情况等，这就决定了幼儿园组织文化具有独特性这一鲜明的特征。

（四）动态性

幼儿园组织文化是在其生存、发展过程中逐渐培育、积累和总结而形成的。组织文化一经形成，就能够随着幼儿园的发展获得延续、传承，从而持续不断地发挥作用，并不会因为园所环境或领导者的变动而变化或消失，具有一定的稳定性。但这种稳定性具有相对性，并不是一成不变的。随着社会和时代的不断发展变化，幼儿园作为社会大系统中的一个子系统，幼儿园文化必然要发展变化，在继承中发展，在发展中创新，不断更新内容和形式，与时俱进，把传统文化与现代文化有机结合起来，形成动态开放的系统，使幼儿园文化永远走在时代前列，充满旺盛的生命力。

（五）教育性

幼儿园作为学前儿童的教育机构，其精神文化、环境文化、制度文化、行为文化具有教育性。良好的组织文化能够以精神文化激励人，以环境文化熏陶人，以制度文化规范人，以行为文化教化人，以正确的教育思想为指导，使幼儿园形成积极向上的教育氛围和求真务实的教育态度，使教师在工作中体现科学严谨的教育行为，促进幼儿发展，服务好家长，并积极发挥幼儿园对社区、对社会的教育作用。

三、幼儿园组织文化的构成

组织文化结构是组织文化各要素的地位及构成方式。美国学者埃德加·沙因提出组织文化四层次理论，根据这一理论，幼儿园组织文化包括从物质文化（表层）到行为文化（浅层）、制度文化（中层），最后到精神文化（深层）的完整体系（见图 10－1）。其中精神文化（深层）是组织文化的核心。

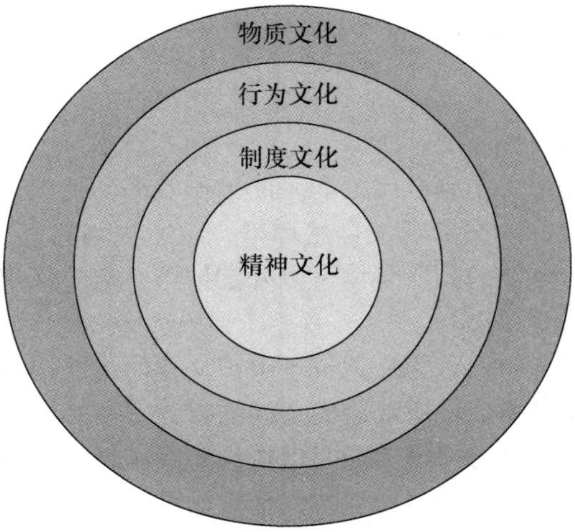

图 10－1　幼儿园组织文化结构示意

（一）幼儿园物质文化

物质文化位于组织文化的表层。幼儿园物质文化是幼儿园全体组织成员在教育实践过程中创造的各种物质设施的总和，是幼儿园组织文化的物质形态。这种以物质形态存在的文化设施不仅是幼儿园保教活动的重要场所，而且体现了幼儿园的价值观念和教育内涵，使幼儿园组织文化得以保存和传递。幼儿园物质文化通常包括以下内容：

1. 幼儿园标志

幼儿园标志是幼儿园的代表，可以给社会和公众留下直观的印象，使人直接联想到幼儿园。比如，代表幼儿园形象的具体器物（如园名、园徽、园歌、园服等）能够反映出幼儿园的办园理念和组织文化的内涵，直接向社会和公众传达幼儿园的办园宗旨和价值追求。

北京师范大学实验幼儿园园徽

北京师范大学实验幼儿园园徽的整体轮廓为抽象化的卡通“木铎”形象，既透出近百年来作为北京师范大学附属幼儿园的厚重园史，又带有幼儿园孩子活泼可爱的特点与时代感。木铎的螺旋形线条还传达出幼儿园依托北京师范大学从最初一个蒙养园发展为今日一个庞大的幼儿园机构，并以锐意改革、积极进取的精神走向未来、面向世界的趋势。园徽整体图案简约并富有历史感。

园徽以蓝绿色为标准色。蓝色象征天空、大海，寓意博大、宽容，同时也是北京师范大学校徽的主色；绿色寓意生命和希望，传达出稳定、睿智的品牌特色。淡绿色一点点向深绿色渐变，进而与北京师范大学校徽的蓝色相融合，蕴含着幼儿园的发展与北京师范大学紧密相关、密不可分。

园徽融合了祥云和太极图的线条元素，兼具静态与动态感。太极是中国文化的精髓，象征着圆满和谐，借用中国传统文化中“和”的思想寓意，既表达了幼儿园致力于创造师幼和谐、家园和谐的环境，同时也传达了幼儿园在北京师范大学及各级领导的关怀下，在办园理念、管理模式、师资力量方面逐渐走在行业前列。

资料来源：黄珊．北京师范大学实验幼儿园园徽．（2021-09-17）［2021-12-05］．https://child.bnu.edu.cn/yeyjj/yhjd/index.htm.

2．幼儿园物质环境

幼儿园物质环境的好坏关系到全园教职工的工作效率和情感态度。幼儿园物质环境包括幼儿园地理位置、建筑、人文景观、自然环境、园所规划布局、室内空间大小与结构、硬件设施设备等。舒适、整洁的园所环境可以安定情绪、启迪思想、陶冶情操。

（二）幼儿园行为文化

在幼儿园组织文化结构中，行为文化位于组织文化的浅层。幼儿园行为文化是在园所长期发展过程中，幼儿园组织成员所形成的共同的行为习惯和活动文化，它既是幼儿园作风、精神风貌、人际关系的动态体现，同时也是幼儿园精神、价值观的折射。幼儿园行为文化是依靠全体教职工和幼儿的参与和支持、传承与发扬，将办园理念内化的过程，是幼儿园育人活动中最直接、最广泛、最深刻的部分。其具体体现在以下几个方面：

第一，管理者尊重教职工，对其进行科学分工并提供合理的工资、福利待遇，鼓励教职工在自己的岗位上发挥积极作用。

第二，教职工有正确的教育理念和教育行为、高超的专业能力，能够很好地完成本职工作，促进幼儿健康成长，并为家长和社会提供服务。

第三，幼儿园经常组织或鼓励教师参加各类培训和能力提升活动，如组织参加园内外业务交流、教学技能竞赛、文体活动等（见图 10-2）。

图 10-2　幼儿园师德建设活动

第四，设计和定期举办幼儿园仪式活动。幼儿园仪式活动是行为文化的载体。幼儿园可以结合自身实际，组织各种仪式性的纪念活动，比如升旗仪式、扫墓活动、毕业典礼、表彰活动、儿童节活动、体育节活动、阅读节活动等，传递幼儿园的组织精神和价值观念，进行组织文化建设，让教职工、幼儿和家长受到园所文化的熏陶和感染。

（三）幼儿园制度文化

幼儿园制度文化位于组织文化的中层，它是由幼儿园所制定的制度及由此形成的组织形态和员工的行为模式构成的外显文化。它是体现幼儿园组织文化特色的各种规章制度、道德规范和员工行为准则的综合，主要包括分工协作关系的组织结构、管理制度、工作制度、分配制度等。然而，制度文化不是规章制度本身，而是制度在制定和执行过程中所映射出的管理理念。幼儿园的组织机构和内部制度在一定程度上反映了幼儿园的资源配置模式、权力分配方式、管理方式、管理理念等。设立合理的幼儿园组织机构、制定良好的幼儿园管理制度有利于保证幼儿园内部成员在工作中各司其职、互不推诿。

首先，幼儿园制度文化表现为文本化的各种规章制度：一方面，包括国家颁布的教育方针政策、法律法规，政府主管部门制定的各类章程、规则、指示等；另一方面，也包括幼儿园结合自身实际制定的各项规章制度，涉及教学、保育、科研、管理等方方面面，例如《幼儿园卫生保健制度》《幼儿园安全管理制度》。

其次，幼儿园制度文化内化为个体思想观念、道德意识等方面隐性的“规章制度”。将外在要求转化为内在需要，体现了个体满足制度规范的自觉要求，既实现了制定明确规章制度的最终目的，也为幼儿园营造了良好的制度文化氛围。幼儿园制度文化是幼儿园重要的精神财富。

（四）幼儿园精神文化

幼儿园精神文化指幼儿园全体教职工所信奉的价值观和组织精神，是幼儿园组织成员的集体意识和行动准则。精神文化是幼儿园文化最核心、最深层、最隐性的表现形式，它主要体现在幼儿园的办园思想、发展目标、办园特色、核心教育理念和教育特色等方面，亦是幼儿园组织文化建设的关键。

1. 幼儿园价值观

幼儿园价值观是全园教职工在教育教学实践活动中所形成的价值准则，是对教育管理、保教工作、课程模式、家长服务等活动的基本看法和观点，具体包括管理观、教学观、儿童观、课程观等。幼儿园价值观决定了幼儿园的本质特性，规定了幼儿园的发展方向。

2. 幼儿园的组织精神

幼儿园的组织精神是幼儿园在长期发展中逐步形成的具有共性的思想观念。幼儿园的组织精神依托于幼儿园的现实发展状况，体现了幼儿园全体成员一致认同的价值理念。幼儿园的组织精神与其价值观具有内在的联系，具有强大的感召力，激励幼儿园全体成员在统一理念的引领下共同努力。

福建省福安市赛岐镇因在耕种时代与牛结缘，并流传着一则关于牛的传奇故事，而被冠以“牛城”的美誉。赛岐镇中心幼儿园立足深厚的文化积淀，充分依托“牛城”独特的

人文环境，科学定位发展目标，凝练出“三牛”文化，不断推进内涵建设，引领幼儿园各项工作健康和谐发展。

“三牛”指幼儿——“萌牛娃”（自主自律、自信自强），教师——“孺子牛”（成于精勤、止于至善），家长——“牛爸妈”（幸福陪伴、共同成长）。该园确定了“三‘牛’合一，和乐成长”的办园理念：立足本土，整合各种教育资源，打造“牛城”牛园，使幼儿园成为幼儿、教师、家长共同学习、生活、成长的精神家园。

综上，物质文化、行为文化、制度文化、精神文化不是相互孤立、互不相干的，而是由浅及深、层层递进、相互依赖的。精神文化决定物质、行为和制度文化，是组织文化的核心和灵魂；制度文化是行为文化与精神文化的中介；物质文化和行为文化是精神文化的基础与体现；行为文化和制度文化则约束和规范物质文化和精神文化的建设。可以说，物质文化、行为文化是幼儿园的“外表”，制度文化是幼儿园的“骨架”，精神文化是幼儿园的“灵魂”，这四部分是相互渗透、互相补充的，共同构成了一个有机的文化整体。

四、幼儿园组织文化的功能

组织文化的重要价值在于，它规定了事情是如何进行的，以及什么才是最重要的。幼儿园组织文化对于园所的发展有着不容忽视的作用。具体而言，幼儿园组织文化的功能有正向和负向之分，这就要求管理者积极发挥组织文化的正向功能，同时也不能忽视组织文化可能带来的风险。

（一）正向功能

1. 导向功能

幼儿园组织文化对个人和组织的行为与活动起着导向作用。幼儿园组织文化的导向功能主要表现在：幼儿园办园理念和价值观念的指导、幼儿园教育目标的指引。幼儿园办园理念决定了幼儿园的思维方式和处理问题的法则，指导幼儿园管理者进行正确的决策。幼儿园价值观念决定了幼儿园的价值取向，使教职工形成共识，并为实现他们所认定的价值目标而行动。幼儿园的教育目标则代表着幼儿园发展的方向，指引着教职工从事相关的教育活动。

2. 凝聚功能

幼儿园组织文化作为全体成员所共同遵循的价值观念、行为态度等的集合，具有重要的凝聚功能。良好的组织文化是一种黏合剂，可以把全体教职工紧紧地团结在一起。优秀的组织文化通过建立集体成员所认同的价值观念、思想作风、行为态度等，不断强化教职工之间的相互信任、分享合作的团结意识，使其产生信任、归属和使命感，从而激发出高度的自觉性和创造性，并且，在价值观念、教育目标等达成共识的基础上，使组织成员具有心理上、情感上的凝聚力量，产生“园兴我荣，园衰我辱”的主人翁意识，从而提升幼儿园的核心竞争力。

3. 激励功能

幼儿园内部的文化氛围和价值导向是一种精神激励，这种激励并非外在推动而是内在引导，能够使组织成员从内心深处产生一种奋发进取的精神力量，能够让教职工感受到被尊重、理解和支持，从而激发和调动教职工的积极性、主动性、创造性以及潜在智慧。此外，良好的幼儿园组织文化能给组织成员带来满足感、成就感和荣誉感，从而产生深刻而持久的激励作用。

4. 规范功能

幼儿园组织文化的规范作用主要通过完善管理制度和道德规范来实现。一方面，以园规、园风、价值观念、人际关系等方式表现出来的幼儿园文化，起着教育和指导作用；另一方面，其中的规章制度等也会成为强大的心理制约力量。良好的幼儿园组织文化能够起到约束的作用，具体表现为“硬”约束和“软”约束两种类型。“硬”约束主要是通过明确的制度建设，规范幼儿园教职工的行为。“软”约束则是通过创设良好的精神氛围，潜移默化地影响教职工的思想及行为。园所在组织文化建设上更加关注“软”约束，这种约束能够充分发挥主体的自觉性，产生持续性效果。幼儿园可以通过和谐的物质环境、丰富的文化活动等，使教职工明白自己该做什么、不该做什么，软性地规范其行为，使其受到启发和感染，产生一种完善自我的内驱力，进而提高自己的思想道德品质和专业能力。

（二）负向功能

幼儿园组织文化的建设是一把双刃剑。积极、科学的组织文化能促进幼儿园的可持续发展，而消极、不健康的组织文化则会给幼儿园带来不良影响。例如，幼儿园办园思想出现偏差，会导致园所建设滞后、教师队伍散漫等。

同时，因为组织文化具有稳定性的特点，所以组织文化一旦形成就很难改变。因此，幼儿园在发展过程中要避免组织文化成为组织变革和发展的潜在障碍。其成为障碍的可能性主要表现在以下两个方面：一是成为改革创新的障碍。幼儿园的内外环境是不断发展变化的，组织文化极容易形成一种思维和行为的定式与惯性，这可能会束缚幼儿园成员的思想，给改革创新造成一定的阻力。二是成为多元文化发展的障碍。幼儿园组织文化对全园教职工具有一致的约束力，在一定程度上抑制了个性的发展，特别是当新成员加入时，会产生文化适应和文化冲突的问题，妨碍幼儿园发展兼容并包的多元文化。

针对幼儿园组织文化的负向功能，管理者需要建设正确、积极向上的组织文化，在保持组织文化相对稳定的同时，使幼儿园组织文化随着内外环境的不断变化动态发展，不断吸收和包容新的文化，形成具有强大生命力的组织文化。

五、幼儿园组织文化建设的意义

（一）有利于幼儿园的可持续发展

幼儿园的组织文化建设是幼儿园发展的动力，是幼儿园的生命力所在，能够促进幼儿园的可持续发展。一方面，良好的组织文化能够帮助幼儿园树立良好的品牌形象，获得社会的认可和支持；另一方面，幼儿园的可持续发展需要良好的软约束性的组织文化。优秀的幼儿园组织文化能够提升教职工对幼儿园的认同感和集体责任感，激发教职工工作的主动性、积极性和创造性，使其将个人目标与组织目标结合起来，最大限度地实现个人价值和集体价值，有助于幼儿园的可持续性发展真正得到保障。

（二）有利于提高幼儿园的管理成效和保教质量

幼儿园组织文化作为幼儿园教育系统的有机组成部分，在幼儿园的各项活动中发挥着潜移默化的作用。一方面，幼儿园组织文化中长期形成的价值理念，经过不断沉淀，促使成员逐渐把外在要求转化为内在需要和个体符合制度规范的自觉要求，并在行动中自觉维护和遵守。这种影响远比强制性的规章制度的影响更深刻、更稳定，更有助于提高幼儿园管理的成效。另一方面，良好的幼儿园组织文化表现为全员参与、积极向上、管理规范、融洽团结，在日常的教育教学活动、幼儿园教科研、家长工作、幼儿园管理等方面渗透这一文化特色，有利于提高幼儿园的保教质量，增强幼儿园的核心竞争力。

（三）有助于教师的专业成长和幼儿的身心健康发展

组织文化直接影响着组织氛围，而组织氛围又对置身其中的人产生直接影响。对于幼儿园教师来讲，在积极向上、身心愉悦的组织氛围中工作，能极大地发挥其积极性、创造力，促进其专业成长。对于幼儿来讲，良好的组织文化以及教师的精神面貌，对幼儿的身心健康发展和良好性格的形成起着重要作用。

第二节　幼儿园组织文化的建设

幼儿园组织文化在不同的经济、政治、文化背景，以及不同管理者的管理行为影响下会有不同的表现。比如，有的幼儿园积极向上、有的幼儿园散漫无序、有的幼儿园互相内耗等，这些文化一旦形成，就会进一步对幼儿园的所有工作产生影响。因此，幼儿园应努力形成优秀的组织文化，促进幼儿园各项工作的开展。

一、幼儿园组织文化建设的影响因素

（一）园长

园长特殊的角色和职能决定了其在幼儿园组织文化建设中有着举足轻重的作用。作为幼儿园的领导者，园长是幼儿园组织文化建设的塑造者、管理者、倡导者和革新者，园长的理论认识、人格魅力与文化领导力等，在幼儿园的组织文化建设中发挥着极其重要的作用。

M 园长注重用欣赏的视角看待教师，鼓励教师寻找自己的工作亮点。入职 2 年的教师 N 觉得自己的教学活动做得不是特别好，有些沮丧。M 园长知道后，询问她在工作中觉得最值得骄傲的事情是什么，她想了想，回答道："我感觉我们班级的小朋友每天都很快乐。"M 园长说："让孩子们感受到快乐是一种很优秀的能力，虽然可能现在你的教学活动做得还不是特别好，但是我能感受到你对孩子们的爱，你们班级的氛围很和谐，你可以在反思中不断提高教学能力。"教师 N 听完这番话更加自信了。每到期末学期总结，M 园长都会让每位教师谈一谈自己在这学期中最突出的工作表现，以发现自己工作中的闪光点。这一举措极大地调动了教师的积极性。

（二）幼儿园教职工

幼儿园教职工是组织文化建设的中坚力量。教职工在幼儿园中的地位及其与同事之间的关系也是重要的影响因素。在同事中影响大以及人际关系好的员工如果能够认同组织文化，就能够带动一批员工形成共同的组织精神，对形成组织文化起到促进作用。个人的观念与组织的核心精神是否一致、是否相融，会直接影响到教职工能否形成统一的组织精神。

（三）幼儿园特征

幼儿园组织文化也受其特征的影响。比如，幼儿园本身的规模和复杂性会直接影响到组织文化。大型幼儿园往往会聘用更多的教职工，这就会直接影响到机构设置、权力分配、交往方式和解决问题的方式。另外，大型幼儿园还会制定更多的制度、程序来规范行为，这会对员工的自主性和自由程度造成影响。而规模较小的幼儿园人数相对较少，制度的设立、职务的安排会尽量考虑到每个组织成员，氛围比较宽松自由，组织成员往往具有较多的自主性。

（四）社会发展

社会发展对幼儿园组织文化具有巨大的推动力。随着社会的不断发展，幼儿园内外部的建设会产生相应的变化。由于组织文化建设的历史和资源的有限性，已构建的幼儿园组织文化随着时间的推移，其优势可能会减弱甚至消失，因此需要不断进行修改和完善。同时，幼儿园为适应社会经济发展、教学理念更新换代、市场环境和需求的变化，其发展方向和教学内容都会产生一定的变化，组织文化必然也需要进行及时的更新。幼儿园组织文化建设不是一劳永逸的事情，而是需要根据实际情况进行调整的。

二、幼儿园组织文化建设的原则

（一）以人为本

《幼儿园教育指导纲要》提出了“以人为本”的教育理念。以人为本是幼儿园组织文化建设的第一原则，幼儿园要充分尊重、理解、信任和关心人，要以幼儿、教师、家长为本，特别是要在工作中体现出对教职工、幼儿人格的尊重，营造“安全、友爱、和谐、温馨”的育人环境，让教职工和幼儿在和谐、融洽的氛围中工作、学习、生活、发展，构建能满足教职工和幼儿的情感需要、促进其身心愉悦的园所文化。这样的组织文化建设不仅能够深入人心，还能得到教职工的自觉接受和认同，并且符合幼儿早期发展规律，能更好地培养“健康、积极、乐观”的幼儿，凸显幼儿园的个性魅力和办园特色文化。

A 幼儿园发现较年轻的幼儿教师在教学经验和管理技巧方面都相对欠缺，因此提倡建立“互助小组”，加强教职工的自我管理能力。幼儿园按照教师的资历水平和性格特点，将其分为几个不同的互助小组，每个互助小组都包含各方面能力较为不足的年轻教师和教学经验比较丰富的年长教师。在日常教学工作中，教师们可以通过互助小组实现沟通与合作。年长教师可以从年轻教师身上学到更加前沿的幼儿教育理念以及当前流行的幼儿教学方式；经验较欠缺的年轻教师可以通过与经验丰富的年长教师的长期交流，学到更为有效的幼儿教育技巧。

A幼儿园真正贯彻了“以人为本”的教育理念，通过互助小组，促进了教师之间的互相学习与互相管理，激发了教师的自我约束意识，从而有效地提高了每一位教师的自我管理能力。

（二）内容与形式相统一

为了保障组织文化建设的一致性，幼儿园组织文化需要实现内容与形式的统一。一方面，要反对只顾内容、不顾形式的现象。如果只注重组织文化内在精神的建设，那么会使教职工感到组织文化建设枯燥，脱离了自己的工作和生活，不利于组织文化的认同和内化。比如，精心设计的园徽、园服、“员工生日会”等形式多样的活动会使组织文化建设让广大员工看得见、摸得着，从而为组织文化建设锦上添花。另一方面，要反对只顾形式、不顾内容的现象。一些幼儿园只重视外在形式的塑造，花费巨资进行形象设计，却不注重组织成员的思想、行为的培育，从而使组织文化建设不能深入、长久、有效地开展下去，而只能流于形式，最终导致组织文化不能在幼儿园的管理中发挥灵魂作用。

（三）普遍性与特殊性相结合

园所文化要有自己的特色，不能相互模仿甚至照搬。优质幼儿园的组织文化建设要坚持普遍性与特殊性相结合：一方面，要能够体现出中国特色社会主义国家和新时代社会发展对幼儿教育的基本要求，如对中华优秀传统文化的继承和发扬等；另一方面，要有自己的特色，善于结合本园历史背景、师资队伍情况、物质环境特点等办园实际，因地制宜，因时制宜，体现园所组织文化的独特性。

北京师范大学附属幼儿园始建于1915年，在建园之初就明确了“调护身心”的办园宗旨，并提出了“造就健全之国民”的培养目标。园所吸纳杜威、福禄培尔、蒙台梭利等人的思想，并结合当时的园情进行了教育实验和研究。新中国成立初期，园所将办园宗旨定位于“运用苏联先进经验，结合中国具体情况，对儿童进行全面发展的教育”。改革开放后，幼儿园广泛比较、借鉴中外教育思想与模式，逐步确立了“蒙养百年、倡导开新”的文化理念和“以儿童为本”的教育理念。

（四）继承性与创新性相结合

创新是幼儿园组织文化建设的生命力所在，是幼儿园组织文化得以持续发展的内在要求和不竭动力。组织文化建设既要有永恒不变的基本理念，又要与时俱进，不断赋予新的内涵；既要保持文化的本质与精髓不变，又要不断创新它的表现形式，充实新的文化内容。这就需要管理者站在时代前沿，把握文化的主流脉搏，用自身的价值观引领幼儿园组织文化的发展，在传承优良文化的基础上为幼儿园组织文化注入新的活力。

三、幼儿园组织文化建设的策略

（一）建设物质文化，塑造良好组织形象

学校的物质文化建设主要包括学校校园环境、学校标识、校容校貌等，它们具有鼓舞

人、激励人、濡染人的作用。

1．创设优质的园所环境

遵循“环境就是教育”的原则，幼儿园可以结合本地的文化、位置、自然条件整体规划设计园所文化；同时，在园所环境中渗透传统文化、现代文化和国际文化等多种元素，以区域活动和一日生活为载体，通过主题延伸活动，将教学内容融合到教室及公共区域的主题环境中，如全体幼儿共同绘制拼贴的“感恩主题墙”（见图 10－3）、“童心向党主题墙”（见图 10－4）等，真正做到环境与幼儿对话，实现“让每面墙壁说话，让每个角落育人”。

图 10－3　感恩主题墙

图 10－4　童心向党主题墙

2．创建独特的园所标识

园所标识是幼儿园营造鲜明的园所文化的一部分，能够体现幼儿园的独特性。幼儿园可以将办园理念、教育理念、园所文化传统符号化、概念化、形象化，并通过视觉化的方式呈现。例如，根据幼儿园的历史文化特点、办园理念、宗旨以及未来的发展目标等几方面的要素，构思设计幼儿园园标、园徽、园旗、吉祥物、园歌、园服、园报等，宣传园所整体形象，同时激发师生的荣誉感和责任感。

（二）强化行为文化，引领师幼自主发展

根据行为主体的特点，可以将幼儿园行为文化分为教师行为文化、幼儿行为文化两部分。

1. 通过素质教育，促进幼儿良好行为文化的形成

教师需要通过实施素质教育，根据幼儿的年龄特点和个体差异，在日常的教育教学、一日生活中，不断渗透品德、礼仪教育。在具体实施过程中，教师要支持幼儿大胆尝试，正确看待幼儿的错误；鼓励幼儿自由表达，接纳幼儿的不同观点；及时察觉幼儿的需求，提供有效的问题解决策略。

2. 通过能力培养，促进教师良好行为文化的形成

园所需要关注教师能力的均衡发展，促进教师专业素养的提升。首先，幼儿园要通过专家讲座、优秀教师经验介绍等方式，为教师提供充足的学习资源，促进教师的专业成长。其次，尊重教师学习的个体差异性，根据教师的发展需求，通过师徒结对、外出学习等多种方式，对其进行差异化的学习培训，提高教师的业务能力。最后，幼儿园要尽最大可能，减少事务性的工作安排，使教师能安下心来做教育，静下心来搞研究，并给教师提供更多的展示自身才能的机会，通过多种方式促进教师良好行为文化的形成。

（三）建设制度文化，规范幼儿园管理

1. 注重以人为本，实施民主管理

幼儿园组织文化建设的核心在于以人为本，促进个体更好地发展。组织文化建设要从教职工和幼儿的长远发展出发，促进个体积极、健康、和谐发展，推动园所的可持续发展。一方面，园所要关注个体的发展，通过发掘、发现和积累一些优秀的人物和事迹，凸显和宣传幼儿园所特有的观念文化和办园理念。另一方面，幼儿园组织文化建设需要实施民主化管理，需要全员参与和共同创造。在制度修订的过程中，管理者要鼓励教职工积极参与讨论，尊重和采纳教职工提出的合理化建议。同时，幼儿园需要定期召开研讨会议，帮助教职工深刻领会制度的内在精神，明确制度的内容，理解制度的执行，及时修正自我行为，逐步养成自觉遵守幼儿园制度的习惯。

2. 转变管理观念，健全管理制度

幼儿园制度文化建设要想紧跟时代的步伐，就需要园所不断转变和更新管理理念，更有效地健全幼儿园的各项管理制度，提高教职工工作的效率。比如，针对幼儿园存在的职责不明确、制度不健全等问题，幼儿园可以采取精细化管理，明确岗位职责，帮助教职工提高工作效率。

（四）塑造精神文化，打造核心竞争力

精神文化是组织成员共同信守的基本信念、价值标准、职业道德及精神风貌，是组织文化的核心和灵魂，在组织文化系统中处于核心地位。因此，幼儿园组织文化的建设要以精神文化建设为重点。

1. 构建共同愿景

共同愿景是指被组织成员认可或接受的愿望，是组织成员共同勾画出来的组织未来发展的远大理想和蓝图，是组织中个人愿景的交集。共同愿景不是园长的个人愿景，而是全

体教职工共同认可的，通过大家群策群力能够实现和达到的愿景，思考共同愿景是组织文化建设的首要环节。

怎样形成共同愿景

某园是具有优秀文化传统的市级示范幼儿园，坚持“以人为本”的办园理念。随着教育改革的不断深入，为了实现幼儿、教师的共同成长和幼儿园的持续发展，新一轮愿景的形成与决策就变得尤为重要，为此，幼儿园开展了一系列活动。

幼儿园请各部门推选骨干教师，建立由园长任组长、业务园长任副组长、骨干教师任组员的幼儿园愿景规划小组，全面勾画幼儿园的发展愿景。大家不仅通过网上搜索、查阅书籍、专家咨询等多种途径，收集国内外优秀幼儿园愿景的核心要素、基本内容，而且利用问卷调查、座谈会等方式，调查社区、家长对幼儿园发展的新要求，为幼儿园愿景设计提供相关依据。

另外，幼儿园还开展了各类座谈会及访谈活动，并以“我理想中的幼儿园”为主题进行教师征文与演讲比赛。之后，幼儿园总结分析相关资料，提炼出幼儿园愿景的大致框架和基本内容，并开展了以下活动，以获得教职工的认同与支持。

活动 1：“我看愿景”论坛活动。

活动 2：愿景规划推介活动。

活动 3：“园的愿景，我的追求”恳谈会。

2. 建设精神文化

精神文化作为幼儿园组织文化的重要组成部分，体现了园所教职工的价值取向和行为规范。幼儿园精神文化建设重在突出园所文化特色，打造园所文化品牌。其中，园史作为幼儿园精神文化的独特载体，是园所发展历程的回顾总结，能够起到凝聚人心的作用。幼儿园可以组织全体教职工重温园史，使其从思想上、行为上对园所文化产生自觉认同。幼儿园要在办园实践中融入现代教育管理理念，充分利用周边资源，结合地方独特文化，不断丰富园所文化特色的内涵。

北京市群英幼儿园与北京京剧院相邻，幼儿园充分利用周边资源，以京剧为特色，开展传统文化教育活动，让幼儿体验和感受京剧的魅力。幼儿园在教育实践中，注重挖掘京剧文化中的艺术表现形式、特点，并将京剧与其他领域相结合，创编富有特色的传统文化活动，极大丰富了园所文化特色的内涵。例如，音乐活动《卖水》将京剧念白与奥尔夫音乐十六宫格相结合，让幼儿感受到念白的节奏感。幼儿在体验、探索的过程中，对中国传统文化的兴趣更加浓厚。

同时，精神文化建设需要注重队伍建设，打造团队精神，促使教师形成对园所文化的价值认同。对于幼儿园而言，如果只有园长或中层管理者，那么肯定无法正常开展工作，离开了其他教职工的参与，幼儿园的发展将化为泡影。比如，有的幼儿园开展的“青蓝组合”活动，有助于发挥骨干教师的传帮带作用，促进青年教师专业意识和能力的提高，从而带动教师队伍素质和团队精神面貌的整体提升，增强教职工对园所文化的认同感和幼儿园的凝聚力。

幼儿园组织文化建设是一个复杂的系统工程，要注重幼儿园文化的整体设计，不能有所偏废。幼儿园组织文化建设不可能一蹴而就，它是一项系统、渐进、持续的工程。因此，在建设幼儿园组织文化的过程中，我们不仅要关注物质层面、行为层面等显性的内容，而且要深入精神层面，并从幼儿园精神文化的核心——组织成员的价值观抓起，将几个方面有机结合起来，共同建设、协调发展，只有这样才能实现通过幼儿园组织文化建设引领幼儿园发展的目标。

思考与练习

1. 幼儿园组织文化的特征有哪些？
2. 幼儿园组织文化的构成与功能有哪些？
3. 简述影响幼儿园组织文化建设的因素及原则。
4. 试论述幼儿园组织文化建设的策略。

推荐资源

1. 张燕. 学前教育管理学. 3版. 北京：北京师范大学出版社，2021.
2. 左志宏. 幼儿园组织与管理. 北京：中国人民大学出版社，2021.
3. 张莅颖，刘海燕，佟秀莲. 幼儿园组织与管理. 北京：北京师范大学出版社，2018.
4. 王岚. 润物细无声：园长园所文化建设能力的提升. 北京：北京师范大学出版社，2017.

第十一章

幼儿园公共关系管理

目标指引

1. 了解幼儿园公共关系的含义、作用和原则；

2. 掌握幼儿园内部公共关系工作的对象和内容；

3. 熟悉幼儿园家长工作的任务、方式和管理措施；

4. 了解幼儿园与小学、上级教育主管部门、媒体、学术团体、同业者等其他外部公众建立良好公众关系的措施。

内容结构

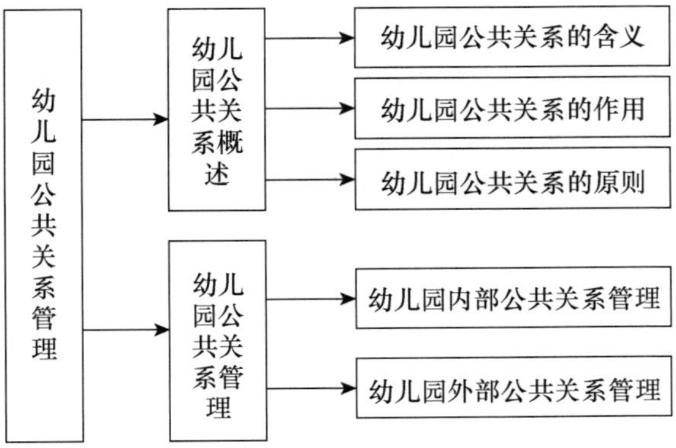

案例导引

新学期伊始，山西省某园组织教师为即将进入小学的大班幼儿制订了详细的入学准备工作计划，以帮助他们顺利完成从幼儿园到小学的过渡。这份工作计划不仅包括调整幼儿园教育活动的时间和内容，帮助幼儿提前适应小学生活，提高他们的入学适应能力；还包括邀请幼教专家开设专题讲座，向教师和家长宣传科学的入学准备知识，转变他们“超前教育”这一错误的入学准备观念。此外，幼儿园还计划与附近的小学和社区合作，通过组织大班幼儿到小学参观、邀请社区内的小学生到幼儿园介绍小学生活等活动帮助幼儿提前熟悉小学生活。这份工作计划得到了当地政府的大力支持。教育行政部门不仅派专员到幼儿园实地走访，为幼儿园工作计划的落实提供便利条件，还帮助幼儿园联系新闻媒体，准备将该园树立为开展入学准备工作方面的优秀典型，并向其他园推广该园的先进工作经验……

以上案例说明，幼儿园不是孤立的小岛，其教育目标的实现离不开家长的理解、社区的配合、小学的协作、政府的支持、专家的指导以及媒体的助力。对此，《纲要》总则明确指出：“幼儿园应与家庭、社区密切合作，与小学相互衔接，综合利用各种教育资源，共同为幼儿的发展创造良好的条件。”那么，幼儿园应该如何与社会公众协同合作，共同促进幼儿的全面和谐发展呢？相信通过本章的学习，你能够找到答案。

第一节　幼儿园公共关系概述

幼儿园公共关系是一种以幼儿园为主体、以幼儿园的利益相关者为对象的公共关系类型。良好的幼儿园公共关系应当遵循信誉至上、公开开放、双向沟通、互惠互利、全员参与、持之以恒等原则，这些原则对幼儿园的生存和发展起着至关重要的作用。

一、幼儿园公共关系的含义

想要了解幼儿园公共关系的含义，首先要了解什么是公共关系。

（一）公共关系

公共关系，简称公关，是指一个组织运用有效的传播手段，在使自身适应公众需求的同时，使公众也适应组织发展需要的一种思想、策略和管理职能。小到一个班级在全校运动会上展示集体口号，大到一个国家在国际上树立良好形象，都属于公共关系活动的范畴。

公共关系是这样一种管理职能：它能建立和维护组织与公众之间的互利互惠关系，而一个组织的成败取决于公众。

——美国公共关系学者卡特李普和森特

（二）幼儿园公共关系

幼儿园公共关系是一种以幼儿园为主体的公共关系类型，指幼儿园为实现教育目标，有组织、有计划地运用传播手段与外部沟通联系，与公众之间建立和发展相互了解、信任与支持的关系，从而提高幼儿园管理质量、塑造幼儿园良好形象、创造最佳教育环境的社会实践活动。这里的公众指的是幼儿园公共关系的对象，既包括教职人员、幼儿、主办单位或个人等幼儿园内部公众，又包括家长、社区、小学、上级教育主管部门、学术团体、媒体、同业者等幼儿园外部公众。

二、幼儿园公共关系的作用

公共关系工作是幼儿园管理工作的重要内容，做好公共关系工作对提高幼儿园的办园质量、树立幼儿园的良好公众形象具有重要作用。具体可概括为以下几点：

（一）接受社会监督，满足社会教育需求

幼儿园承担着落实国家的学前教育目标、满足家长的保育与教育需求、传播科学的学前教育知识、交流先进的办园经验等社会责任。与家长、社区、小学、上级教育主管部门、学术团体、媒体等保持友好往来，不仅能让幼儿园处于广泛的社会监督之下，使其能够及时发现并改善工作中存在的问题，还能让幼儿园得以及时掌握各方信息，促使其不断拓宽服务内容、创新服务方式、完善服务体系，满足社会教育需求。

（二）优化内部环境，开发外部教育资源

良好的内部公共关系有利于幼儿园内部形成和谐的人际关系和组织氛围，充分调动教职人员的工作积极性，增强团队凝聚力，促进各职能部门、教职人员之间相互配合，共同实现幼儿园的教育与管理目标。良好的外部公共关系则有助于幼儿园与外部公众建立良好的关系，帮助幼儿园获得公众的信任和理解，既为教职人员创设良好的工作环境，也为幼儿园与家长、社区、小学、上级教育主管部门等外部公众的沟通合作提供有利条件。

（三）树立良好形象，提高园所竞争力

要想在激烈的市场竞争中生存和发展，幼儿园除了要切实提高办园质量，还要学会宣传自己，争取公众的认可和信任，树立良好的公众形象。而公共关系工作是幼儿园树立良好公众形象的重要途径，在与外界的各种交往中，幼儿园有机会不断说明、展示并完善自身形象，从而赢得公众口碑，提高园所竞争力。

幼儿园树立良好公众形象的三个手段

第一，说明形象。不是所有的形象都可以通过组织的外在表现出来。比如，幼儿园的办园宗旨和教育目标虽然是幼儿园形象的核心内容，但却十分抽象，家长和社会公众难以直观地了解，需要幼儿园进行相关说明。例如，某园以幼儿的全面发展为办园宗旨，旨在提高幼儿的综合素质。而有些家长仅用幼儿能识多少字、数多少数等来衡量幼儿园的教学效果，质疑幼儿园的教育质量。在这种情况下，幼儿园应通过语言加以说明，使家长了解幼儿园的办园宗旨。

第二，展示形象。展示形象是指幼儿园利用环境创设、师生言行、各种宣传材料等向公众展示自己，是幼儿园树立形象最为直观的手段。有人说，要想了解一所幼儿园管理水平如何，只需到该园走一圈就能一目了然。虽然这句话有些夸张，但它说明了展示形象对幼儿园形象树立的作用。幼儿园的形象展示通常具有鲜明、直观、生动、形象的特点，能给人留下深刻的印象，并对人的认识产生导向作用。

第三，完善形象。幼儿园公共关系工作的目的之一在于得到公众的理解和认可，争取社会各界人士的信任和支持。为了达到这个目的，幼儿园在向公众说明、展示自己形象的同时，还要根据公众的反馈不断完善自己的形象，随时调整落后或不符合公众需要的方面。

三、幼儿园公共关系的原则

要想与社会公众构建良好的公共关系，幼儿园必须遵循以下原则：

（一）信誉至上

幼儿园的公共关系工作必须以诚信为先，如实地向家长、政府、社会传达信息，努力兑现对公众的承诺，敢于接受社会和家长对幼儿园的批评和建议，坚持实事求是，坚决杜绝虚张声势、弄虚作假的宣传手法。

（二）公开开放

幼儿园的公共关系工作要遵循公开开放的原则。首先，幼儿园要敢于向家长、社区、小学、上级教育主管部门或媒体等社会公众打开大门，为其了解、监督、帮助、宣传幼儿园提供途径；其次，幼儿园要及时向社会展示自己的办园特色和先进经验，以营造幼儿园良好的公众形象，提高幼儿园的社会影响；最后，幼儿园要积极引进先进的学前教育经验，乐于学习全新的学前教育理念，善于开发利用外部教育资源，避免因循守旧、故步自封。

（三）双向沟通

幼儿园公共关系不是幼儿园单向地从公众收集信息或向公众传递信息，而应以双向沟通为基础。幼儿园既要吸收社会各界对幼儿园的评价和办学期望，不断对自身工作加以调整，又要通过对外宣传使公众认识和了解幼儿园，达成有效的双向沟通。

（四）互惠互利

在公共关系中，公关方与被公关方的行为都受一定物质或精神利益驱使，单方仅付出或仅获益都不太可能。因此，幼儿园在公共关系工作中要坚持互惠互利的原则，不仅要考虑自身如何从公共关系中获益，还要考虑公共关系对象的利益，努力达成双赢。

（五）全员参与

幼儿园需要与家长、社区、小学、上级教育主管部门或媒体等社会公众建立广泛的公共关系，而仅靠幼儿园领导和教务部门人员无法满足这一要求。因此，幼儿园必须在教职人员中树立全员参与的意识，让每名教职人员都意识到自己是幼儿园的一员，自己的一言一行代表着幼儿园的形象，从而在与公众的交往中时刻注意自己的言行举止，为幼儿园公共关系工作做出自己的贡献。

（六）持之以恒

公共关系的本质是人与人之间的信息交流，但不同个体或组织看问题的角度、立场存在区别，在交流中可能会出现各种矛盾，需要通过长期磨合才有可能建立良好的关系。因此，幼儿园公共关系工作不是一朝一夕的事，既不能想做就做，不想做就不做，也不能遇到就做，遇不到就不做。幼儿园只有将公共关系工作纳入整个管理系统中，为之制订专门的工作计划，并坚持长期实施，才能与公众建立相互了解、信任与支持的关系。

幼儿园的公共关系工作实践

一家在当地知名度很高的幼儿园接到了一位家长的投诉，说中（1）班教师骂他的孩子是“猪脑子”。园长在了解情况、证实这位家长所反映的情况属实后，本着幼儿园公共关系工作信誉至上的原则，亲自带着这位教师上门向家长和幼儿赔礼道歉。随后，园长又组织各班召开了专题家长会，请家长就幼儿园服务意识与服务质量等问题提出意见与建议，体现了幼儿园公共关系工作的双向沟通原则。此外，园长组织幼儿园教职工开展了幼儿园教师言行规范教育活动，并借助本园的知名度向全市幼儿园教师发出“树形象，净言行，美心灵”的活动倡议，同时邀请当地电视台与报社做专题报道，落实了幼儿园公共关系工作的全员参与和公开开放原则。

第二节　幼儿园公共关系管理

幼儿园公共关系根据公共关系对象的来源可分为内部公共关系和外部公共关系。内部公共关系包括幼儿园与教职人员、幼儿、主办单位或个人等幼儿园内部公众的关系，外部公共关系包括幼儿园与家长、社区、小学、上级教育主管部门、媒体、学术团体、同业者等幼儿园外部公众的关系。面对不同的对象，幼儿园公共关系管理的内容与方法有所不同。

一、幼儿园内部公共关系管理

幼儿园公共关系管理的第一要务是处理好幼儿园内部公共关系，形成和谐的内部环境，为幼儿园搞好对外公共关系打好基础。

（一）对教职人员的公共关系管理

教职人员既是幼儿园内部公共关系的客体，又是幼儿园向外开展公共关系的主体。幼儿园只有最大限度地提高教职人员的工作满意度，充分调动他们的工作积极性，才能通过他们搞好与家长、社区等外部公众的公共关系。为了做好对教职人员的公共关系工作，幼儿园应当：第一，满足教职人员的物质与精神需要，如提供合理的工资待遇、让教师感到被尊重和被信任等；第二，为教职人员创设良好的工作环境，让他们轻松愉快地工作；第三，开展丰富多彩的教研、培训活动，激发教职人员的工作热情；第四，鼓励教职人员参与到幼儿园的管理工作中，培养他们对幼儿园的责任感和主人翁意识。

（二）对幼儿的公共关系管理

幼儿是保教工作的服务对象，是幼儿园的“形象代言人”和“新闻发言人”。对幼儿的公共关系工作应在幼儿园日常保教活动中潜移默化地进行，主要表现为：第一，教职人员与幼儿建立良好的师幼关系，让幼儿感受到关心和爱护。只有这样，幼儿才能向家人或其他社会公众自然流露出对幼儿园、对教师的喜爱之情，这是对幼儿园形象的最好宣传。第二，幼儿园可以通过高质量的保教活动使幼儿发生明显的成长变化，这些变化能直接反映幼儿园的保教水平，为幼儿园树立良好的公众形象提供有力证据。

（三）对主办单位或个人的公共关系管理

幼儿园的主办单位或个人是幼儿园办园经费的重要来源，是幼儿园发展规划和重大决策制定的主要参与者，也是幼儿园内部的重要公众。幼儿园对主办单位或个人的公共关系工作主要包括：第一，注意定期汇报、请示，如实反映幼儿园的成绩、问题，争取主办单位或个人的理解和支持；第二，尊重主办单位或个人的权利，自觉接受检查和监督；第三，主动邀请主办单位或个人参与幼儿园的管理决策，征询他们的意见和建议。

二、幼儿园外部公共关系管理

幼儿园的外部公共关系是提高幼儿园办园质量、促进幼儿园良性发展的重要因素。幼儿园管理者既要重视外部公共关系管理工作，又要充分理解外部公共关系的复杂性，对不同公共关系对象进行深入细致的了解，谨慎对待不同的外部公共关系。

（一）对家长的公共关系管理

《幼儿园工作规程》规定，“幼儿园应当主动与幼儿家庭沟通合作，为家长提供科学育儿宣传指导，帮助家长创设良好的家庭教育环境，共同担负教育幼儿的任务”。《纲要》也指出，“家庭是幼儿园重要的合作伙伴。应本着尊重、平等、合作的原则，争取家长的理解、支持和主动参与，并积极支持、帮助家长提高教育能力”。可见，家长既是幼儿园的服务对象，又是幼儿园的教育合作者和首要公众，因此家长工作应该是幼儿园公共关系管理工作的重中之重。

1. 幼儿园家长工作的任务

(1) 加强家园配合，实现家园共育。

家长和教师都是幼儿教育的实施者，只有双方在教育目标上达成一致，在教育方法上相互配合，才能形成教育合力，共同促进幼儿的身心和谐发展。幼儿园应充分发挥主导作用，主动与家长沟通联系：一方面，向家长了解幼儿的个性特点、生活习惯、家庭环境等，以便为幼儿提供有针对性的个性化教育；另一方面，向家长反馈幼儿的在园情况，帮助家长了解幼儿园的教育目标、教育内容等，促进双方的协同合作，实现家庭教育和幼儿园教育的一体化。

(2) 指导家庭教育，实现科学育儿。

家庭是幼儿成长的第一环境，家庭教育质量直接影响着幼儿的发展。然而，大部分家长没有受过专业的育儿培训，缺乏科学的育儿知识，因此在教育观念和行为上难免存在一定误区。幼儿园应在了解幼儿家庭教育状况的基础上，有目的、有计划、有针对性地宣传科学育儿知识，介绍正确的保教方法，引导家长认识到以往育儿过程中的不当做法，逐步树立正确的育儿观念，学习科学的育儿方法。

(3) 了解家长需求，提供优质服务。

在我国，学前教育既是社会主义教育事业的组成部分，又是社会公共福利事业，兼具教育性和公益性。幼儿园除了要实现“对幼儿实施全面发展的教育，促进幼儿身心良好和谐的发展”的教育功能，还要落实社会服务职能，在保证自身教育质量的前提下，主动了解家长面临的问题和所需的服务，并结合自身条件，尽量帮家长解决问题，满足家长的需求。

幼儿园的延时接送服务

为了更好地为家长服务，某园开设了名为“惠民服务驿站”的延时服务，专门为晚接孩子的家长提供便利条件，解决家长的后顾之忧。幼儿园安排了每日值班教师，专门陪伴晚离园的幼儿。教师结合幼儿园园本课程“绘本阅读下的音画舞构区角游戏活动”，通过讲故事、演故事等方式陪伴幼儿游戏，让幼儿在有趣的阅读活动中等待家长。

（4）促进家长参与，实现开放办园。

在幼儿园与家长的相互关系中，家长不仅是幼儿园的服务对象，而且是一种重要的教育力量和资源。幼儿园的教育要想取得成效，就必须得到家长的支持。为此，幼儿园不仅要让家长随时了解幼儿园各阶段的教育目标及活动安排，为家长参与幼儿园教育活动创造机会，为家长认识、了解幼儿园提供途径，争取家长的信任、理解和配合，还要积极探索家长参与幼儿园管理工作的有效方式，接受家长的监督和评价，征求家长的意见和建议，充分利用家长资源办好幼儿园。

2. 幼儿园家长工作的方式

幼儿园家长工作的方式多种多样，可分为一对一联系的个别方式和一对多联系的集体方式两类。不论哪种方式，幼儿园与家长的互动交往都必须以相互尊重、平等、合作为原则。

（1）个别方式。

个别方式是指幼儿园教师与家长之间一对一的沟通联系，这种方式可以帮助教师根据幼儿和家长的不同情况提供有针对性的帮助。幼儿园家长工作的个别方式主要包括以下几种：

第一，个别谈话。

个别谈话是幼儿园家长工作最简便、最经常、最及时的方法。教师可以利用家长到园接送孩子的短暂时间，与家长交流孩子的在园或在家表现，向家长反映问题或提出建议。对于工作繁忙无暇接送孩子的家长，教师可通过电话、微信等方式与家长沟通联系。必要时，教师还可与家长另约时间，就幼儿成长中的进步和问题与家长进行深度交流——向家长汇报幼儿目前的发展情况，明确指出幼儿取得的进步、存在的问题以及解决的初步设想。在交谈时，教师要态度诚恳，努力营造宽松的氛围，帮助家长轻松地交谈。

第二，家园联系手册。

家园联系手册（见表 11－1）也是一种简单有效的家长工作方式，教师和家长可通过共同完成家园联系手册保持长期的书面交流。家长可以从联系手册中看到幼儿成长中取得的进步和出现的问题，了解幼儿园的日常教育活动以及需要家长配合的教育内容；教师则可以从联系手册中获得家长对幼儿园教育效果的反馈信息，了解幼儿的在家表现，发现家庭教育中存在的问题，得知家长对幼儿园的要求和建议，等等。需要注意的是，家园联系手册的内容不能过于空泛，更不能写成流水账，要围绕幼儿园的总体教育目标和近期教育任务，结合幼儿个体的实际发展情况进行记录，尽可能形象具体地反映幼儿的成长变化和成长中遇到的新问题、新挑战。

表 11-1 家园联系手册

幼儿姓名：　　　班级：

教师填写栏		家长填写栏	
幼儿本周在园表现：		幼儿本周缺勤情况及原因：	
班级本周教育目标和内容：		家庭教育中的问题和困难：	
需要家长配合的活动内容：		对教师的要求和建议：	
幼儿园通知事项：			
教师签字：	日期：	家长签字：	日期：

第三，家访。

家访是幼儿园家长工作的重要方式。通过家访，教师有机会深入了解幼儿在家的真实情况，把握家长的家庭教育观念、态度和行为，了解家庭及其周围环境对幼儿身心发展的影响，从而有针对性地提供家庭教育指导。家访前，教师应制定明确的谈话目标和计划，并选择适当的时间进行家访。家访中，教师既可以让幼儿参与谈话，借机观察幼儿的在家表现和家长对幼儿的态度；也可以利用幼儿不在场的时间与家长深入沟通幼儿的优缺点，共同制定教育策略。教师还应对家访进行简单的记录，以便事后对其进行回忆和分析。

（2）集体方式。

幼儿园的很多家长工作是面向家长群体开展的。集体方式让幼儿园得以高效地向家长介绍幼儿园的教育目标，展示幼儿园的教育成果，对家长提出教育要求，向家长宣传育儿知识，了解家长的教育需求，收集家长对幼儿园工作的意见和建议，等等。

第一，家长会。

家长会是幼儿园普遍采用的一种家长工作方式，既可以全园或以班级为单位召开，也可以将两者结合进行。家长会一般安排在学期初或学期末，有时也可依据幼儿园和家长的需求灵活召开。家长会的内容通常包括向家长报告幼儿园或班级的近期工作情况，介绍幼儿园接下来的工作计划，向家长提出教育要求，等等。幼儿园也可以通过家长会了解家长的需求，征求家长的意见，进一步改善服务；或让家长了解幼儿园或班级正在面临的实际问题与困难，争取家长的理解、支持与协助。

第二，家长园地。

幼儿园一般设有宣传用的橱窗，各班门前也都设有宣传用的板报栏等，教师可以充分利用家长园地的内容向家长宣传科学的育儿知识、介绍幼儿园的各种教育计划、展示幼儿园的教育成果、提出家园合作的要求等，以实现提高家园配合、指导家庭教育的家长工作任务（见图 11－1）。家长园地应设在家长接送孩子的必经之处，内容应生动有趣，篇幅应短小精悍，字迹不能太小，以引起家长兴趣，方便家长阅读。

图 11－1　家长园地

第三，家长委员会。

家长委员会是家长参与幼儿园日常教育与管理工作的主要途径，为幼儿园与家长的沟通合作提供了渠道。通过参与幼儿园的民主管理，家长委员会既能帮助家长了解幼儿园的工作计划和要求，协助幼儿园工作的顺利开展，又能向幼儿园反映家长的需求和意见，帮助幼儿园提高保教质量。

家长委员会的基本职责

参与学校管理。对学校工作计划和重要决策，特别是事关学生和家长切身利益的事项提出意见和建议。对学校教育教学和管理工作予以支持，积极配合。对学校开展的教育教学活动进行监督，帮助学校改进工作。

参与教育工作。发挥家长的专业优势，为学校教育教学活动提供支持。发挥家长的资源优势，为学生开展校外活动提供教育资源和志愿服务。发挥家长自我教育的优势，交流宣传正确的教育理念和科学的教育方法。

沟通学校与家庭。向家长通报学校近期的重要工作和准备采取的重要举措，听取并转达家长对学校工作的意见和建议。向学校及时反映家长的意愿，听取并转达学校对家长的希望和要求，促进学校和家庭的相互理解。

资料来源：教育部关于建立中小学幼儿园家长委员会的指导意见.（2012－02－17）[2022－04－20]. http://www.moe.gov.cn/srcsite/A06/s7053/201202/t20120217_170639.html.

第四，教育讲座。

幼儿园可以定期开设教育讲座，邀请幼教专家或园内有经验的教师向家长系统地介绍科学的育儿知识和成功的育儿经验，引导家长反思自己的育儿方式、树立正确的育儿思想、学习有效的育儿方法。教育讲座的内容既要做到理论与实际相结合，能够有针对性地帮助家长解答思想上的困惑和实际操作中的问题；还要做到形象具体、深入浅出，多举实例，吸引家长积极参与，以达到良好的宣传效果。

第五，家教经验交流。

除了直接向家长介绍育儿知识，幼儿园还可以组织家长交流家教经验，实现家长之间的相互教育。幼儿园应有目的、有计划地邀请一些教育方法正确、教育成果明显的家长现身说法，介绍他们的育儿经验。这些经验一般都很生动、实际，说服力强，具有可操作性，容易被其他家长接受。同时，幼儿园还可以鼓励家长间进行面对面交流，如有的家长对培养幼儿自理能力束手无策，教师则可以请一位重视并善于培养幼儿自理能力的家长与其谈谈自己的经验和体会。此外，幼儿园还可以就家长普遍反映的家庭教育问题开展专题讨论，组织家长和教师共同研讨教育对策，必要时还可以邀请专家参与研讨，提高研讨的质量。

第六，家长开放日。

家长开放日是指幼儿园定期或不定期地向家长开放，届时邀请家长来园观摩或参与幼儿园的活动，如新年联欢会、亲子运动会、担任家长助教等。这些活动不仅能使家长直观地了解幼儿园的教育内容和方法，还能让他们亲眼看到幼儿的在园表现，了解幼儿与同伴交往的状况，把握幼儿在同龄孩子中的发展水平。同时，家长在观摩和参与活动的过程中还可以观察教师的教育态度和方法，这有助于家长了解教师的工作情况，增进家长与教师之间的相互理解，促进家庭与幼儿园之间的相互配合。

第七，分享学习资源。

虽然随着人们对学前教育、家庭教育越来越重视，市面上的有关书籍、文章、视频、培训课程日益增多，但它们的质量却参差不齐。幼儿园可以帮助家长甄别高质量的学习资源，并有选择地向家长分享。有条件的幼儿园还可以创办自己的园报、园刊或建立自己的网络宣传平台（如网站、微博、微信公众号等），向家长宣传科学的育儿知识。

3. 幼儿园家长工作的管理措施

要想与家长建立良好的公共关系，幼儿园必须将对家长的公共关系工作纳入幼儿园管理体系，不仅要在思想上高度重视家长工作，还要切实做好工作规划，明确工作任务并完善监督机制。

（1）提高思想认识。

家长工作是幼儿园工作的重要组成部分，幼儿园教育的成功与否很大程度上取决于幼儿园与家庭是否能够紧密联系，共同承担起教育幼儿的责任。只有从园长到教师都意识到家长工作的重要性，幼儿园教育才能取得成效。

（2）做好工作规划。

幼儿园家长工作应有计划性。除了将家长工作的目标、方式和内容在全园工作计划和班级工作计划中体现出来，幼儿园还应经常组织园内会议，分析家长工作的薄弱环节并讨论解决方法，不断提高家长工作水平。

（3）完善监督机制。

为了避免家长工作中可能出现的形式主义现象，幼儿园应明确教师的家长工作任务，如每学期组织几次家长活动等。此外，幼儿园还应建立健全监督机制，对教师的家长工作进行记录、检查和评价，还可动员家长委员会监督教师的家长工作，切实提高幼儿园的家长工作质量。

（二）对社区的公共关系管理

社区是集经济、文化、政治和教育等于一体的区域性组织形式。随着社会的发展，社会服务体系不断完善，社区在人们生活中发挥着越来越重要的作用。幼儿园是为一定区域内居民的子女提供保育与教育服务的场所，是社区的有机组成部分。幼儿园应与社区形成共建、共享、共发展的公共关系，在开发社区教育资源的同时，为社区居民提供高质量的教育服务。

1. 幼儿园社区工作的任务

（1）开发社区资源，提高办园质量。

社区蕴含着丰富的物力、人力和信息资源，这些资源贴近幼儿的生活，对幼儿来说比较熟悉，容易引起幼儿的兴趣。幼儿园应努力开发这些资源，尽量拓展幼儿的生活和学习空间，帮助幼儿跳出幼儿园的围墙，让幼儿在真实的生活情景中体验和学习。

（2）服务社区居民，树立良好形象。

幼儿园应当利用其丰富的教育资源为社区居民提供多样的教育服务。这些服务既包括提高保教工作质量，为社区内已入园或潜在入园幼儿提供高质量的学前教育服务，也包括把社区内一部分由于各种原因无法入园的散居幼儿纳入有计划、有组织的学前教育活动中来，将先进的教育理念渗透到社区内的每个家庭中，让更多的幼儿从中受益。

面向社区散居幼儿开放办园

为了响应上级教育主管部门的号召，某园正在探索开展社区学前教育的有效方法。该园不仅组织教师利用课余时间调查社区内散居幼儿的家庭教育情况，对家庭教育薄弱户进行入户指导，还举办家庭教育讲座，创办《家教之窗》等刊物，邀请家长参与幼儿园的活动，免费向家长宣传科学的育儿知识。刚开始，有很多家长不理解，总觉得教育孩子是自己的事，对幼儿园的工作并不配合。对此，幼儿园主动与社区居委会沟通合作，在社区居委会的帮助下，幼儿园架起了与散居幼儿家庭联系的桥梁，保证了幼儿园社区工作的顺利开展。久而久之，家长们参与活动的积极性提高了，很多家长也转变了以往错误的教育观念，懂得了科学的育儿方法。幼儿园也在服务社区的过程中提高了社会知名度，生源明显增加。

2. 幼儿园社区工作的方式

幼儿园应当围绕着开发社区资源、服务社区居民两个基本任务灵活开展社区工作。

（1）开发社区资源。

第一，充分利用社区的场地和设施资源。

幼儿园附近的公园、超市、银行、理发店、动物园等都可以成为幼儿园开展教育活动的场所（见图 11－2）。利用这些场地和设施开展教育活动，不仅能解决幼儿园场地有限的问题，还能起到对周围居民宣传幼儿园的作用。

图 11－2　幼儿园在社区公园内开展亲子活动

第二，充分调动社区的人力资源。

社区内有各行各业的专业人士，如医生、警察、消防员等，幼儿园可以邀请这些专业人士参与到幼儿园的活动中来，为幼儿园的教育活动提供支持。例如，幼儿园可以充分利用社区成员的职业特点，邀请他们为幼儿提供体验职业的机会，让幼儿通过多种形式了解社会知识。

第三，充分开发社区的文化资源。

《纲要》明确指出："充分利用社会资源，引导幼儿实际感受祖国文化的丰富与优秀，感受家乡的变化和发展，激发幼儿爱家乡、爱祖国的情感。"有些社区具有独特的历史传统、风俗习惯、生活方式等，形成了鲜明的社区文化特征，为幼儿园提供了丰富的课程资源。幼儿园——比如胡同中的幼儿园、火车站旁的幼儿园等——可以结合所在社区的文化背景开展教育活动。

火车站旁的幼儿园

某园位于当地火车站附近，幼儿大多居住在火车站周边的社区。结合这一特点，该园开展了一系列以火车为主题的活动。小班幼儿在教师的带领下玩起了"火车钻山洞"的集体游戏，在快乐的游戏时光中强身健体；中班幼儿在构建区利用各种材料搭建轨道和火车，在发挥想象力和创造力的同时体验建筑工人劳动时的艰苦付出；大班幼儿则在美工区用画笔描绘出一列列火车，并向教师和其他小朋友分享自己与家人乘火车出行的经历。此外，幼儿园不仅在阅读区投放了以火车为主题的绘本，在环境创设中融入了火车的元素，还邀请了职业与火车相关的家长，如火车司机、乘务员等来到班级，为小朋友们介绍了更多与火车有关的知识。

（2）服务社区居民。

第一，提供教育服务。

幼儿园是为社区居民的子女提供保育与教育服务的场所，有责任为社区居民提供高质量的学前教育服务。为此，幼儿园要与社区保持紧密的联系，及时了解居民的需求，不断改善幼儿园的工作，切实提高办园质量，争取社区居民的信任和肯定，吸引家长将孩子送入幼儿园，为更多居民提供高质量的学前教育服务。

第二，开放教育资源。

幼儿园有丰富的教育资源，包括教育措施、师资队伍、室外游戏场所、玩教具等。幼儿园应主动向社区开放这些教育资源，实现与社区的资源共享，充分发挥资源的社会效用，避免资源浪费。例如，在双休日开放部分功能教室，如美工室、游戏室等，供家长带孩子就近参加教育活动；或者组织教师为社区居民开设家庭教育讲座，宣传科学的育儿知识；等等。

第三，参与社区活动。

幼儿园参与社区活动的方式多种多样。例如，参加社区举办的节假日、纪念日庆祝活动，如在社区组织的新年联欢会中表演节目；或者参与社区的管理活动，如为社区制作"垃圾分类""环境保护"等标语；或者参与社区组织的志愿活动，如关爱孤寡老人等。积极参与社区活动不仅体现了幼儿园对社区工作的支持，有利于幼儿园赢得社区公众的支持和认可，还扩大了幼儿的社会接触，有助于培养幼儿友爱邻里、乐于助人等优良品质。

幼儿园与家庭、社区的三维互动

某园在助残周开设了一系列"家-园-社区"互助活动，幼儿园将家长和社区作为活动的共同组织者。在筹备会上，家长和社区代表为活动的开展出谋划策，确立了"帮扶贫困残疾人"的活动主题、"义买义卖，捐助捐款"的活动形式，并向全园家长提出了助残倡议。幼儿园还邀请家长委员会和社区委员会派成员全程监督活动，让家长和社区成为活动的支持者、策划者、组织者。在活动中，孩子们纷纷把自己心爱的玩具拿来作为义卖品，家长们纷纷慷慨解囊，还鼓励孩子把零花钱省下来投进捐款箱。当这些捐款被送到残疾孩子手中时，家长和孩子都流下了激动的眼泪。在这个案例中，幼儿园通过"家-园-社区"共建活动，使孩子们的社交技能、独立自主能力等获得发展。更可贵的是，孩子们从小就学会了如何关爱他人，尤其是那些需要他们帮助的人。

3. 幼儿园社区工作的管理措施

要想与社区建立良好的公共关系，幼儿园必须加强对社区工作的科学管理，真正做到具体规划、正确领导、重视实效、及时总结。

（1）明确工作目标，做好实施方案。

社区工作是幼儿园公共关系工作的重要组成部分。幼儿园不仅要将社区工作目标纳入幼儿园工作的总体目标，还应为其制定可操作的实施方案，明确幼儿园社区工作的具体内容、方式和时间安排，确保社区工作目标的顺利实现。

（2）加强组织领导，做好全员公关。

园长作为幼儿园的主要领导者，是幼儿园与社区沟通的重要窗口，必须充分重视并带头做好社区工作。园长还应意识到，每一位教职人员都是向社区展现幼儿园形象的"名片"，必须提高全体教职人员对社区工作的重视程度，提升全体教职人员的社区工作水平。

(3) 提高工作实效，做好工作总结。

幼儿园的社区工作要讲求实效，不能只做表面文章。幼儿园应努力疏通与社区的沟通渠道，取得社区的信任与支持，深度挖掘社区的教育资源，把握社区居民的教育需求，并有针对性地为社区居民提供服务。同时，幼儿园还要经常总结经验，不断发现问题，以便今后更好地开展社区工作。

（三）对其他外部公众的公共关系管理

除了家长和社区，幼儿园还应做好对小学、上级教育主管部门、媒体、学术团体以及同业者等其他外部公众的公关工作。

1. 对小学的公共关系管理

长期以来，我国幼儿园与小学在教育目标、内容、形式和方法等方面存在明显差异，导致初入小学的幼儿在学习生活、人际关系等方面出现种种不适，对幼儿的身心发展造成不良影响。对此，《幼儿园工作规程》明确指出“幼儿园和小学应当密切联系，互相配合，注意两个阶段教育的相互衔接”。可见，为了做好幼小衔接，帮助幼儿做好入学准备，幼儿园要加强与附近小学的合作，既要与小学确定统一的幼小衔接评价标准，保证教育目标的一致性；也要与小学共同构建幼小衔接课程体系制度，保证课程过渡的平稳性；还要健全幼小衔接教研机制，与小学共同研究解决幼小衔接问题；另外要构建幼儿园-小学信息交流平台，及时沟通幼小衔接中的所需信息与问题解决经验。

做好幼小衔接≠幼儿园“小学化”

幼小衔接不是幼儿园“小学化”。有些幼儿园在教学内容、上课方式上单方面向小学靠拢，甚至连环境布置都与小学大同小异，这些做法非但不利于幼儿适应小学生活，反而可能导致幼儿形成不良的学习习惯和学习态度，甚至使幼儿产生厌学情绪。

真正有效的幼小衔接是在幼儿园与小学共同努力下的双向衔接，不仅幼儿园要实施适宜的入学准备，小学也要做好渐进式的接应。例如，幼儿园可以适当延长教育活动时间，而小学一、二年级的作息制度也应当向幼儿园靠拢；幼儿园可以设计教育活动，提高大班幼儿的规则意识，而小学也应该调整对低年级学生的教学方式，尽量以游戏的方式组织教学。总之，幼小衔接工作应当以幼儿园与小学之间的深度沟通和适宜互融为基础。

2. 对上级教育主管部门的公共关系管理

上级教育主管部门是指导、监督、检查幼儿园工作的教育行政部门或其他政府部门，是最具权威性的公众。幼儿园必须与这些部门保持良好的关系，争取其支持和认可，为幼儿园发展争取有利的政策、经费、法律等方面的支持。

3. 对媒体的公共关系管理

媒体报道是幼儿园形象宣传的重要途径。幼儿园可以邀请媒体参观幼儿园、参加幼儿园的活动，或者创建幼儿园自己的网站、微信公众号等，利用媒体的力量向社会公众宣传自己，营造积极的社会舆论，树立良好的公众形象，提高幼儿园的影响力和竞争力。同时，幼儿园还可以通过媒体实现与公众的广泛沟通，吸取公众的有益建议，了解公众的教育需求，不断完善自身工作，切实提高办园质量。

4. 对学术团体的公共关系管理

学术团体是幼儿园的智库。幼儿园应主动与幼教专家联系，利用他们的专业优势为幼儿园的教育与管理工作提供权威指导，促进幼儿园的高质量发展。此外，幼儿园还可以邀请专家为教师提供培训，为家长开设讲座，以提高教师的整体素质和家长的教育水平。

5. 对同业者的公共关系管理

同业者不仅仅是幼儿园的竞争对手，更是幼儿园的合作伙伴。幼儿园应时刻保持开放的心态，经常与同业者交流办园经验，共同营造公平竞争、合作共赢的行业氛围。

思考与练习

1. 幼儿园公共关系工作的主要对象有哪些?
2. 幼儿园公共关系工作应当遵循哪些原则?
3. 简述幼儿园家长工作的任务。
4. 试论述幼儿园与社区的关系。
5. 请以幼小衔接为背景，以园长的身份为幼儿园制订一份公共关系工作计划。

推荐资源

1. 李生兰. 学前儿童家庭与社区教育. 北京：高等教育出版社，2015.

2. 孙芳龄，雷雪梅，张官学，等. 家园共育的实践意义与开展策略. 学前教育研究，2018 (7).

3. 李晓巍，刘倩倩，郭媛芳. 改革开放 40 年我国幼儿园、家庭、社区协同共育的发展与展望. 学前教育研究，2019 (2).

第十二章

学前教育中的领导力

目标指引

1. 了解领导及领导力的含义、领导力的结构要素；
2. 了解园长应具备的基本素养；
3. 厘清园长的角色和职责，掌握园长领导力的构成维度；
4. 熟悉提升园长领导力的策略。

内容结构

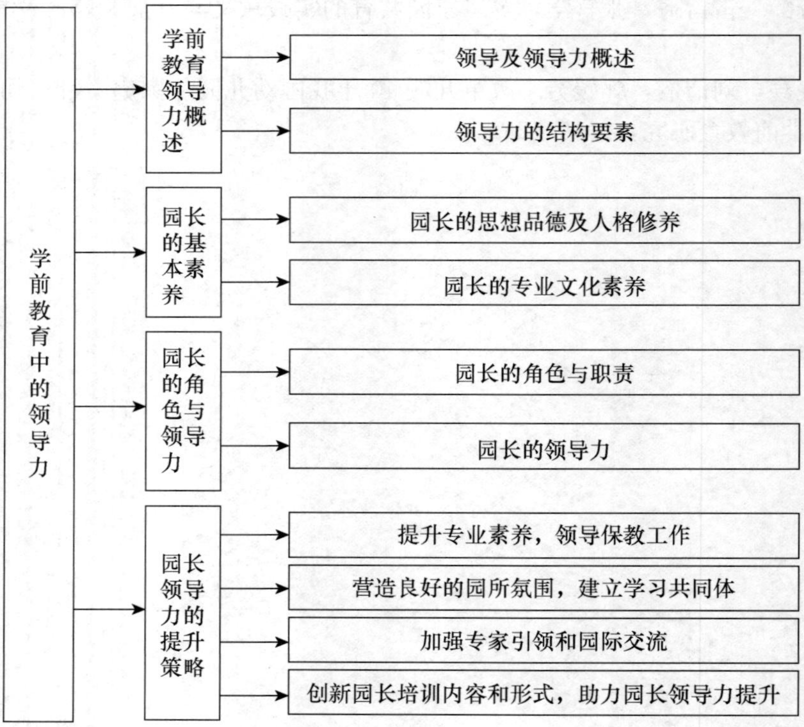

案例导引

某幼儿园是一所省级示范园，几年来，在园长的带领下，该幼儿园先后获得省级“巾帼文明示范岗”、市级“十佳”幼儿园等荣誉称号。随着学前教育改革的推进和各式特色幼儿园的创办，园所竞争日益激烈，教职工的工作越来越繁重。面临专业竞争、上级检查等多方面的压力，教职工出现了明显的职业倦怠：整天做着同样的工作，生活中没有了快乐。为了让教职工摆脱职业倦怠的困扰，园长以身作则，用实际行动给教职工做了良好的示范。她每天第一个来到幼儿园，带领领导班子的其他成员一起迎接其他教职工的到来，并给他们送上最真诚的微笑和祝福；在关系到园所命运的大举措面前，她果断而英明，总是把幼儿园的集体利益放在首位；她积极为教职工争取更高层次的学习和培训机会，让教职工获得成长……正因如此，园长成为教职工工作上的引领者，激发了教职工的工作热情①。

一所优质的幼儿园，离不开一支有专业情怀、有专业文化底蕴、有专业素养的团结、高效、充满活力的教职工队伍，而园长无疑是队伍中的领头雁。如果没有园长的正确引领，幼儿园就如同航行的船只在大海中迷失了前进的方向。我国幼儿园实行园长负责制，园长的个人特质、领导风格和领导素养直接影响着幼儿园的整体发展和每一名教职工的观念与行为。因此，加强学前教育中的领导力，有利于充分调动和发挥全体教职工的工作热情，端正其保教工作态度，从而实现园所的长远发展。

第一节　学前教育领导力概述

《幼儿园园长专业标准》明确指出，园长是履行幼儿园领导与管理工作职责的专业人员，是幼儿园改革和发展的带头人，担负着引领幼儿园和教师发展的重任。学前教育中的领导实质上就是园长对教职工团队的领导。园长领导力的核心是影响力，园长的领导力直接影响幼儿园的可持续发展。

一、领导及领导力概述

（一）领导的含义

领导是指团队负责人指挥、引领、鼓舞团队成员为实现共同目标而努力的过程。领导包含四个要点：第一，领导是一个过程；第二，领导包含影响；第三，领导行为出现在一个群体的环境中；第四，领导包含目标的实现。此外，将领导作为名词来看，是指组织单位或部门的负责人，即领导者。

（二）领导与管理

领导不同于管理，二者既有联系又有区别。领导指在一定的组织情境下，领导者对追随者有意图地施加影响，以促使大家为实现一定的组织目标而共同努力的过程。管理是管理者对一定组织系统的人、财、物、事、时间、信息等进行计划、组织、协调和控制的过

① 周丹，江东秋．卓越园长 21 条幼儿园管理策略．南京：江苏教育出版社，2012.

程，从而高效率地达到组织的目标。从定义可以看出，二者的共同之处在于它们都是为了实现组织目标，且都强调协作。

领导与管理也存在差异。美国领导学者约翰·P. 科特（John P. Kotter）认为："保证组织的秩序和一致性是管理的任务，而领导的主要职能是产生变化和运动。"① 可见，管理是为了确保事物正确、有效地运行，维持秩序的稳定；而领导不仅仅为了维持现状，更为了超越现状，不断发现和解决问题，不断变化发展，从而推动团队迈向更高的台阶。一般来说，管理的目的是建立秩序，而领导的目的是引领变革。因此，一个幼儿园园长既可能是幼儿园的领导者，也可能仅仅是幼儿园的管理者。

（三）领导力

领导力，又称领导者素养核心，是领导的基本要素之一，指在管理的区域内合理有效地利用人力和物力条件，用最低的成本完成任务，以提高整个团队的办事效率的能力。领导力从本质上来说是领导者对被领导者产生影响的一种能力。领导力五力模型认为，领导力是确保领导过程顺利进行的能力，包括前瞻力、影响力、感召力、控制力和决断力。

可见，领导指一个过程或一种行为，而领导力专指实现这个过程或胜任这种行为的能力。

二、领导力的结构要素

领导力是一种存在于领导者自身，以个体能力为基础，可以产生组织绩效的由多种成分构成的影响力，是领导者自身综合能力的体现。领导力由权力性影响力和非权力性影响力构成（见图 12-1）。

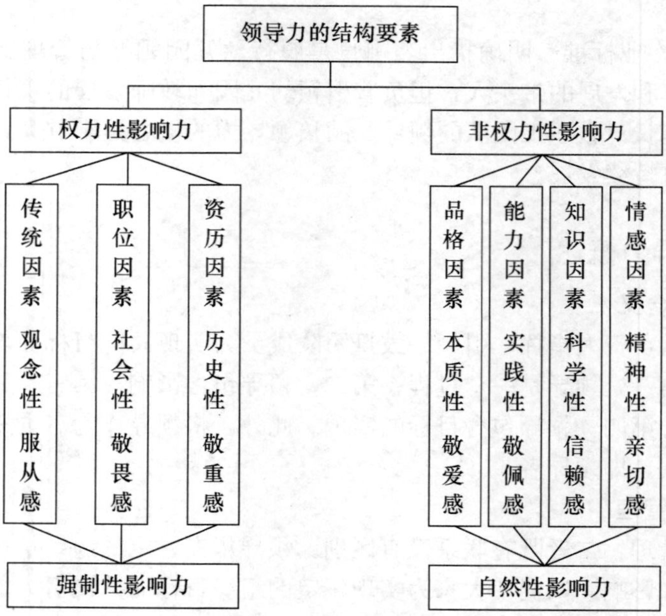

图 12-1 领导力的结构要素

① 冯大鸣. 美、英、澳教育领导理论十年（1993—2002）进展述要. 教育研究，2004（3）：72-78.

（一）权力性影响力

权力性影响力也叫强制性影响力，具有强迫性、不可抗拒性的特点。在权力性影响力的作用下，被影响者通常表现出被动、服从的心理与行为。权力性影响力主要受以下三方面因素的影响：

1. 传统因素

中国社会传统观念认为：领导者不同于普通人，他们有权力、有才能，比普通人强势。因此，人们对社会生活中的领导者产生了一种态度或观念——服从感，这种服从感进而逐渐演变成为一种社会规范。这种由传统观念产生的影响力，赋予领导者力量，从而使领导者的言行更具影响力。

2. 职位因素

领导者在组织中的地位、职务和权力会使被领导者产生敬畏感。领导者的地位越高、权力越大，下属对他的敬畏感就越强，领导者的权力性影响力也就越强。由职位因素带来的影响力以权力和地位为基础，与领导者本人的素质没有直接关联，完全是社会组织带给领导者的各项权力的力量。

3. 资历因素

领导者的资历反映的是一个人过去的生活经验和阅历，在某种程度上会影响领导的有效性。资历因素会使被领导者对领导者产生一种敬重感，这种敬重感与领导者在实际领导活动中的表现是紧密相关的。

（二）非权力性影响力

非权力性影响力也称自然性影响力，与个人素质和行为特征密切相关。在非权力性影响力的作用下，被影响者更多表现出顺从与依赖的行为特征。非权力性影响力主要受以下四个方面因素的影响：

1. 品格因素

品格因素反映了领导者的道德素养、人格品行和作风态度，是非权力性影响力的本质性因素。领导者应具备高尚的情操、优良的道德品质、宽广的胸襟以及优秀的工作作风，优良的品格会使领导者具有巨大的影响力和感召力，使人产生敬爱感。因此，领导者应努力发挥榜样模范的作用，成为被领导者学习的榜样和行为的楷模。

幼儿园的“大家长”

X园长一贯遵循“以情感人、以德育人、以理服人”的管理理念。她是教职工的大家长，每一位教职工都记得她给过自己的无微不至的关心和帮助。一次，教师L发生了交通意外，X园长知道后，第一时间赶到现场，对L嘘寒问暖，并及时送来救援金，还倡议全体教职工积极捐款。在L住院养病期间，X园长号召全体教职工对L班级的孩子特别加以照顾，以解除L的后顾之忧，这充分体现了园长对老师们的关爱之情。

2. 能力因素

领导者的才能是开展工作的必要条件。有真才实学的领导者既需要具备敏锐的洞察力、判断力和理解力，良好的组织管理能力和协调能力，同时也需要具备勇于打破常规、开拓创新的创造力。领导者的能力因素具有实践性，易使被领导者产生敬佩感，从而自觉接受其领导。

3. 知识因素

领导者应具备某种知识技术或某一方面的特殊能力。知识经验丰富的领导者，对工作中遇到的问题会有更加深刻、全面、独特的理解和更加专业的解决方式，从而让被领导者产生信赖感。因此，领导者必须重视自身业务知识能力的提升，给自己带来良好的影响力。

4. 情感因素

情感是人们对客观事物态度的一种反映。如果领导者与被领导者之间建立起良好的情感关系，就能产生亲切感和吸引力，而人与人之间相互的吸引力越大，彼此的影响力也就越强。相反，如果领导者与被领导者之间没有建立良好的情感关系，彼此关系比较紧张，就会给双方带来一定的心理距离，使双方产生排斥与对抗，进而产生负面的影响力。

在领导力的结构要素中，权力性影响力和非权力性影响力同属于一个问题的两个方面。权力性影响力是领导者发挥作用的基础；非权力性影响力占主导地位，决定着领导者威信的高低。因此，提高领导力的关键是提高非权力性影响力。

第二节　园长的基本素养

园长作为领导和管理幼儿园工作的专业人员，需要具备一定的专业素养。园长的素养主要包括德和才两个方面：德指向思想品德、人格修养方面，这既是领导者的首要标准和条件，也是引领园长专业发展的基本动力；才指向专业文化素养方面，体现了园长工作的专业性。园长的思想品德及人格修养、专业文化素养等多方面的素养状况，将对幼儿园的管理水平和保教质量产生深刻的影响。

一、园长的思想品德及人格修养

园长的思想品德及人格修养是影响园长专业素养的首要因素，直接影响园长整体素质的发展；同时，该因素对于带动一支具有优良素质的教职工队伍、形成良好的园所文化和氛围、办好幼儿园起着重要的作用。

（一）园长的思想品德

《幼儿园工作规程》第三十九条指出，“幼儿园教职工应当贯彻国家教育方针，具有良好品德，热爱教育事业，尊重和爱护幼儿”。园长应坚持以德为先、幼儿为本的理念，从以下三个方面提高自己的思想品德素养：

1. 法规意识和政策水平

《幼儿园工作规程》第四十条提到，幼儿园园长要贯彻执行国家的有关法律、法规、方针、政策和地方的相关规定，负责建立并组织执行幼儿园的各项规章制度。鉴于管理领导工作具备一定的政策性，这要求园长能坚持社会主义办园方向和党对教育的领导，全面学习和了解党和国家有关教育及学前教育的方针政策，深入领会政策精神和要义，并将其具体运用到实践中去指导实际工作的开展。

2. 事业心和责任感

园长应热爱学前教育事业和幼儿园管理工作，具有服务国家、服务人民的社会责任感和使命感。园长要做到关爱幼儿，尊重教职工，具有坚定的职业信念，为人师表，勤勉敬业，尽心为幼儿、为教师、为家长服务，认真做好各项工作。

3. 工作作风

园长应做到密切联系全园教职工，为人正直、作风民主、光明磊落、求真务实、关爱幼儿、公正廉洁、平等待人，建立和谐的工作关系，营造良好的工作氛围，调动教职工参与民主管理的积极性，吸收群众智慧，从而改进领导工作。园长要恪尽职守、勤政务实、勤俭办园，始终把幼儿园的利益放在第一位。

（二）园长的人格修养

园长的人格修养是其性格、气质、能力等个人魅力的综合体现，并能直接影响其工作作风、同事关系、园所工作氛围，进一步关系到幼儿园的队伍建设和园所的整体发展。

在思想政治修养上，园长应努力提高自身的政治思想觉悟，以为党育人、为国育才为宗旨，辨明是非、顾全大局，用饱满的热情、强烈的事业心和高度的责任感投身学前教育事业。在道德品质修养上，园长要做到以身作则、为人师表，具有无私奉献的精神和仁爱、博爱之心，用心去关爱每一个幼儿的成长，关注每一位教职工的工作和生活，做到宽容与热情。在人生观和价值观修养上，园长要树立正确的世界观、人生观和价值观，淡泊名利，能够正确面对各种诱惑的冲击。在专业知识和技能修养上，园长应具有较广的知识结构和较强的处理实际问题的能力，树立终身学习的理念，博学多才、视野开阔、思维灵活、勇于创新。

幼儿园管理者的“30 字诀”

人格修养 10 字诀：爱心、平等、坦荡、无私、宽广
待人接物 10 字诀：尊重、宽容、公平、沟通、礼貌
行为做事 10 字诀：专业、敬业、激情、勤勉、创造

二、园长的专业文化素养

园长的专业文化素养是构成园长业务能力的重要部分。《幼儿园园长专业标准》指出，园长应牢固树立终身学习的观念，优化专业知识结构，提高科学文化艺术素养。由于知识是园长专业化的重要基础和前提条件，因此园长应通过不断学习以更新和完善自身的知识结构。园长需要具备的专业知识至少应包括以下四种①：

① 吕晓，杨晓萍. 园长专业化知识基础的构成与发展途径. 学前教育研究，2011（12）：24-27.

（一）本体性知识

本体性知识指园长作为幼儿园的负责人、管理者，在实施管理工作时所需要、能够体现园长职业角色特征的核心专业知识，主要指教育管理知识。园长最主要的职业角色就是管理者。为保证幼儿园工作的顺利进行，园长应具备现代管理观念，掌握现代管理知识，能采用科学的管理方法，充分而有效地利用各种人力、物力、财力资源来提高管理效率，这是园长做好管理工作的前提和保证。此外，教育管理是幼儿园管理的核心内容。因此，园长要灵活掌握教育管理理论，找到适合本园课程与教学特点的科学教育管理方法。

（二）条件性知识

条件性知识是园长在处理日常工作中为保证工作顺利开展、所遇问题顺利解决而应具备的专业性知识。首先，园长应该具有扎实的学前教育专业方面的知识，包括专业理论知识和教学实践知识。只有掌握这些知识，园长才能灵活运用自己的知识和智慧去指导教师制定适宜的教学目标与任务，促进教师教学技能的提高，促进幼儿身心全面和谐发展，从而提升幼儿园的整体保教质量。其次，园长应具备专业的教育教学知识，以更好地指导幼儿园教育教学工作的开展，引领幼儿园的课程建设。最后，园长还应掌握一些心理学方面的知识，这些知识对于园长了解教师和幼儿的心理，有效引导他们的行为，增强工作的预见性和针对性有着重要作用。

（三）实践性知识

实践性知识是园长在个人实践工作中形成的知识与智慧，是园长在理解和领悟理论知识的基础上建构起来的一种在特定情境中知道做什么和如何做的知识形态，主要包括园长的情感态度、价值观念、生活经验等，体现的是园长的个人管理风格和教育风格，具有实践性、情境性和个体性。从某种程度上说，园长专业化发展最终体现的是园长个体的职业发展水平，而能对其发展产生真实影响的正是个人在实践中通过亲身体验和学习获得的实践性知识。因此，园长不仅要吸收已有的理论知识，还要积累和建构基于自身体验的实践性知识，并在具体实践中不断完善自己的知识体系。

（四）广博的科学文化知识

广博的科学文化知识是园长专业化知识基础的重要组成部分，主要包括四方面的内容：一是人文社会科学知识，如哲学、社会学、逻辑学和历史学等方面的知识；二是自然科学和技术科学知识，园长应了解自然科学和技术科学领域的基本理论和最新研究成果；三是工具类知识，如外语、计算机、现代化多媒体信息处理技术、公共关系等方面的知识；四是文艺类知识，如文学、美育等方面的知识。掌握广博的科学文化知识，既能帮助园长提高其自身素质，也能帮助园长更好地解决问题、提升自身形象。当然，这类知识不追求精而深，可以根据个人需求有针对性地学习和了解。

以上四种知识是相互联系的有机整体。其中，本体性知识是园长工作得以顺利开展的基础性部分；条件性知识对本体性知识起着理论支撑的作用，既是衡量园长专业能力的标志，同时也是园长取得任职资格的重要考核依据；实践性知识是园长将前两种知识运用于实践后，经过个人反思、总结而获得的知识，是园长自身职业个性的展现；广博的科学文化知识是对其他知识的重要补充，能够提高园长的整体素养。这些知识相互联系、相互促进，共同支持着园长的专业化发展。

第三节　园长的角色与领导力

一、园长的角色与职责

（一）园长的角色

幼儿园园长是学前教育政策法规的执行者，园所规划与发展的计划者、组织者、决策者和引领者，其专业素养的高低及领导力对幼儿园的教师队伍建设和保教质量有着深刻的影响。园长拥有正确的角色定位，有利于更好地发挥自身在幼儿园管理中的作用，也是幼儿园可持续发展的关键。园长的角色具有丰富性和多样性，园长只有充分适应并不断调整与转换自己的角色，才能有效提高其专业领导力和管理水平。

1. 教育者

教育者是园长的本体、核心角色。学前教育的根本属性是教育性，园长的教育理念、教育知识与教育能力直接影响其教育领导工作的执行。幼儿园是对儿童实行保育和教育的专门机构，园长应引领全园教师充分了解和掌握儿童学习与发展规律，引导教师科学实施保教活动。园长要及时更新、优化教育教学系统，通过规划保教发展远景、制定课程标准、管理课程教学、督查评价保教活动等，提升教师的保教能力和幼儿的学习成效。

2. 领导者

幼儿园园长作为领导者，主要任务是做好全体教职工的价值引领，使教职工形成共同的发展目标和价值愿景。园长应积极了解幼儿园当前的发展优势与不足、可能面临的困境，制定科学的发展规划，凝聚各方力量，并随时做好动态调整。此外，园长要积极发挥模范带头作用，以身作则，充分发挥教职工的积极性、主动性和创造性，促进幼儿园不断发展。

3. 管理者

园长作为管理者，应主动担负起组织领导的任务，让全体员工形成团结、和谐、积极向上的集体，努力奋斗以实现共同的目标。一方面，园长需要优化内部管理，运用适当的方法、技术和手段有效调配和利用幼儿园的人力、物力和财力资源，实现教育资源的优化配置，并建立健全幼儿园的各项规章制度；另一方面，园长对外要尽可能获得更多的外部支持，积极争取与家长、社区和其他相关部门人员的合作，协调好与外部的各种关系，促进幼儿园与外界环境的良性互动。

4. 学习者

园长应牢固树立终身学习的理念，端正学习态度，将学习作为园长专业发展、改进工作的重要途径，做到善学、会学、勤学。通过理论学习、园本教研、外出实践观摩等方式，将理论知识与实践经验充分结合，不断优化专业知识结构，提高科学文化艺术素养；要与时俱进，及时了解国内外学前教育改革与发展的趋势和前沿动态，并时常进行总结和反思，做自我提升的实践者。同时，园长应积极带动全园教师一起学习，注重学习型组织的建设，善于引进、利用先进、优质的教育资源，调动教师的学习热情，带领教师开展研究活动，做保教质量的促进者。

5. 儿童权益的保护者和儿童发展的促进者

保护儿童权益，促进儿童良好发展，是园长工作的出发点和归宿。园长必须坚持“幼儿为本”的办园理念，面向全体幼儿，平等对待不同民族、种族、性别、身体状况及家庭状况的幼儿，维护幼儿的身体和心理健康，尊重幼儿的人格。此外，要尊重幼儿的个体差异，提供适宜的教育，促进幼儿富有个性地全面发展；树立科学的儿童观与教育观，使每个幼儿都能接受有质量的教育。园长只有不断提升自身的专业素养，才能为幼儿的健康成长提供优质的教育和服务。

（二）园长的职责

《幼儿园园长专业标准》提出了园长的六项专业职责，为园长工作的开展指明了具体的方向。园长的主要职责如下：

1. 规划幼儿园发展

幼儿园发展规划的制定与实施是园长办学理念的具体化过程。《幼儿园园长专业标准》指出，园长要充分认识学前教育对幼儿身心健康、习惯养成、智力发展具有重要意义，重视幼儿园发展规划的制定和实施，凝聚教职工智慧，建立共同发展愿景，尊重幼儿教育规律，继承优良办园传统，立足幼儿园实际，因地制宜办好幼儿园；掌握国家的教育方针和法律法规，了解国内外学前教育改革发展的基本趋势；分析幼儿园发展面临的困境与挑战，组织多方力量参与园所发展规划的制定。

因此，制定幼儿园发展规划，园长首先要了解国家教育方针、政策和法律法规，明确幼儿园的发展方向，并将其作为幼儿园发展的价值引领。此外，园长要正确评估幼儿园的发展现状，对园所的品牌文化和发展路径有正确的定位。

2. 营造育人文化

园长应当充分利用文化的教育功能，重视幼儿园文化在价值引领、目标激励、情感陶冶和行为规范等方面的独特作用。园长要把文化育人作为办园的重要内容与途径，并将中华优秀传统文化融入幼儿园文化建设，将尊重和关爱师幼、体现人格尊严、感受和谐快乐作为幼儿园育人文化建设的核心；在专业知识上，园长应具备一定的自然科学、人文社会科学知识，了解幼儿身心发展的规律和特点；根据幼儿身心发展特点和接受能力，将爱学习、爱劳动、爱祖国教育和社会主义核心价值观教育融入幼儿园一日生活和游戏活动之中，综合运用环境陶冶、思想宣传、制度规范、活动渗透等方式，营造陶冶教师和幼儿情操的育人氛围和精神家园。

首先，幼儿园物质文化是园所文化建设的重要组成部分，幼儿园的规划布局、建筑风格、设施设备、物质材料等，都应体现园所独特的文化内涵。其次，园长要重视幼儿园精神文化环境建设，努力打造积极向上、宽容友善、充满爱心、健康活泼的园风园貌。最后，制度文化是幼儿园文化建设的保障，因此，园长应努力建设民主、科学、平等、高效的制度文化。

主题墙“事件”

S幼儿园对环境的创设是一轮轮更换的。因为教师们对环境创设总想创新，认为越新越好，所以他们总是抛弃以前环境创设的原则和理念，选择自己创设一个新的环境。虽然主题墙是一个记载幼儿学习进展与学习过程的载体，但是有时候教师为了保证在环境评比中的美观性，将幼儿的作品直接贴到墙上，却没有记载幼儿学习的信息、幼儿的发展水平等，仅仅为了美观好看，就只要结果，不要过程。

针对教师的此类做法，L园长反反复复纠正了好几次，这样纠正的原因就是要让教师明确为什么要创设环境，环境对幼儿的作用是什么，创设环境要体现出幼儿园什么样的理念。在园长正确理念的引导下，教师们学会了去解读幼儿的作品，学会了用幼儿的视角去创设环境，例如：根据主题将幼儿的作品打散重组，形成一幅内容丰富的全新作品；将幼儿眼中零散的工具器械，如小链锯、刨子、钉子、扳手、齿轮、链条等，经过喷漆重组后给幼儿展示一幅与众不同的金属画面；用教师和幼儿捡来的木块、树枝，经过削剪后拼贴成生动的绘本封面，例如《要是你喂老鼠吃饼干》《彩虹色的花》《小鹿斑比》《鸟窝里的树》等，这一幅幅充满立体感的画面让幼儿园走廊成为一部与自然融合、立体多彩、富有吸引力和教育意义的教科书，同时也激发了幼儿的想象力和创造力，培养了幼儿的艺术兴趣与审美情趣。

资料来源：郑娟霞．幼儿园文化建设中园长角色的叙事研究．兰州：西北师范大学，2015.

3．领导保育教育

领导保育教育工作既是园长的核心职责，也是园长专业素养的集中体现。园长要坚持保教结合的基本原则，珍视游戏和生活的独特价值，尊重和保护幼儿的好奇心和学习兴趣，重视幼儿良好的学习品质的培养，坚决防止和克服幼儿园教育的“小学化”倾向；熟悉幼儿园环境创设、一日生活、游戏活动等教育活动组织与实施的知识和方法，了解国内外幼儿园保育教育的发展动态和改革经验；具备较强的课程领导和管理能力，深入班级了解幼儿园保教活动的开展情况，科学指导教师实施符合幼儿身心发展规律与幼儿教育规律的保教活动，领导和保障保育教育研究活动的开展，提升保教水平。

4．引领教师成长

引领教师成长是提升幼儿园保教质量的关键。园长要尊重、信任、团结和赏识每一位保教人员，具有明确的建立教师专业发展共同体的意识；熟悉幼儿园教师专业发展各阶段的规律和特点，并采取适宜的支持策略；重视立德树人，培养优良的师德师风，引导支持教师坚定理想信念、提高道德情操、掌握扎实学识、秉持仁爱之心，不断提升精神境界。在此基础上，园长要建立健全教师专业发展激励和评价制度，引领教师反思教学实践，有效促进教师的专业发展。

5．优化内部管理

园长作为幼儿园的管理者，应坚持依法办园、以德治园，建立健全幼儿园管理的各项规章制度，积极探寻并利用教育和管理规律，以提升幼儿园各方面的工作成效，提高幼儿园教育质量，实现科学管理。此外，园长应适当放权，让全体教职工有机会参与园所事务的管理和决策，实现民主管理。

6．调适外部环境

幼儿园作为一个开放的社会性组织，存在于一定的场域之中，其发展受家庭、社区、政府和其他外部环境的影响。因此，园长要积极建立幼儿园对外合作与交流机制，开放办园，加强园内外的沟通与交流，形成幼儿园与家庭、社区和社会的良性互动。家庭是幼儿园重要的合作伙伴，园所要积极争取家长的理解、支持和主动参与，促进家园共育。在幼儿园与社会关系的处理上，园长应坚持合作共赢的原则，一方面积极整合利用社区和社会上的各种教育资源为幼儿园教育服务，另一方面又要为社区和社会提供力所能及的人力和教育资源，积极服务社区和社会。

获得家长支持，整合家园课程教育资源

A 园长致力于幼儿园课程改革，长期以来凭借自己的课程理念，一直带领教师团队开发以信阳市本土资源为依托的特色园本课程。由于园本课程开发多涉及当地的传统文化、风土人情，因此 A 园长非常重视与家长的沟通和合作，力图通过家长的信息反馈提高幼儿园课程实施的适宜性。具体措施如下：幼儿园成立家长学校、家长会，使家长全面了解幼儿园的工作，就幼儿园课程定期与家长面对面交流，倾听家长提出的改进建议；通过家长半日观摩活动、多彩课堂等形式，将课程内涵告知家长，让家长深入了解师幼互动、园本课程的设计与实施；邀请家长做志愿者，强化家园沟通互动，善用家长资源以获得家长的认同和支持，促进园本课程的实践与发展。目前该幼儿园已成为河南省第一批“百城千园·家园共育”示范园。

资料来源：吴燕圆. 幼儿园园长课程领导策略分析：以信阳市 X 幼儿园 A 园长为例. 河南科技学院学报，2020，40（2）：59-63.

二、园长的领导力

（一）园长职业

园长是幼儿园工作的领导者和组织者，是实现领导职能、办好幼儿园的关键。园长是幼儿园的主要行政领导，受国家委托管理幼儿园工作，全面贯彻执行国家的教育方针政策，对幼儿园工作全面负责。

1. 园长的任职资格

2016 年 1 月 5 日，教育部发布的新版《幼儿园工作规程》指出，幼儿园园长应当符合该规程第三十九条对幼儿园教职工的有关规定，并应当具有《教师资格条例》规定的教师资格、具备大专以上学历、有三年以上幼儿园工作经历和一定的组织管理能力，并取得幼儿园园长岗位培训合格证书。

2. 园长负责制

幼儿园领导体制是幼儿园管理的根本组织制度，是幼儿园管理体制的核心。1989 年颁布的《幼儿园管理条例》第二十三条规定：“幼儿园园长负责幼儿园的工作。”2016 年新版《幼儿园工作规程》第四十条提出“幼儿园园长负责幼儿园的全面工作”，第五十六条也明确提到“幼儿园实行园长负责制”。这两个文件确立了我国的幼儿园管理实行园长负责制。

园长负责制指幼儿园在上级宏观领导下，以园长为核心，由园长全面负责幼儿园的保教工作管理和行政工作管理，同党支部保证监督、教职工民主参与管理有机联合，为实现幼儿园的工作目标，建立充分发挥领导职能的三位一体的管理格局，改变了以往党政不分、分工不明的状况。园长负责制明确了园长作为幼儿园的最高行政负责人，应依法行使行政决策权、行政指挥权、人事管理权和财务管理权。同时，园长对内全面领导保育、教育和行政工作，向全体教职工、幼儿负责；对外代表幼儿园，对举办者、幼儿家长和社区负责。实行园长负责制的目的是建立统一、高效的园内指挥系统，增强幼儿园的办园自主权，使幼儿园成为独立的办园实体。

（二）园长领导力

“办好学前教育”的决策部署对园长的专业素养和能力水平提出了新的要求和挑战。在新时代，要想巩固园长在幼儿园中的领导地位，引领教职工为实现组织目标而努力，都有赖于园长领导力水平的提高。因此，园长领导力的重要性日益凸显。

园长领导力指园长在一定的情境中对全园教职工和以幼儿和家长为主的利益相关者施加影响，引领其确立并实现幼儿园组织目标、促进幼儿园发展的能力，包括价值领导力、人际领导力、教育领导力、结构领导力四个维度共计九项领导能力（见图 12－2）。

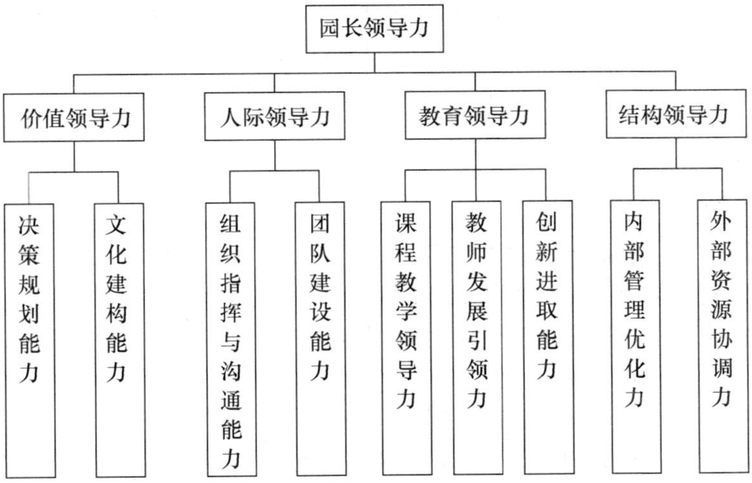

图 12－2 幼儿园园长领导力构成维度

1. 价值领导力

幼儿园的核心价值观决定幼儿园的发展方向。因此，园长应有意识地运用核心价值观去引领、整合教职工的价值观，以形成共同的价值追求和文化理念，实现组织的共同愿景。

（1）决策规划能力。

决策规划能力是园长最基本的领导能力。园长应掌握一定的决策技术，具备良好的洞察力和前瞻力，准确把握幼儿园发展的内外部环境，抓住幼儿园发展的机遇，明确幼儿园面临的挑战，对幼儿园进行科学的调整和规划，决定幼儿园未来的发展方向和发展特色。同时，园长要善于发挥群体智慧，倾听教职工、家长、社区人员对幼儿园发展规划的建议，群策群力，帮助大家了解幼儿园的发展方向，鼓励大家为实现幼儿园的愿景而共同努力奋斗。

（2）文化建构能力。

组织文化能规范组织成员的态度和行为，决定组织发展的内涵与特色。因此，园长应重视园所文化建设，发挥文化建构能力。园长要打造一种能鼓舞人、激励人的幼儿园文化，让全体教职工在积极、健康的文化氛围中释放潜能、实现价值。此外，园长要营造积极融洽的心理氛围，使教职工能相互团结、相互信任、相互合作，形成积极向上的价值观。

2. 人际领导力

鉴于幼儿园教职工以女性为主，园长应根据女性特点构建以关怀和信任为主的组织氛围，构建幼儿园和谐的人际关系网络，使全园教职工在和谐、友好的环境中工作。

（1）组织指挥与沟通能力。

园长需要具备组织指挥与沟通的能力，既要在整体上进行组织决策与指挥，善于科学调配人力、物力、财力资源，又要积极做好组织成员间的沟通交流，协调好人与人、部门与整体、园所与家长、园所与社区、园所与上级行政主管部门间的关系。

一方面，园长要注重与教职工间的情感沟通，对下级平易近人，与人为善；善于倾听教职工的声音，关心教职工的生活状况，努力为教职工排忧解难，成为教职工的知音；引导教职工之间要分工合作，相互理解与支持，以友好的态度商讨问题。另一方面，园长要积极与家长沟通交流，向家长宣传幼儿园的办园理念，努力获得家长的支持；要与友邻单位和睦相处，相互支持与协作。

（2）团队建设能力。

团队建设旨在为组织成员提供参与管理和决策的机会，调动组织成员的积极性，努力促进其发展。开放、包容的氛围能使每位教职工充分、自由地发表自己的观点，有利于调动教职工的积极性，使其提出具有创新性的观点。因此，园长要致力于打破部门、年级之间的限制，使教职工之间建立更为紧密的联系。此外，园长要善于用人、合理用人，要具备知人善任的能力和气度，在创建团队时要注意职能相称、能级相应、用其所长、用人唯贤，善于发现不同组织成员的独特优势，从而科学创建具有鲜明专业特色的基层团队，如科研团队、课程开发小组等，实现不同组织成员间的通力合作。

3. 教育领导力

园长作为幼儿园的主要负责人，要重视幼儿园课程开发、关注教师专业发展、努力实现开拓创新。园长要帮助和引导教师树立科学的儿童观和教育观，将正确的保教理念贯彻落实到教育实践中去。

（1）课程教学领导力。

园长的课程教学领导力主要体现在对幼儿园课程开发的规划、对课程实施的领导及对教学水平的指导和监控方面。园长要领导全园教师树立科学的课程观和教学观，提高本园教师参与课程开发的积极性和主动性。在课程实施过程中，园长要组织、协调各方面的因素，为课程开发和实施提供资源保障；还要经常了解并满足教师在教学过程中的各项需求，经常开展听课、评课活动，为教师的教育教学提供专业指导。

（2）教师发展引领力。

教师专业素养和能力的提升是提高幼儿园教育质量的关键。园长要了解处于不同职业生涯阶段的教师的特征与需求，打造支持教师专业成长的组织环境，为不同层次的教师制定适当的专业发展规划，并将教师的专业发展与幼儿园发展规划相结合，充分实现对人力资源的开发。

（3）创新进取能力。

园长作为幼儿园的领导者，要立足本园实际，时刻更新自己的教育观念和专业知识，主动调整适应，不断改革创新，以正确的教育思想和管理思想引领教职工，激发全园教职工积极进取的精神，努力实现幼儿园开拓创新的局面。

4. 结构领导力

结构领导力不仅包括组织内部的分工、规则和管理，而且包括与组织外部利益相关者的沟通和协调。园长应整合、协调幼儿园内外部资源，了解利益相关者的想法，并获得其支持。

（1）内部管理优化力。

园长要对幼儿园的资金、物资、师资进行合理调配，以确保园所保育、教育工作的顺利开展。此外，园长要结合幼儿园实际，确立合理的园内组织结构，制定和完善各项规章制度，保障幼儿园的顺利运行和健康发展。

（2）外部资源协调力。

幼儿园不是一个封闭的系统，会受到外部环境的影响。一方面，园长要注重引导幼儿园与家长进行沟通合作，争取家长对幼儿园教育工作的理解与支持，并获得来自家长的丰富资源，引导家长为幼儿园发展出谋划策。另一方面，园长要促进幼儿园与社区建立良好的关系，不仅要争取社区对幼儿园的支持，也要主动关注社区的需要，为社区提供多种教育服务，与社区实现资源共享和协调发展。

第四节　园长领导力的提升策略

园长作为幼儿园的负责人，应发挥催化剂的作用，引领和推动幼儿园的发展变化。对内，园长应践行终身学习的理念，自觉提升专业素养；增强教职工团队的凝聚力，发挥自身在学习共同体中的专业引领作用。对外，园长应加强专业引领和园际交流，并重视培训在园长领导力提升中的重要作用。

一、提升专业素养，领导保教工作

保教工作是园长领导工作的重点。在提升专业素养上，园长只有通过各种学习途径不断丰富自身的专业知识储备，提升自身的专业素养，才能科学制定幼儿园发展规划，为教师的专业发展提供指导和支持，从而提升幼儿园的保教水平。

在领导保教工作上，园长要重视幼儿园课程的开发，引导教师对园内特色资源进行充分挖掘、组织和整合，对园本课程进行科学、长远规划，制定完整的课程开发和实施制度。与此同时，园长要鼓励教师积极参与到课程建设中来，并深入班级掌握教学实践，善于指出教师的问题并及时给予专业指导。园长要重视教科研活动，以教科研促进教师专业成长、提升教育质量。

二、营造良好的园所氛围，建立学习共同体

首先，园长应优化园所组织结构，多与全园教职工进行交流、沟通，增进教职工对自己的信任感。其次，园长应营造轻松、融洽的人际氛围，对所有教职工一视同仁，鼓励教师积极创新，搭建各种正式或非正式的沟通平台（如借助教研活动、集体备课、网络互动的方式，或者通过开展读书会、文体活动的方式）增强团队凝聚力（见图 12－3）。最后，园长应有建立学习共同体的意识，掌握园本教研、合作学习等学习型组织建设的方法以及激励教师主动发展的策略，并积极参与到学习共同体中，发挥其专业引领的作用。

图 12－3　幼儿园教师集体阅读分享会

三、加强专家引领和园际交流

园长应积极与高校学者、教研机构专家建立长期、稳定的合作关系，通过与专家对话，吸收管理、教学科研的新理念和新方法，不断提升自身的理论和领导水平。此外，同一片区内的幼儿园应加强交流和合作，互相学习借鉴各自的优秀经验，这可以帮助各园园长开阔视野，从而反思自身的领导行为，取长补短、互助成长。

四、创新园长培训内容和形式，助力园长领导力提升

要切实发挥培训在园长领导力提升中的重要作用。一方面，培训内容应聚焦园长领导力提升的新进展，帮助园长了解国内外有关园长领导力的理论和研究成果；另一方面，要更新培训形式，综合采用案例教学、实地考察、问题式研讨、专家组评估与诊断、教育行动研究等多种形式，在深入分析实践问题的过程中助力园长领导力提升。

思考与练习

1. 简述园长的基本素养。
2. 园长领导力包含哪些维度？具体包括哪些内容？
3. 假如你是一名园长，请你制订一份幼儿园领导班子的建设计划。

推荐资源

1. 任民，李迎春. 幼儿园园长的领导艺术. 北京：中国轻工业出版社，2013.

2. 张鸿宇，王小英. 幼儿园园长文化领导力的意蕴、构架与提升. 广西社会科学，2017 (7).

3. 刘霖芳，柳海民. 教育变革背景下幼儿园园长领导力的现状及提升策略. 现代教育管理，2015 (2).

第十三章

幼儿园工作评价

目标指引

1. 了解幼儿园工作评价的含义、类型及功能；
2. 把握幼儿园工作评价的内容及原则；
3. 明确幼儿园工作评价的程序；
4. 熟悉如何科学开展幼儿园工作评价。

内容结构

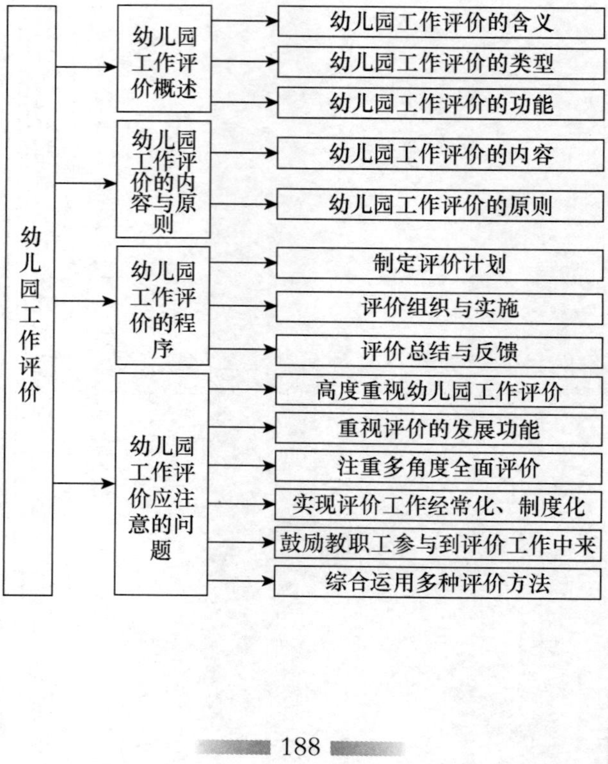

案例导引

每年刚开学时，某幼儿园的教师们都要带领幼儿动手布置活动室的墙面，然后由园长、保教主任进行评价指导。由于教师们的审美情趣、艺术特长和操作能力各不相同，因此他们的“作品”也往往千差万别，水平各异。在检查评价时，园长、保教主任掌握着话语权，而教师们往往处于被检查与被评价的弱势地位。当评价者与被评价者意见不一致时，有的教师据理力争，进行解释、说明；有的教师虽一声不吭，但对评价不满意，事后也不愿意按上级的意见修改；更多的教师为了让上级满意，独立承担起重新布置墙面的任务，这使本应让师幼共同参与的教育过程，变成了教师一方的“专利”。园长在了解实际情况后，陷入了对幼儿园工作评价的反思①。

《纲要》明确指出：“教育评价是幼儿园教育工作的重要组成部分，是了解教育的适宜性、有效性，调整和改进工作，促进每一个幼儿发展，提高教育质量的必要手段。”因此，针对什么是幼儿园工作评价、幼儿园工作评价包括哪些内容、如何设计和实施幼儿园工作评价等基本理论问题进行探讨和研究，将为改进和完善幼儿园管理工作提供依据。

第一节 幼儿园工作评价概述

幼儿园工作评价不仅是幼儿园管理工作的重要组成部分，也是教育评价中必不可少的环节。幼儿园工作评价对于保障幼儿园各项管理工作正常运行、提升幼儿园教育质量、促进幼儿园科学发展有着重要的作用。

一、幼儿园工作评价的含义

（一）评价与教育评价

评价是一种价值判断，是主体对客体有无价值以及价值大小所做的判断②。教育评价是对教育活动满足社会和个体需要的程度做出判断的活动，是对教育活动现实的（已经取得的）或潜在的（还未取得，但有可能取得的）价值做出判断，以期达到教育增值的过程。首先，教育评价是有目的、有计划的活动过程，是以教育目标为基础进行的价值判断活动；其次，教育评价的目的是为教育管理与教学活动提供决策依据，以便更好地改进教育活动；最后，教育评价涉及对教育价值的判断，是在对教育情境或现象描述的基础上做出的评价判断。

（二）幼儿园工作评价

幼儿园工作评价是学前教育评价的一个组成部分，它是根据一定的标准和程序，有目的、有计划、有组织地对幼儿园各个方面的工作进行科学调查，搜集、整理、处理相关信

① 张燕，邢利娅．幼儿园管理案例及评析．北京：北京师范大学出版社，2002.

② 霍力岩，潘月娟，黄爽．学前教育评价．北京：北京师范大学出版社，2015.

息，并做出价值判断的过程。幼儿园工作评价是以幼儿园内部各方面工作为对象的教育评价，包括幼儿园的办园方向、工作过程、保教质量、管理水平等各个方面。幼儿园工作评价的根本目的是诊断幼儿园的工作情况，并提出改进建议，从而促进评价对象的发展，提升园所办园质量。

二、幼儿园工作评价的类型

幼儿园工作评价从不同的角度可划分为不同的评价类型，不同评价类型的关注点也有所不同。

（一）按评价的主体划分

根据评价主体的不同，可将幼儿园工作评价划分为自我评价和他人评价。

1. 自我评价

自我评价是评价者对自己进行的评价，要求评价者反思自己的工作情况，找出工作中出现的问题，分析问题产生的原因，并提出可行的改进建议，以便于提升工作效果。自我评价是评价对象自我认识、自我分析、自我提高的过程，能发挥评价者的主体性。例如，幼儿园教师在完成教学活动后进行的自我总结和反思就是自我评价。自我评价的优点是易于进行，缺点是评价的客观性较差，容易出现对问题或成果估计过高或过低的情况。

2. 他人评价

他人评价是指除评价对象自身之外的任何人或组织对其工作进行的评价。例如，幼儿园园长、家长对教师保教工作的评价，上级教育主管部门对幼儿园的评价。与自我评价相比，他人评价更加客观，因为评价者能从不同的角度对评价对象的工作进行评价，评价对象能获得更加真实、全面、客观的信息，有利于评价对象总结经验以及同行之间相互学习、共同提高。在使用他人评价时，要特别注意以事实为依据，避免受以往评价结果和个人成见的影响。

建立“教师成长档案”，完善教师发展性评价体系

某幼儿园为了科学记录教师的专业成长过程，增强教师自我发展的意识和能力，进行了教育评价的新尝试——建立“教师成长档案”。“教师成长档案”具体包括以下三部分内容：

个人信息：包括教师的基本情况，如生日、爱好、毕业院校以及教育格言、所学专业、最后学历、从教年限、工作经历、个人特长等；此外还可以增加从教感悟，并要求教师从教育教学、保育工作、教育科研以及协同工作四个方面进行自评。

个人历程：包括从教以来的各种经历，如各类继续教育活动、读书生活、课程资源、教育科研、感悟反思、获得的表彰、科研成果等。

个人规划：每一位教师根据自己的实际，结合幼儿园教师总体发展规划，对自己未来三年的工作进行规划并设计阶段性目标。

（二）按评价的参照标准划分

根据评价的参照标准的不同，可将幼儿园工作评价划分为相对评价、绝对评价和个体内差异评价。

1. 相对评价

相对评价指在评价对象的集合内选择某一个或某几个对象作为基准，然后将各个评价对象与基准进行比较的评价方法，也称为常模参照评价。相对评价的标准因评价对象的整体情况而异，其能较为科学地判断出评价对象在整体中的地位以及与其他个体之间的差距。相对评价适用性较强，在选拔人才或评选先进集体和个人时，通常都会采用此种评价方法。例如，幼儿园组织教师观摩优质教育活动，并让教师把自己组织的同类型教育活动与之进行对照和比较，接近或超过观摩课水平的为优，低于观摩课水平的为劣。由于相对评价只关注评价对象与基准人物或事件的距离程度或其在集体中所处的位置，因而评价对象之间容易产生激烈的竞争。

2. 绝对评价

绝对评价是指在评价对象的集合之外确定一个客观的评价标准，然后将各评价对象与客观标准进行比较的评价方法，因此又称为目标参照评价。通过将评价对象的实际情况与客观标准进行比较，能够确定评价对象达到标准的程度，从而做出价值判断。需要注意的是，绝对评价中的标准是客观的，是不以评价对象的实际情况为转移的。此种评价方法有清晰、明确的评价标准，评价者能较为公正、客观地对评价对象进行评价，操作性强，应用较为广泛。在各种合格性或达标性活动中，常使用绝对评价，例如对幼儿园分级分类的评价。但由于绝对评价的标准很难做到完全客观，因此其也存在一定的局限性。

3. 个体内差异评价

个体内差异评价是把评价对象集合中的各个对象的过去和现在相比较，或把某一个对象的各个侧面进行比较的评价方法。此种评价方法只用来比较评价对象的过去和现在，不涉及不同个体之间的比较，充分考虑到了个体间的差异性，可以减少评价给评价对象造成的压力，从而让评价对象关注自己的进步，增强自信心。例如，幼儿成长档案袋评价就是典型的个体内差异评价，它将幼儿的现在与过去进行纵向比较，或从幼儿身体、认知、社会性等不同侧面进行比较，通过这种评价，人们能清晰直观地看到幼儿的进步与成长。但是，由于这种评价不与客观标准和其他个体进行比较，易使评价对象自我满足与陶醉。因此，在实际评价过程中，通常将个体内差异评价与相对评价结合使用。

（三）按评价的功能划分

根据评价的不同功能，可将幼儿园工作评价划分为诊断性评价、形成性评价和总结性评价。

1. 诊断性评价

诊断性评价又称发展性评价，旨在对评价对象的基础或现状做出鉴定，发现幼儿园工作中的不足或问题，找出问题产生的原因或影响因素，以便选择、确定改进方案的步骤、重点，有效促进幼儿园工作质量的提高。此外，诊断性评价能帮助教师不断改进教学工作，有效提升教师的专业能力，促进教师的专业成长。

2. 形成性评价

形成性评价指在幼儿园各项工作开展过程中进行的评价，又称过程性评价。其主要目的是在工作实施过程中不断获得改进工作的依据，从而调整、修改工作计划，以期提高工作质量。这种评价使评价工作始终处于一个动态的过程之中，以便实时监控幼儿园工作的开展情况。

3. 总结性评价

总结性评价是指在各项工作结束后对其最终结果给出好与坏的评价。其主要方法是以事先设定的工作目标为基准，对幼儿园工作达到目标的程度，即最终取得的成绩与目标之间的距离进行评价。总结性评价只关心工作结果而不涉及工作过程，常被用来对评价对象做出鉴定、区分评价对象的等级等。但此种评价由于不考虑工作中出现的问题及可能的影响因素，因此对改进工作的意义不大。

此外，根据评价的不同层次，可将幼儿园工作评价划分为分析评价和综合评价；根据评价中是否采用数量化方法，可将幼儿园工作评价划分为数量化评价和非数量化评价。不同类型的评价都既有优势，也存在不足，需在幼儿园工作评价中根据实际情况灵活选择与运用。

三、幼儿园工作评价的功能

（一）导向功能

导向功能是指教育评价本身具有的引导评价对象朝着理想目标前进的功效和能力。评什么、怎么评，将有力地引导评价对象在工作中做什么、怎么做。目前，幼儿园工作仍然普遍存在重教轻保、重智轻德轻体、重教学轻游戏等问题倾向，甚至还存在只为少数幼儿及家庭服务的现象。例如，某些幼儿园为了迎合家长的需求，无节制地开办各种兴趣班；鼓励幼儿参与各种比赛拿名次；幼儿园教学存在“小学化”倾向；等等。产生这些问题的根本原因在于，对幼儿园教育质量的评价没有客观科学的评价标准。通过幼儿园工作评价，确立科学的评价标准，能够将教育目标转化为幼儿园保教活动的质量标准和各项工作的评价标准，并通过评价标准的引导，帮助幼儿园领导和全体教职工端正办园思想和方向，树立正确的儿童观、教育观和质量观，真正为幼儿后续学习和终身发展奠定良好的素质基础，促进幼儿德、智、体、美、劳各方面协调发展。

（二）诊断功能

根据一定的标准对幼儿园各项工作进行全面、深入的评价，有利于评价者了解和掌握幼儿园管理工作的全面情况，及时发现问题，总结经验，并进行整改和完善。通过评价，评价者能够了解幼儿园各种资源的使用和各项工作运转过程中的不合理因素，发现幼儿园管理工作中的问题和漏洞，及时做出调整和改进，从而使管理更加符合实际，进而有针对性地解决幼儿园工作中的各种问题，提高幼儿园的管理水平和保教活动质量。

通过评价检视教师教学活动的有效性

在一节研究课上，Z老师带领其他教师一起针对做课老师的教学活动设计和实施环节展开了观摩、统计和研讨。教师们在观摩的过程中，将做课老师的引导语、问题进行了记录，同时统计了幼儿在每个环节过程中的语言和动作反馈，并将幼儿操作材料的过程、时间长度进行了记录。最后，教师们根据幼儿学习行为的外在表征数据去评价做课老师的教学活动过程与目标的达成程度，使教育工作真正服务于幼儿的发展。

（三）激励功能

幼儿园工作评价涉及的范围广、内容多。幼儿园既要对管理工作、教育工作、总务工作等各方面的工作进行准确、客观的分析和判断，也要对全园教职工的工作业绩、业务水平、能力素质进行评定。通过评价，可以发现幼儿园工作的优势与不足，并寻求不断改进工作效果的路径。此外，教职工在幼儿园工作评价中可以看到自身的进步与成长，找出差距与不足，并通过个体与群体之间的相互交流学习，进一步总结经验，明确奋斗目标和努力方向，激起奋发向上、创新进取的精神，以更加饱满的热情投入工作，从而促进保教质量的不断提升。

（四）决策功能

幼儿园管理工作离不开科学、持续的决策和评价。在幼儿园工作评价过程中，通过收集客观、准确、丰富的信息，能为幼儿园的科学决策提供依据，从而保证管理工作的正常进行。评价通过“评价—决策—实践—再评价—再决策—再实践”的循环不断推动管理水平的提升。

（五）完善功能

幼儿园工作评价是幼儿园管理人员和上级教育主管部门了解和把握幼儿园发展状况、整体办园水平的基本途径。一方面，通过科学规范的工作评价，幼儿园能进一步明确教育目标，不断调整和改进管理工作，从而提高管理效益。另一方面，幼儿园工作评价能使幼儿园全体教职工端正科学的儿童观、教育观，提高自身的科学理论素养，从而推动园所教职工的队伍建设。此外，通过评价的调节与控制，可以推动幼儿园保教质量和工作质量的不断提升。

第二节　幼儿园工作评价的内容与原则

科学开展幼儿园工作评价，需要明确工作评价的基本内容，掌握工作评价的重要原则。

一、幼儿园工作评价的内容

幼儿园工作评价是以幼儿园各方面工作为对象的教育评价，涉及范围广泛，内容丰富，具体如图 13－1 所示，包括管理状态评价、工作人员评价、保教工作评价、总务工作评价、公共关系评价五个方面。

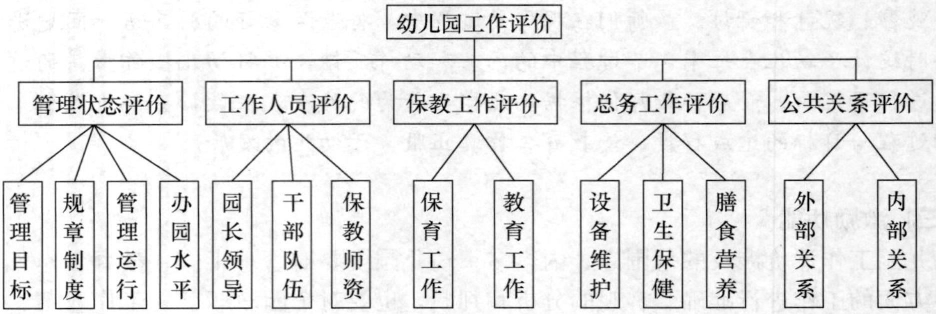

图 13－1　幼儿园工作评价内容

（一）幼儿园管理状态评价

幼儿园管理状态评价包括幼儿园工作目标的评价、组织管理系统的评价、组织活动规章制度的评价、管理过程运行状态的评价以及管理质量的评价。通过评价了解幼儿园组织职能的发挥情况，如管理渠道是否畅通、组织人员分布是否合理、管理运作过程是否有适当的运作机制、各项常规制度是否健全以及各项制度执行的力度如何等，以确定幼儿园整体管理水平的高低，并为提高园所整体管理水平提供依据。

（二）幼儿园工作人员评价

要想全面了解幼儿园的工作效果，必须对幼儿园组织中人的素质及其工作效果进行全面的考察和评价。由于园长在幼儿园管理中处于核心地位，园长的领导行为将直接影响幼儿园的教育质量，因此评价要着重考察园长素质及其领导工作以及领导班子集体如何发挥管理主体的作用。此外，教师队伍的专业素质是决定保教质量的关键，因而评价还应注重考察教师队伍的建设与发展状况，如教职工的聘用与培训、教职工的个人素质与工作效果、教师队伍建设、教师思想政治工作、教师专业发展、幼儿园文化建设等。通过对全体教职工的评价活动，能合理配置工作队伍，调动教职工的工作积极性，帮助教职工全面了解自身工作情况和专业能力水平，促进教职工的专业发展。

指导性监管和评价教职工的五项原则

指导性监管和评价是指当教职工没有表现出能力、潜质或愿意对其自身行为负责任时，要求和指导教职工为自己的职业表现负责的过程。其五项原则如下表所示：

原则一 关注个体的行为而非个体本身。	关注教职工的行为，而不是其作为个体的价值。
原则二 客观、具体而准确地告知。	用准确、丰富的细节告知教职工事实，不要对其责备或羞辱，也不要使用“糖衣炮弹”式的手段。
原则三 做到对事不对人。	由于教职工可能进行抵抗，因此应将谈话内容重点放在“你将做出何种改变，以满足我们的期望”这一问题上。
原则四 期望教职工对其行为负责。	通过询问教职工“你将如何改变你的行为”，从而关注他们的问题解决能力。不要插手干预而剥夺教职工为自己负责的机会。
原则五 达成一致意见，制定后续计划并实施。	确保教职工知道自己需要做什么，如果不做出改变的后果是什么，管理者将在何时跟进。

资料来源：布鲁诺. 有目的地领导：幼儿园保教管理工作中的情绪智力. 董妍，等译. 北京：商务印书馆，2018.

（三）幼儿园保教工作评价

保教工作是幼儿园教育工作的核心与主体部分，高质量的幼儿园保教工作有以下六个方面的具体表现：

第一，关注幼儿个体差异性。幼儿园在保教活动中要满足幼儿不同层次的需求，促进幼儿身心健康全面和谐发展。例如，教育资源的选择、教育内容和目标的确定是否满足了不同层次幼儿的需要。第二，尊重与理解。幼儿园要以尊重与理解幼儿为前提，构建起幼儿与物质环境，幼儿与教师、同伴的积极关系。第三，支持与引导。教师要给予幼儿温暖的支持，以适宜的方式推动幼儿持续探究与思考。第四，完善自我评价体系和教师支持系统。幼儿园要建立起有效的内部自我评估系统和教师专业发展支持系统，以保持并推动保教质量的可持续提升。第五，健全管理体系。幼儿园要建立经济高效的管理和运行体系，以更好地促进幼儿身心健康全面和谐发展为宗旨，合理充分地整合利用各类教育资源。第六，做好家、园、社合作共育。幼儿园要与家庭和社区建立起良好的沟通与合作关系，融合地方的自然与文化元素，帮助幼儿形成和发展文化身份的认同感与归属感。

美国幼儿教育协会（NAEYC）认为，高质量的幼教机构应该能够满足所有参与幼教机构的幼儿及成人（包括家长、工作人员及管理人员）的身体、社会性、情感和认知的需要，促进他们在这些方面的发展，使幼儿成长为一名健康、聪明和有贡献的社会成员。该评价标准在内容上共包括 10 个方面，分别是师幼互动、课程、家长-教师互动、教师资格与提高、行政管理、教师配备、物质环境、健康和安全、营养和饮食服务、评价。

在实际开展幼儿园保教工作评价的过程中，幼儿园应围绕高质量保育和教育的核心要素开展评价，确保评价工作科学、合理，能真正为提升幼儿园保教质量提供真实、有效的依据。

拓展阅读

学前教育机构质量评价系统：师幼互动

师幼互动	教师/教室编码			
	＃1	＃2	＃3	＃4
A. 儿童的基本生理需求得到满足。				
B. 对儿童每天离开家来到幼儿园的情绪保持敏感，并给予尊重。				
C. 为儿童创造一个温暖、关怀的氛围。				
D. 用各种策略鼓励并支持儿童的语言交流。				
E. 用各种策略支持母语不是英语的儿童在教室里的交流。				
F. 以伙伴身份参与儿童的游戏。				
G. 对儿童学习主动性的鼓励贯穿在一日常规活动（户内与户外）中。				
H. 在集体活动时间里激发和拓展儿童的想法和学习。				
I. 为儿童提供机会，让他们根据自己的发展水平和节奏探索、运用材料。				
J. 认可每一个儿童的发展成就。				
K. 鼓励儿童进行互动并向其他人寻求帮助。				
L. 让儿童有机会运用材料解决一些问题。				
M. 让儿童介入冲突解决。				

（四）幼儿园总务工作评价

幼儿园总务工作的主要任务是为保教前勤提供良好的服务。幼儿园总务工作评价主要包括对办园条件的改善、设施设备的保养与维修、卫生保健工作、膳食营养、财产财务管理、招生编班、档案建设管理、教职工福利待遇等工作的评价，对幼儿园总务工作进行综合或单项评价，能及时发现问题并做出改进。

（五）幼儿园公共关系评价

幼儿园保教质量和管理效益的提高离不开社会各方力量的支持、配合与参与。幼儿园公共关系评价包括对幼儿园内部和外部两方面公共关系活动开展情况的评价。

幼儿园内部公共关系评价主要包括全体教职工公共关系意识的培养工作评价，领导与内部教职工、幼儿关系的评价，营造良好的组织氛围和创建优秀组织文化工作的评价。幼儿园外部公共关系评价主要包括对幼儿家长工作开展情况的评价，对幼儿园与社区协调开展双向服务工作情况的评价，以及幼儿园与小学、上级教育主管部门、媒体、专家、同业者等的关系的评价，等等。

拓展阅读

《上海市幼儿园办园质量评价指南（试行稿）》中“家园社区”子领域评价指标

子领域水平	水平描述		
	水平 1	水平 3	水平 5
子领域 5：家园社区	5.1 公示为家长服务的项目，满足本园家长照料幼儿的服务需求。 5.2 通过家委会等方式，让家长了解幼儿园的教育工作。 5.3 运用信息化手段（如网站、公众号等），按要求实现园所信息公开。	5.1 有家访、宣传栏等家园联系与家教指导制度。 5.2 建立家委会制度，家委会定期参与幼儿园管理。 5.3 定期征求家长意见和建议，做相应的改进和完善，体现相互尊重、平等、合作的家园关系。 5.4 为社区提供早教指导的资源和服务。	5.1 多途径向家长和社会宣传科学的教育理念，倡导家园共育。 5.2 幼儿园、班级通过“家长咨询日”等途径，主动收集家长和社区的意见和建议，满足家长个性化的需求。 5.3 和家委会共同探讨幼儿园教育、管理和发展中的问题，形成家园持续合作的工作机制。 5.4 整合家长、社区物质和人文资源，丰富幼儿园课程内容。 5.5 家园、社区工作得到家长认可，满意率高。

二、幼儿园工作评价的原则

评价原则是人们对于评价工作客观规律的认识，它可以指导评价工作的思想和行动，是开展评价工作的行动准则①。评价原则是对评价规律的反映，是对评价实践经验的科学总结，是对关键性评价行为提出的合理期望和要求。

（一）目的性原则

目的性原则指在进行幼儿园工作评价时必须有明确的目标，它是幼儿园工作评价的依

① 霍力岩，潘月娟，黄爽. 学前教育评价. 北京：北京师范大学出版社，2015.

据和出发点。目标具有规定行动方向、指导实践工作的作用，能使工作评价有目的、有计划地开展，而不是随意、盲目地进行。幼儿园工作评价只有遵循目的性原则，才能确保评价标准和评价的具体方法不走形、不偏航，杜绝随心所欲、想评什么就评什么、想怎么评就怎么评的滥评现象。

拓展阅读

《纲要》第四部分 教育评价

八、对幼儿发展状况的评估，要注意：

（一）明确评价的目的是了解幼儿的发展需要，以便提供更加适宜的帮助和指导。

（二）全面了解幼儿的发展状况，防止片面性，尤其要避免只重知识和技能，忽略情感、社会性和实际能力的倾向。

（三）在日常活动与教育教学过程中采用自然的方法进行。平时观察所获的具有典型意义的幼儿行为表现和所积累的各种作品等，是评价的重要依据。

（四）承认和关注幼儿的个体差异，避免用划一的标准评价不同的幼儿，在幼儿面前慎用横向的比较。

（五）以发展的眼光看待幼儿，既要了解现有水平，更要关注其发展的速度、特点和倾向等。

（二）科学性原则

幼儿园工作评价的科学性原则是指评价标准、评价程序、评价过程的各个环节、评价方法都要具有科学性，以保证评价结果的真实客观。第一，评价标准和评价程序要科学，应体现正确的办园思想，并根据教育科学、管理科学和评价的有关理论进行设计，各指标应清晰明确、内容互斥、权重合理。第二，在具体评价过程中，材料搜集要全面、客观、实事求是。例如，通过园所领导、教职工、幼儿、幼儿家长等多方渠道搜集信息，并经过多方印证，确保信息资料的准确可靠。第三，评价方法要科学，做到定量评价与定性评价相结合、形成性评价与总结性评价相结合。

（三）民主性原则

民主性原则指在评价过程中要充分发扬民主，增加评价工作的透明度。首先，在制订评价方案时要广泛征求意见，既要征求专家的意见，保证方案的科学性，也要尊重广大教职工的意见，使评价方案更符合客观实际，保证方案的可行性，达到让教职工了解方案、以积极的态度接受和参与评价的目的，必要时可让教职工参与方案制订的全过程。其次，采取自我评价与他人评价相结合的方式，充分发挥教职工的主体性、积极性。他人评价要尽可能让多人参加，这样才能够代表多方意见。最后，在做出评价结论之前，应该让教职工知道评价结果，并听取他们的意见，对不当之处要及时改正。

（四）客观公正原则

客观公正原则首先要求评价人员在幼儿园工作评价中采取客观、实事求是的态度，科学地确定和使用评价标准，最大限度地减少主观臆断和个人因素的影响。其次，评价人员的选择要兼顾各个相关组织层面，结构要合理，同时还要考虑到评价对象对评价人员的信赖度，不能由领导者一人确定。最后，评价人员的工作态度要公正，对所有对象的评价要严格按照统一的标准进行，一视同仁，不掺杂任何个人感情色彩。

（五）评价与指导相结合的原则

虽然评价的诊断功能很重要，但更重要的是诊断后的指导。指导是评价的继续和发展，它把评价结果上升到一定的理论高度加以认识，并根据评价对象的实际情况，对评价结果做出分析，找出问题及其产生的原因，并提出改进的意见或建议，帮助评价对象确定发展提升的方向，争取更大的进步。

第三节　幼儿园工作评价的程序

幼儿园工作评价的程序主要包括三个阶段：制订评价计划—评价组织与实施—评价总结与反馈。而在这三个阶段中，要着重做好以下三项工作：第一，明确评价目的，这是评价工作的基础；第二，确定规范化的指标体系，这是评价工作的主要依据；第三，选择适宜的评价方法，这是评价工作的支撑点①。

一、制订评价计划

评价计划是整个评价工作的总体结构与工作方案，既是评价工作的关键性指南，也是整个评价过程中技术性最强的一环。评价计划是指依据一定的评价目的，对评价的内容、对象、组织者与评价者、过程、方法和程序等加以计划和规范的书面文件，主要包括明确评价目的、选择和确定评价内容、设计评价指标体系三个部分。

（一）明确评价目的

评价目的主要回答“为什么评”的问题，当评价目的不同时，所涉及的评价内容、组织方式、收集资料的方法都会有所不同。例如，如果将幼儿园课程实施的有效性作为评价目的，那么应着重收集幼儿发展变化情况的相关信息——可以采用记录课程日志、记载逸事趣闻、收集并分析幼儿作品等评价方式。

（二）选择和确定评价内容

评价内容指向评价范围，主要回答“评什么”的问题。评价人员需要在明确评价目的的基础上，依据幼儿园工作的重点以及园所的实际情况，选择和确定有实际意义的评价内容。例如，如果幼儿园某一阶段的工作重点是提高教师的观察能力，评价目的是了解教师的观察素养，发现教师的观察行为的优缺点，那么评价者应把教师的观察知识、观察实践能力作为评价的主要内容，以期达成评价目的。

（三）设计评价指标体系

评价指标体系，是指由一系列具体的、可测量的、行为化的指标组成的指标集合和权重集合，主要回答“怎么评”的问题。

---

① 由长延，张聪，赵川平．完善程序是教育评价亟待解决的问题．中国高教研究，2002（2）：53-54.

幼儿园中的量化评价

权重：权重代表不同指标的重要程度，可以用小数（0～1之间）、百分数、整数等形式表示。如，在幼儿园工作评价中，可以将一级指标中的办园条件、管理水平、工作质量、幼儿发展水平的占比分别设置为0.13、0.25、0.29、0.33。

接下来，我们以某幼儿园开展的“幼儿科学素养发展评价”为例，深入体会评价指标应该如何确定。

（1）明确指标内容。该幼儿园根据《指南》，结合幼儿的身心特点和发展规律，从幼儿学习和发展的整体性出发，研制形成“3～6岁幼儿科学素养指标框架”（见图13－2），包括情感类素养、社会类素养、行为类素养和认知类素养四个部分①。

图13－2 3～6岁幼儿科学素养指标框架

（2）确立具体的评价标准。评价标准能帮助我们明确这些指标能否实现、能在多大程度上实现以及实现效果如何，是指标内容的具体化表达。例如该幼儿园在科学素养指标框架的基础上，解析出了具体的评价标准（见表13－1）。

表13－1 幼儿科学素养评价标准（部分）

内容	要点	指标
情感类	探究情感	喜欢、兴趣
	探究态度	积极、认真、创新、坚持
社会类	合作	合作
	表达	表述、记录、演示

接下来，幼儿教师可以在日常教学活动中选择2～3项指标作为重点，结合观察工具，开展幼儿科学素养的诊断性评价，从而反思和改进自身的教学行为。

① 沈冠华．幼儿科学素养发展评价的园本化探索与实践．教育参考，2021（5）：33-37，61.

拓展阅读

设计评价指标体系须注意以下四个方面：

第一，指标体系要能全面、完整地反映评价对象的全部本质属性，不能有所遗漏；

第二，评价指标应表述清楚、指向明确，避免产生理解上的歧义；

第三，各评价指标应相互排斥，避免存在相互交叉或包含的关系；

第四，评价指标应层次清晰、简明得当，具有一定的操作性。

表 13－2 是《北京市幼儿园办园质量督导评估标准（试行）》中“人员条件”维度下的二级指标、三级指标及其具体内容，我们可以从中看到各指标对应的权重系数。

表 13－2　《北京市幼儿园办园质量督导评估标准（试行）》

一级指标	二级指标	三级指标	三级指标内容
人员条件（200 分）	人员配备（80 分）	班级规模（20 分）	★班级规模适宜，每班幼儿人数一般为：小班（3 周岁至 4 周岁）25 人，中班（4 周岁至 5 周岁）30 人，大班（5 周岁至 6 周岁）35 人，混合班 30 人。寄宿制幼儿园每班幼儿人数酌减。
		园长配备（16 分）	★6 个班以下的幼儿园设 1 名园长；6～9 个班的幼儿园正副园长不少于 2 名；10 个班及以上的幼儿园正副园长不少于 3 名。
		保教人员（16 分）	★全日制机构保教人员与幼儿比 1∶7～1∶9，每班至少配备 2 名专任教师和 1 名保育员；半日制机构保教人员与幼儿比 1∶11～1∶13，每班至少配备 2 名专任教师。
		卫生保健人员（12 分）	★按照日托机构每收托 100 名儿童，全托机构每收托 50 名儿童至少设 1 名专职卫生保健人员的比例配备卫生保健人员。日托机构 100 名儿童以下，寄宿制机构 50 名儿童以下，设 1 名专职或兼职卫生保健人员。
		其他人员（16 分）	★机构至少设置 1 名安全员，根据相关规定配备专职保安人员。
			★至少配备会计 1 名、出纳 1 名。
			★设置食堂的机构，炊事人员与儿童配备比例：提供每日三餐一点的托幼机构应当达到 1∶50，提供每日一餐二点或二餐一点的1∶80。
	任职资格（100 分）	园长资格（20 分）	★园长应当具有《教师资格条例》规定的教师资格、具备大专以上学历，有三年以上幼儿园工作经历和一定的组织管理能力，并取得幼儿园园长岗位培训合格证书。
		教师资格（30 分）	★教师 100％具有《教师资格条例》规定的教师资格证书。
		卫生保健人员资格（20 分）	★医生应当取得《医师执业证书》，护士应当取得《护士执业证书》，保健员应当具有大专以上学历。
		保育员资格（10 分）	★保育员 100％接受过幼儿保育职业培训，并取得上岗证。
		其他人员资格（20 分）	★安保人员 100％取得保安资格。
			★财会人员应当具备从事会计工作所需要的专业能力。
			★炊事人员 100％取得《食品从业人员健康证》。

续表

一级指标	二级指标	三级指标	三级指标内容
人员条件（200 分）	上岗条件（20 分）	健康合格证（12 分）	★教职工上岗前 100%取得《托幼机构工作人员健康合格证》。
		岗前培训（8 分）	★教职工 100%接受有关教育政策、法律、法规、师德、未成年人保护等方面基本培训以及符合其岗位特点的岗前培训。卫生保健人员 100%持有《北京市托幼机构卫生保健人员培训证》。

二、评价组织与实施

幼儿园工作评价的组织与实施是评价人员依据评价方案，在收集、分析处理评价信息资料的基础上对评价对象进行价值判断的过程。

（一）确定评价主体

评价主体指向“谁来评”的问题，在实际评价过程中，幼儿园需要根据评价的目的和内容确定评价主体。如果评价的目的在于对幼儿园进行分级分类，则通常由上级教育主管部门作为评价主体来展开评价。如果评价的目的是园所内部要发现问题、改进工作、提升教育质量，则园长、教师、家长、幼儿等均可作为评价主体进行评价。

（二）开展评价培训工作

评价体系的公正性和评价人员的可靠性是评价体系的关键特征。在确定评价主体之后，幼儿园需要开展相关培训工作，保证评价过程顺利进行。首先，要做好评价人员的思想动员工作，让评价人员树立起高度的责任心和认真负责的工作态度，形成支持评价的积极氛围。其次，要根据评价人员的实际情况，开展相应的评价理论和技术培训。例如，组织评价人员学习评价方案，掌握收集、分析和处理信息的具体方法等，从而进行科学评价。

（三）收集整理资料信息

对于信息的收集，幼儿园首先要根据所收集的资料的性质，选择合适的方法。例如，要了解教职工对幼儿园管理工作的态度，可以使用访谈法；要了解教师开展家长工作的情况，可以使用资料检阅法，如查看教师的家访记录、教师与家长的谈话记录等。其次，在信息整理归类过程中，幼儿园要检查资料是否齐全、完整并进行分析、筛选，确保资料信息真实可靠。

三、评价总结与反馈

评价人员应在全面分析资料的基础上，形成对评价对象的综合性判断，并得出评价结论。在此基础上，评价工作领导小组应组织评价人员撰写评价报告，对评价过程、评价结果进行客观、全面的描述，包括工作的成绩和存在的问题，最后提出改进工作的意见或建议，指出新的工作方向和目标，并将评价结果反馈给被评价者或有关人员，以达到运用评价来推动教育和管理质量提高的目的。

第四节　幼儿园工作评价应注意的问题

要想真正发挥幼儿园工作评价在甄别园所工作质量、提升幼儿园管理效能中的重要作用，幼儿园需要在实际评价过程中注意以下六方面的问题。

一、高度重视幼儿园工作评价

幼儿园工作评价是幼儿园管理和保教工作必不可少的工作手段。首先，幼儿园工作评价能够及时反馈幼儿园管理工作中的相关信息，帮助管理者及时发现问题并改进管理工作。其次，幼儿园保教人员可以在评价中了解自己的工作情况以及幼儿的发展情况，为改进保教活动提供全面真实的信息，从而保证幼儿园保教质量的不断提升。最后，幼儿园工作评价是保证教育目标实现的重要工具。幼儿园工作评价可以将教育目标转化为管理质量标准、教育质量标准以及幼儿园各方面工作的具体要求，从而有利于实施和逐步落实相关标准与要求，最终保证教育目标的实现。因此，幼儿园必须高度重视幼儿园工作评价，确保评价工作的质量，使之更好地为管理工作和教育教学工作服务。

二、重视评价的发展功能

幼儿园工作评价应有利于促进幼儿发展、教师发展、幼儿园发展，有利于调动园长、教师和其他工作人员不断改进工作的主动性和积极性。在幼儿园工作评价中，要坚决避免功利主义倾向，明确评价绝不只是为了考察教师的工作成效并对其进行奖惩以保证管理工作的顺利进行，也不仅仅是为了了解幼儿某一阶段的发展水平，更重要的是要充分发挥教师在评价中的主体性，利用评价结果帮助教师发现、分析和解决工作中存在的问题，同时针对每个幼儿的实际情况制订科学、适宜的培养计划，以指导教师专业成长与发展，实现幼儿身心全面和谐发展。在对幼儿园的工作评价中，要重视幼儿园的自主评价，并通过科学的评价方法帮助幼儿园诊断问题，提出有效的改进意见。总之，要使幼儿园的工作评价成为发展性评价，使幼儿、教师、幼儿园及其他相关人员都能得到发展。

三、注重多角度全面评价

注重评价内容的全面性和系统性能不断拓展幼儿园工作评价的范围和功能。例如，在幼儿发展评价方面，应将身体发展、认知发展、社会性与情绪发展、心理健康等各方面综合进行评价；在对工作人员进行评价时，应将过程性评价与总结性评价相结合，从而对工作人员的工作过程和工作成效进行全面考量；在对幼儿园进行评价时，应兼顾硬件设施与软件资源，在对保教队伍、卫生保健、后勤服务等方面进行评价的同时，也要关注园所文化、办园特色、家园共育、社区服务等多个方面。

四、实现评价工作经常化、制度化

评价是一个连续的过程。园所工作评价不应只是在学年结束或学期末进行集中评比，同时也应该有经常性的定期和不定期的检查、总结与评比，使评价工作常态化。同时，在实施过程中应将评价与指导相结合，达到有效掌握工作过程的目的。

五、鼓励教职工参与到评价工作中来

幼儿园工作评价是园所全体教职工共同参与的过程，园长应该积极调动教职工参与评价的积极性。例如，在制定评价标准时，通过座谈会、访问、调查等方式，组织教职工充分讨论，提出自己的意见，从而使教职工真正认可并支持评价工作的开展。

六、综合运用多种评价方法

在幼儿园工作评价中，应注重“多质多法”地开展评价工作。不管是量化评价还是质性评价，都有其自身的优势，但也都存在一定的局限。例如，量化评价能使评价结果更加客观、科学和公正，但易使评价结果趋于片面；质性评价能获取更加丰富、真实的评价信息，但存在一定的主观性。因此，在实际评价中，幼儿园应将量化评价与质性评价相结合，各取所长，最大限度地发挥二者对评价产生的积极效应。

思考与练习

1. 幼儿园工作评价的内容有哪些？
2. 幼儿园工作评价应遵循哪些原则？
3. 请简述幼儿园工作评价的程序。
4. 请围绕“幼儿园教师保教工作情况”设计一份完整的评价方案。

推荐资源

1. 霍力岩，潘月娟，黄爽. 学前教育评价. 北京：北京师范大学出版社，2015.

2. 宗国庆. 我国教育评价文化范式建构：理论主张、实施程序与指标体系. 中国考试，2021（1）.

图书在版编目（CIP）数据

幼儿园管理 / 李晓巍主编. --北京：中国人民大学出版社，2023.8
21 世纪学前教师教育系列教材
ISBN 978-7-300-31863-9

Ⅰ.①幼… Ⅱ.①李… Ⅲ.①幼儿园-管理-幼儿师范学校-教材 Ⅳ.①G617

中国国家版本馆 CIP 数据核字（2023）第 122018 号

21 世纪学前教师教育系列教材
幼儿园管理
主编 李晓巍
You'eryuan Guanli

出版发行 中国人民大学出版社
社 址 北京中关村大街 31 号 邮政编码 100080
电 话 010－62511242（总编室） 010－62511770（质管部）
010－82501766（邮购部） 010－62514148（门市部）
010－62515195（发行公司） 010－62515275（盗版举报）
网 址 http://www.crup.com.cn
经 销 新华书店
印 刷 中煤（北京）印务有限公司
开 本 787 mm×1092 mm 1/16 版 次 2023 年 8 月第 1 版
印 张 13.5 印 次 2023 年 8 月第 1 次印刷
字 数 308 000 定 价 42.00 元

教学支持说明

（教学课件）

中国人民大学出版社教育学科秉承“出教材学术精品，育人文社科英才”的出版宗旨，多年来，出版了大批高质量的教育学、小学教育、学前教育专业教材和学术著作。

我们为本教材制作了相应的 PPT 教学课件，任何一位采用本书作为授课教材的教师均可免费获得该课件。为了确保该课件仅为授课教师获得，烦请您填写如下材料，并将相关信息通过 E-mail 发送给我们，我们将在收到相关信息后通过 E-mail 给您发送该课件。欢迎您加入我们的 QQ 群（教育新视野交流群，群号为 159813080），或登录我社官方网站（www. crup. com. cn），注册并认证成为教师会员，以获得更好的服务。

我们的联系方式：

地址：（100872）北京市中关村大街甲 59 号文化大厦 1202 室

中国人民大学出版社

电话：（010）62515955　62515383

E-mail：ggglcbfs@vip. 163. com

QQ 群：159813080

兹证明____________大学/学院____________院/系____________专业____________学年第____________学期开设的____________课程，采用中国人民大学出版社出版的________________________（书名、作者）作为本课程教材。授课教师为____________，授课班级共________个、学生________人。授课教师需要与本书配套的教学课件。

联 系 人：________________________

通信地址：________________________

邮　　编：________________________

电　　话：________________________

E-mail：________________________

系/院主任：____________（签字）

（系/院办公室章）

________年______月______日